智能化成本核算与管理

主　编　张　颖

副主编　陈希琴　谢　冰

参　编　宋　奕　江焕平　王瑜杰

北京理工大学出版社

BEIJING INSTITUTE OF TECHNOLOGY PRESS

图书在版编目（CIP）数据

智能化成本核算与管理 / 张颖主编．－－北京：北京理工大学出版社，2023.2
ISBN 978 - 7 - 5763 - 2114 - 2

Ⅰ．①智… Ⅱ．①张… Ⅲ．①成本计算－高等学校－教材 Ⅳ．①F231.2

中国版本图书馆 CIP 数据核字（2023）第 029345 号

出版发行 / 北京理工大学出版社有限责任公司
社　　址 / 北京市海淀区中关村南大街 5 号
邮　　编 / 100081
电　　话 / （010）68914775（总编室）
　　　　　（010）82562903（教材售后服务热线）
　　　　　（010）68944723（其他图书服务热线）
网　　址 / http://www.bitpress.com.cn
经　　销 / 全国各地新华书店
印　　刷 / 三河市天利华印刷装订有限公司
开　　本 / 787 毫米 × 1092 毫米　1/16
印　　张 / 15　　　　　　　　　　　　　　　　责任编辑 / 王俊洁
字　　数 / 303 千字　　　　　　　　　　　　　文案编辑 / 王俊洁
版　　次 / 2023 年 2 月第 1 版　2023 年 2 月第 1 次印刷　责任校对 / 刘亚男
定　　价 / 76.00 元　　　　　　　　　　　　　责任印制 / 施胜娟

　　随着智能化信息技术的发展，全球经济信息一体化，会计信息也随之进行一体化转变，成本管理工作正在向着更加精细化和系统化发展，对于会计工作的管理和相关财会信息的收集、梳理、分析也在不断运用信息科技手段提高工作效率和完善管理体系。因此智能化背景下的成本会计工作的特点也就变成了成本精细化核算和信息管理现代化。

　　成本核算与控制是大数据与会计专业、大数据与财务管理专业学生的必修课程，也是专业核心课程。本课程从核算和管理两大方面让学生进行递进式学习，第一阶段是精细化核算，通过采用不同方法核算以制造型工业企业为例的产品生产成本，培养学生的成本精细化核算能力；第二阶段是成本管理和控制，通过编制成本报表、掌握成本控制的方法、利用软件进行成本信息化管理等学习，构建全面的企业成本管理思维，从公司整体经营的视角，更宏观地分析并控制成本，训练和提高学生分析和解决实际问题的能力，为学生学习后续课程及从事成本会计工作奠定基础。

　　本书按照以上思路分成七大项目：

　　项目一为成本工作认知，包括成本的概念和作用、成本工作的内容、成本核算分类和要求、成本计算方法的分类，让学生能够选择不同的成本计算方法、掌握成本核算流程和成本会计科目。

　　项目二为产品成本计算方法——品种法，按照品种法的成本核算流程进行成本核算。通过核算流程的顺序，分别介绍各种要素费用的归集与分配、辅助生产费用和制造费用的归集与分配、生产费用的分配等内容，并以项目案例为引导，介绍品种法的具体运用，同时介绍实际生产中出现废品时的品种法运用。

　　项目三为产品成本计算方法——分批法，按照生产特点不同，将分批法分成一般分批法和简化分批法。分别介绍不同方法下的成本核算流程，根据项目案例，介绍一般分批法和简化分批法的运用，同时介绍实际生产中出现废品时分批法的运用。

　　项目四为产品成本计算方法——分步法，分步法分成逐步结转分步法和平行结转分步法，逐步结转分步法又按照半成品的结转方式不同分成综合结转分步法和分项结转分步法，本书分别介绍三种不同分步法的成本核算流程和运用。

　　项目五为编制和分析成本报表，包括编制全部产品成本表、编制主要产品单位成本表、编制各种费用明细表、分析成本报表等内容。

　　项目六为成本管理方法。包括成本管理控制的概念和作用、成本控制的原则，以及成本管理方法中比较典型的作业成本法、目标成本法和责任成本管理法。

项目七为 Excel 在成本中应用。通过一个完整的企业成本案例，利用 Excel 软件的各种函数和公式，通过信息化手段对企业成本进行核算和管理。

本书共七个项目，29 个任务。编写人员为双师型教师和企业专家，由张颖担任主编，陈希琴、谢冰担任副主编，宋奕、江焕平、王瑜杰参编，项目一和项目七由张颖编写，项目二、项目三和项目四由张颖、陈希琴、谢冰编写，项目五由江焕平编写，项目六由宋奕编写，全书的"企业导师说成本"板块全部由王瑜杰提供。

本书创新点在于编写团队全程有企业导师参与和指导，使用企业仿真案例，更具有真实性和可操作性，并加入 Excel 软件的运用，让成本核算趋于信息化和精细化。本书非常适合高等院校培养相关技能人才，也适用于创业人员和企业工作者对于成本核算和管理相关内容的学习。由于时间和水平有限，书中内容尚有不足之处，欢迎广大读者评价指正，以期再版时更趋完善。

编　者

目 录

项目一　成本工作认知 ……………………………………………………（ 1 ）

　　任务一　掌握成本内涵 …………………………………………（ 2 ）

　　任务二　认知产品成本核算 ……………………………………（ 11 ）

　　任务三　掌握成本计算方法的选择和核算程序 ………………（ 18 ）

项目二　产品成本计算方法——品种法 ………………………………（ 33 ）

　　任务一　理解品种法的特点和一般程序 ………………………（ 34 ）

　　任务二　进行要素费用归集和分配 ……………………………（ 35 ）

　　任务三　进行辅助生产费用归集和分配 ………………………（ 50 ）

　　任务四　进行制造费用的归集和分配 …………………………（ 59 ）

　　任务五　生产费用分配方法的选择和使用 ……………………（ 65 ）

　　任务六　掌握品种法的运用 ……………………………………（ 73 ）

　　任务七　掌握涉及废品的品种法运用 …………………………（ 81 ）

项目三　产品成本计算方法——分批法 ………………………………（ 96 ）

　　任务一　理解分批法的特点和计算程序 ………………………（ 97 ）

　　任务二　运用一般分批法 ………………………………………（ 99 ）

　　任务三　运用简化分批法 ………………………………………（102）

　　任务四　掌握涉及废品情况下的分批法运用 …………………（109）

项目四　产品成本计算方法——分步法 ………………………………（116）

　　任务一　理解逐步结转分步法的特点和计算程序 ……………（117）

　　任务二　运用综合结转分步法 …………………………………（120）

　　任务三　运用分项结转分步法 …………………………………（126）

　　任务四　运用平行结转分步法 …………………………………（128）

项目五　编制和分析成本报表 …………………………………………（145）

　　任务一　认知成本报表 …………………………………………（146）

　　任务二　编制成本报表 …………………………………………（149）

　　任务三　分析成本报表 …………………………………………（156）

项目六 成本管理方法 ……………………………………………………… (175)

任务一 理解成本控制的内涵 …………………………………… (176)

任务二 运用作业成本法 ………………………………………… (180)

任务三 运用目标成本控制法 …………………………………… (186)

任务四 运用责任成本管理法 …………………………………… (187)

项目七 Excel 在成本中的应用 ……………………………………… (196)

任务一 编制各种要素费用分配表 ……………………………… (197)

任务二 锻造车间成本计算 ……………………………………… (206)

任务三 其他车间成本计算及库存表编制 ……………………… (216)

任务四 成品库和生产成本表汇总表 …………………………… (227)

项目一

成本工作认知

学习目标

知识目标

- 理解成本的经济实质。
- 熟悉成本和费用的关系以及费用的分类方法。
- 了解成本会计的对象、职能和工作组织机构。
- 理解成本核算方法的种类。
- 熟悉成本核算的要求。
- 熟悉工业企业成本核算的一般程序和主要会计科目。

能力目标

- 能正确进行费用的分类，会分析各经济业务是否能计入成本，计入哪个科目，为正确计算成本打好基础。
- 掌握成本核算方法的选择。
- 掌握工业企业成本核算的一般程序，能画出产品成本核算的一般程序图。
- 掌握工业企业成本核算的主要会计科目，会进行主要的账务处理。

素质目标

- 培养爱岗敬业、客观公正、坚持准则、职业技能过硬的会计职业道德。
- 培养具有责任心、自觉性和团结性的品质。

引导案例

任何一个企业的成功，大到跨国集团公司，小到中小企业，都离不开成本会计。成本会计不仅能提供核算利润的信息，而且能为管理者提供有用的决策资料。请阅读下面的案例：

德常胜有限公司 2022 年 8 月份发生如下业务：支付本月生产产品的工人工资 100 万元，行政管理人员工资 10 万元，车间管理人员工资 5 万元，并按规定的比例 2%、1.5% 分别计提职工工会经费和教育经费；支付车间办公费 5 万元，生产耗用前库存原材料 400 万元，辅助材料 50 万元；购买一台车间使用的设备 70.2 万元，该设备预计使用 8 年，无残值；支付广告费 40 万元；支付向银行借款利息 2 万元；支付违约罚款 15 万元；支付本月折旧费 50 万元，其中公司管理部门 15 万元，车间 35 万元；支付本月应交所得税 18 万元；支付应分配给投资人利润 15 万元。本月产品全部完工，没有在产品。成本会计小王计算得出公司支出 284.225 万元、费用 598.675 万元、生产成本 553.5 万元。

【项目任务】

1. 在本案例中，你觉得小王的计算正确吗？如果不正确，会给企业带来怎样的后果？专业能力不足是职业道德范畴吗？

2. 在本案例中，支出、费用与成本是否都由企业的生产经营活动产生？它们之间有何区别？

本项目的学习将从引导案例最基本的成本概念入手，一步步带领大家走进成本的深层次领域。

任务一　掌握成本内涵

加强成本管理，努力降低成本，无论对提高企业经济效益，还是对提高整个国民经济的宏观经济效益，都是极为重要的。而要做好成本管理工作，就必须充分认知成本。

一、成本的经济实质和作用

（一）成本的经济实质

成本作为一个价值范畴，在市场经济中是客观存在的。企业进行生产经营活动或为了达到一定的目的而耗费资源的货币表现，都可以称为成本。但是政府机关、事业单位等不以营利为目的的单位里不进行成本核算，其成本开支不依靠自身创造的收入为补偿，而是通过国家财政预算拨款予以满足。因此成本会计所研究的成本，主要是以营利为目的单位所发生的各类成本费用。其中制造企业为生产产品所发生的成本具有典型意义，因此本教材在完成成本核算的任务时均以制造企业的产品生产成本作为成本范畴加以阐述。

马克思曾用一个公式来阐述商品价值：$W = C + V + M$。其价值 W 是由三项内容组成的，即生产中已消耗的生产资料的价值（C），劳动者为自己劳动所创造的价值（V），劳动者为社会劳动所创造的价值（M）。$C + V$ 就构成了产品成本。因此，从理论上说，产品成本是企业为生产一定种类和数量的产品所耗费的生产资料的价值和劳动者为自己劳动所创造的价值的货币表现，是企业在生产产品中所耗费的资金的总和。

然而，由于社会经济现象的纷繁复杂，企业在成本核算和成本管理中需要考虑的因素是多种多样的，实际工作中所应用到的成本概念与上述理论成本是有一定差别的。它们的区别表现在以下几个方面：

1. 在实际工作中，成本的开支范围是由国家通过有关法规制度来加以界定的

为了促使企业加强经济核算，减少生产损失，对于劳动者为社会劳动所创造的某些价值，如财产保险费等，以及一些不形成产品价值的损失性支出，如工业企业的废品损失、季节性和修理期间的停工损失等，也计入成本。可见，实际工作中的成本开支范围与理论成本包括的内容是有一定差别的。就上述的废品损失、停工损失性支出来说，从实际上看，并不形成产品价值，因为它不是产品的生产性耗费，而是纯粹的损耗，其性质并不属于成本的范围。但是考虑到经济核算的要求，将其计入成本，可促使企业减少生产损失。当然，对于成本实际开支范围与成本经济实质的背离，必须严格限制，否则，成本的计算就失去了理论依据。

2. 上述理论成本的概念是就制造企业在生产产品过程中所发生的耗费而言的

上述理论成本的概念是就制造企业在生产产品过程中所发生的耗费而言的，是一个"产品制造（生产）成本"的概念。在实际工作中，企业生产经营中所发生的成本是全部成本，也就是包括产品制造（生产）成本和期间费用两大部分。产品制造（生产）成本是指为制造产品而发生的各种费用总和，包括原材料费用、生产工人薪酬和全部制造费用。期间费用则包括管理费用、销售费用和财务费用。

3. 上述理论成本的概念主要是针对商品产品成本而言的

在实际工作中，为了加强企业的成本管理和正确地进行决策，涉及和应用的成本概念是多种多样的，其内涵有的已经超出了商品产品成本的范围，如可控成本、不可控成本、机会成本等。这些范畴的成本会在本教材的成本管理部分中有所提及。

（二）成本的作用

成本的经济实质决定了成本在经济管理工作中具有十分重要的作用。

1. 成本是补偿生产耗费的尺度

为了保证企业再生产的不断进行，必须对生产耗费，即资金耗费进行补偿。企业是自负盈亏的商品生产者和经营者，其生产耗费是用自身的生产成果，即销售收入来补偿的。而成本就是衡量这一补偿份额大小的尺度。企业在取得销售收入后，必须把相当于成本的数额划分出来，用以补偿生产经营中的资金耗费。这样，才能维持资金周转按原有规模进行。如果企业不能按照成本来补偿生产耗费，企业资金就会短缺，再生产就不能按原有的规模进行。可见，成本起着衡量生产耗费尺度的作用，对经济发展有着重要的影响。

2. 成本是综合反映企业工作质量的重要指标

成本是一项综合性的经济指标，企业经营管理中各方面工作的业绩，都可以直接或间接地在成本上反映出来。例如，产品设计的好坏、生产工艺的合理程度、固定资产的利用情况、原材料耗费的节约与浪费、劳动生产率的高低、产品质量的高低、产品产量的增减以及供、产、销各环节的工作是否衔接协调等，都可以通过成本直接或间接地反映出来。

成本既然是综合反映企业工作质量的指标，因而可以通过对成本的计划、控制、监督、考核和分析等来促使企业以及企业内各单位加强经济核算，努力改进管理，降低成本，提高经济效益。例如，通过正确确定和认真执行企业以及企业内部各单位的成本计划指标，可以事先控制成本水平和监督各项费用的日常开支，促使企业内部各单位努力降低各种耗费；又如，通过成本的对比和分析，可以及时发现在物化劳动和活劳动消耗上的节约或浪费情况，总结经验，找出工作中的薄弱环节，采取措施挖掘潜力，合理地使用人力、物力和财力，从而降低成本，提高经济效益。

3. 成本是制定产品价格的一项重要因素

在商品经济中，产品价格是产品价值的货币表现。产品价格应大体上符合其价值。无论是国家还是企业，在制定产品价格时都应遵循价值规律的基本要求。但在现阶段，人们还不能直接计算产品的价值，而只能计算成本，通过成本间接地、相对地掌握产品的价值。因此，成本就成了制定产品价格的重要因素。当然，产品的定价是一项复杂的工作，应考虑的因素很多，如国家的价格政策及其他经济政策、各种产品的比价关系、产品在市场上的供求关系及市场竞争的态势等，所以产品成本只是制定产品价格的一项重要因素。

4. 成本是企业进行决策的重要依据

努力提高企业在市场上的竞争能力和经济效益，是社会主义市场经济条件下对企业的客观要求。而要做到这一点，企业首先必须进行正确的生产经营决策。进行生产经营决策，需要考虑的因素很多，成本是主要因素之一。这是因为在价格等因素一定的前提下，成本的高低直接影响着企业盈利的多少；而较低的成本，可以使企业在市场竞争中处于有利地位。

二、支出、费用和成本之间的关系

要深刻理解成本的含义，还必须明确支出、费用、成本之间的关系。

（一）支出的含义

支出是指企业在经济活动中发生的一切开支与耗费。一般而言，企业的支出可分为资本性支出、收益性支出、投资性支出、所得税支出、营业外支出和利润分配性支出六大类。

1. 资本性支出

资本性支出是指该支出的受益期在一个会计年度以上的支出，即发生支出不仅与本期收入有关，也与其他会计期间的收入有关，而且主要是为以后各期的收入取得而发生的。这种支出通常形成企业的长期资产，如企业购建的固定资产、无形资产等。

2. 收益性支出

收益性支出是指支出的受益期在一个会计年度以内，即一项支出的发生仅与本期收益的取得有关，这种支出通常由本期的收益来弥补，如企业为生产经营而发生的材料耗费、支付的职工薪酬、购买办公用品支出等的开支。

3. 投资性支出

投资性支出是指让渡本企业资产的使用权形成的支出。它一般形成的是对外投资，如股票投资、债券投资等。

4. 所得税支出

所得税支出是指企业在取得经营所得与其他所得的情况下，按国家税法规定

应向政府缴纳的税金支出。所得税支出作为企业的一项费用，直接冲减当期收益。

5. 营业外支出

营业外支出是指与企业的生产经营活动没有直接联系的支出，如企业支付的罚款、违约金、赔偿金、赞助费以及非常损失等。这些支出尽管与企业生产经营活动没有直接联系，但是与其收入的取得还是有关系的，因而也把它作为当期损益的扣减要素之一。

6. 利润分配性支出

利润分配性支出是指企业实现的利润在扣除所得税后形成税后利润，即净利润，在对净利润分配过程中形成的开支，如支付股利等。

（二）支出与费用的关系

一般而言，支出中凡是同本企业的生产经营有关的部分，都可表现为或转化为费用，而凡同本企业的生产经营无关的支出，则不能列为费用。如企业用于购置固定资产、无形资产、其他资产及购买材料等与生产经营有关的支出，能表现为或转化为费用；而发生的长期投资性支出、利润分配性支出以及营业外支出，应同本企业的生产经营活动没有关系，就不能视为费用。

（三）生产费用与产品成本

费用按其同产品生产的关系可划分为生产费用和期间费用。生产费用也称生产成本，是指生产过程中所发生的物化劳动和活劳动耗费的货币表现，同产品的生产有直接关系。期间费用是同企业经营活动有密切关系的耗费，但同产品的生产无直接关系，而与发生期间配比，与当期受益配比。

支出、费用和成本的关系可用图 1-1 所示。

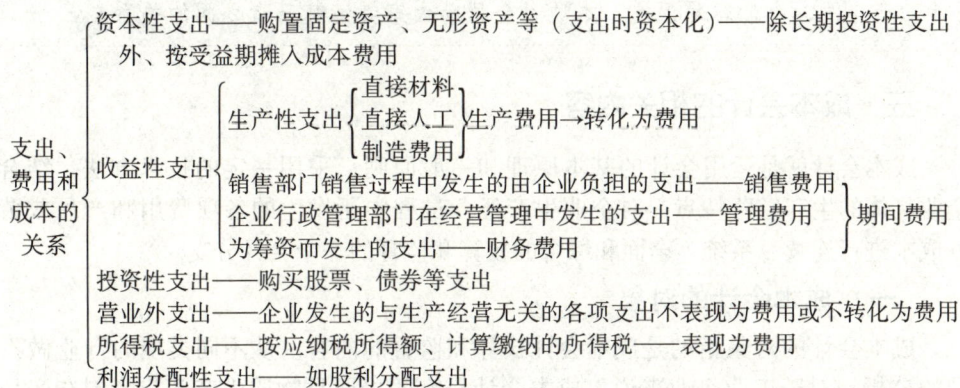

支出、费用和成本的关系
- 资本性支出——购置固定资产、无形资产等（支出时资本化）——除长期投资性支出外、按受益期摊入成本费用
- 收益性支出
  - 生产性支出 ｛直接材料 直接人工 制造费用｝生产费用→转化为费用
  - 销售部门销售过程中发生的由企业负担的支出——销售费用
  - 企业行政管理部门在经营管理中发生的支出——管理费用 ｝期间费用
  - 为筹资而发生的支出——财务费用
- 投资性支出——购买股票、债券等支出
- 营业外支出——企业发生的与生产经营无关的各项支出不表现为费用或不转化为费用
- 所得税支出——按应纳税所得额、计算缴纳的所得税——表现为费用
- 利润分配性支出——如股利分配支出

图 1-1 支出、费用和成本的关系

生产费用和产品成本是两个既互相联系又互相区别的概念。生产费用按一定的产品加以归集和汇总，就形成产品成本。因此，生产费用的发生是形成产品成本的基础，而产品成本则是对象化的生产费用。但是，生产费用通常是指某一时期（月、季、年）内实际发生的生产费用，而产品成本反映的是某一时期某种产品所应负担的费用。按照权责发生制的原则，企业生产费用的发生期与归属产品的期间并不完全一致。归属于当期产品成本中的一部分生产费用并非当期发生，

学习笔记

而是以前期间发生的生产费用；归属于本期间的生产费用不一定归属于当期产品成本，可能要由以后期间的产品来负担。所以，企业某一时期实际发生的产品生产费用总和，不一定等于该期产品成本的总和。某一时期完工产品的成本可能包括几个时期的生产费用，某一时期的生产费用也可能分期计入各期完工产品成本。

综上所述，支出是企业在经济活动中所发生的所有开支与耗费，费用是支出中与生产经营相关的部分，生产费用属于费用的一部分，是企业生产过程中所发生的耗费，产品成本是对象化的生产费用。

引导案例解答

支出、费用和成本的关系（微课）

1. 公司本期支出为：

$100 + 3.5 + 10 + 0.35 + 5 + 0.175 + 5 + 40 + 2 + 15 + 70.2 + 18 + 15 = 284.225$（万元）

生产成本为：

$$100 + 3.5 + 400 + 50 + 5 + 0.175 + 5 + 35 = 598.675（万元）$$

企业费用为：

$$598.675 + 25.35 + 40 + 2 = 666.025（万元）$$

小王的计算不准确，本例中可能会导致企业因为错误的成本计算而制定不合理的价格，或者会出现利润虚增的现象，不管是因为粗心还是因为专业能力不过关，对于企业的影响都是直接的，也是职业素养不够的表现，属于职业道德的范畴，不能掉以轻心。

2. 支出、费用和成本三者之间既有联系又有区别，掌握了它们之间的关系，可以对企业的经营决策作出正确判断，其中费用和成本都是企业生产经营活动产生的，也最容易混淆，本项目会帮助大家弄清楚三者之间的关系。

三、成本会计的相关内容

成本会计就是运用会计的基本原理和一般原则，采用一定的技术方法，结合企业具体的生产经营特点，对企业生产经营过程中所发生的各项费用和产品或劳务成本进行连续、系统、全面和综合的核算和监督的一个会计分支。

（一）成本会计的对象

成本会计的对象指的是成本会计核算和监督的内容。从不同类型的行业做不同的分析，对于工业企业来说，成本会计研究的主要是物质生产部门为制造产品而发生的成本，即产品生产成本，所以成本会计核算和监督的内容也主要是指产品生产成本。要说明的是，在产品生产过程中，除了发生生产耗费外，还会发生筹资支出、管理支出和销售支出，即财务费用、管理费用和销售费用。由于这些费用支出大多按时期发生，难以按产品归集，因此，作为期间费用直接计入当期损益而不作为产品成本的构成内容。但这些费用作为生产者的经营管理费用，它与产品生产不是毫不相干的，而是相关的，是服务于产品生产的。可以说，没有这些费用支出的发生，产品生产就不可能正常进行。因此，为了促使生产者节约这些费用，增加盈利，把它们连同产品成本都作为成本会计的对象。由此可见，对于工业企业来说，成本会计的对象包括产品的生产成本和经营管理费用。

对于商业流通企业、交通运输企业、农林业等其他行业的生产经营过程来说，虽然各有特点，但是它们在生产经营过程中所发生的各种费用，同样是一部分形成了企业的生产经营业务成本，一部分作为期间费用直接计入当期损益。因此，从现行企业会计制度的有关规定出发，可以把成本会计的对象概括为：企业生产经营过程中发生的生产经营业务成本和期间费用。

以上按照现行企业会计制度的有关规定，对成本会计的对象进行了概括性的阐述。但成本会计不仅应该按照现行企业会计制度的有关规定为企业正确确定利润和进行成本管理提供可靠的生产经营业务成本和期间费用信息，而且应该从企业内部经营管理的需要出发，提供多方面的成本信息。例如，为了进行短期生产经营的预测和决策，应计算变动成本、固定成本、机会成本和差别成本等；为了加强企业内部的成本控制和考核，应计算可控成本和不可控成本；为了进一步提高成本信息的决策相关性，还可以计算作业成本，等等。上述按照现行企业会计制度的有关规定所计算的成本（包括生产经营业务成本和期间费用），可称为财务成本；为企业内部经营管理的需要所计算的成本，可称为管理成本。因此，成本会计的对象，总括地说应该包括各行业企业的财务成本和管理成本。

（二）成本会计的职能

成本会计的职能是指成本会计所具有的功能。成本会计的职能在不同的历史时期体现为不同的内容。现代成本会计的职能包括成本预测、成本决策、成本计划、成本控制、成本核算、成本分析和成本考核七项职能。

1. 成本预测

成本预测是指根据成本的有关数据及其他资料，通过一定的程序和方法，对未来的成本水平及其发展趋势所作出的科学估计。成本预测可就某种产品的成本进行预测，也可就企业的总成本进行预测。通过成本预测，可以减少企业生产经营管理的盲目性，有利于企业选择最佳方案，提高成本管理的科学性与预见性。

2. 成本决策

成本决策是指在成本预测的基础上，运用一定的专门方法，对有关方案进行比较、分析、判断，从中选出最优方案。做好成本决策对于企业正确地制定成本计划，并在执行过程中完成计划，促进企业提高经济效益具有十分重要的意义。

3. 成本计划

成本计划是根据成本决策确定的目标和成本预测的资料，具体规定计划期内产品的生产耗费和各种产品的成本水平，并提出为达到规定的成本水平所应采取的措施方案。成本计划是进行成本控制、成本分析和成本考核的依据。

4. 成本控制

成本控制是指预先制定成本标准，对实际发生的费用严格控制在限额标准之内，并及时揭示实际费用与成本标准之差，采取措施将生产费用控制在计划、预算之内。通过成本控制可以保证成本目标的实现，促使企业不断降低成本。

学习笔记

5. 成本核算

成本核算是指对生产经营过程中所发生的生产费用进行审核，并按照一定的对象和标准进行归集和分配，计算出各成本计算对象的总成本和单位成本。成本核算既是对生产经营过程中发生的生产耗费进行如实反映的过程，也是进行反馈和控制的过程。通过成本核算，可以反映成本计划完成的情况，揭露生产经营中存在的问题，为制定价格提供依据；并为进行成本预测、编制下期成本计划提供可靠的资料，同时也为以后的成本分析和成本考核提供必要的依据。

6. 成本分析

成本分析是利用成本核算和其他有关资料，分析成本水平及其构成的变动情况，系统地研究成本变动的趋势和原因，挖掘降低成本的潜力。通过成本分析，可以正确认识和掌握成本变动的规律，以便采取相应的措施，改进管理，降低耗费，提高经济效益；并为编制成本计划和制定新的经营决策提供依据。

7. 成本考核

成本考核是定期对成本计划及其有关指标的实际完成情况进行总结和评价，以监督和促使企业加强成本管理责任制，履行经济责任，提高成本管理水平。成本考核一般与奖惩制度结合，以调动各责任人努力完成目标成本的积极性。

成本会计的各项职能是相互联系、相互依存的。成本预测是成本决策的前提，成本决策是成本预测的结果，又是制定成本计划的依据；成本计划是成本决策所确定目标的具体化；成本控制是对成本计划实施进行的监督，是实现成本决策既定目标的保证；成本核算是对成本计划是否完成的检验；成本分析是对计划完成与否的原因进行的检查；成本考核则是实现成本计划的重要手段。这七项职能中，成本核算是基础，没有成本核算，其他各项职能都无法进行。

【同步思考与练习1.1.1】

分析下列活动分别是成本会计的哪个职能？

1. 吉利公司装配分厂在考虑制动系统的一个部件是从国外进口还是自己制造。
2. 正泰太阳能公司的薄膜车间生产经理正在编制一份生产预算。
3. 比亚迪公司的销售经理正在为公司管理层整理一份数据资料，分析国家的收入倍增计划对汽车销售量的影响。
4. 传化公司的会计人员正在登记洗衣液的成本明细账。
5. 2022年年末，上海家化公司的成本会计人员正加紧赶制报表，以便把今年的成本指标和去年的做对比，上报管理层。

参考答案：

1. 成本决策职能。
2. 成本控制职能。
3. 成本预测职能。
4. 成本核算职能。
5. 成本分析职能。

（三）成本会计工作的组织

成本会计工作的组织机构设置与否，直接影响到成本会计工作乃至整个会计工作的开展。成本会计工作的组织一般包括成本会计机构的设置、成本会计人员的配备以及成本会计制度的制定等。

1. 成本会计机构的设置

成本会计机构是从事成本会计工作的职能部门，是企业会计机构的有机组成部分。企业要根据生产类型的特点、经营规模的大小、成本管理的要求，合理设置成本会计机构。成本会计机构可以单独设置，也可以并入企业会计机构之中。对单独设置的成本会计机构，需要进行内部分工，明确各自的工作职责。内部分工可以按成本会计的职能分工，分设成本核算组、成本分析组等；也可以按成本会计的对象分工，分设产品成本核算组、期间费用核算组等。

成本会计工作的组织形式，分别采用集中工作方式或分散工作方式。

（1）集中工作方式。

集中工作方式是将本企业所有的成本会计核算、成本计划编制、成本会计分析等工作集中在企业的成本会计机构中进行，车间等其他部门通常只配备成本核算人员，负责登记原始记录、填制原始凭证并对原始资料进行初步审核、整理和汇总，及时报送企业成本会计机构。

这种方式的优点是有利于企业管理当局及时全面地掌握成本会计的各种信息，便于使用计算机集中进行成本数据处理，减少成本会计机构设置的层次和成本会计人员的人数。不足之处是直接从事生产经营的部门不能及时掌握成本信息，影响他们对成本费用进行控制的积极性。这种工作方式通常适用于成本会计工作较为简单的企业。

（2）分散工作方式。

分散工作方式又称为非集中工作方式，也称二级核算制，是将成本会计的各项具体工作分散开来，由车间等其他部门的成本会计机构来进行。企业的成本会计机构只负责对成本会计工作进行指导、监督和成本会计数据的最后汇总，以及处理不便于分散核算的成本会计工作。

这种方式的优点与不足正好与集中工作方式相反。分散工作方式通常适用于成本会计工作比较复杂的大中型企业。

在实际工作中，也可以将两种方式相结合，对部分车间部门采用分散工作方式，对其他车间部门采用集中工作方式。

【同步思考与练习1.1.2】

盛华机械有限公司于2019年筹建，主要生产两种型号的机床，设有铸造、加工和装配三个基本生产车间，机修和供电两个辅助生产车间，公司管理层对成本会计机构的设置进行讨论，不知道应该选择哪种方式更适合公司，请同学们给他们提出较为合理的建议。

参考答案：

针对该公司的情况，比较合适的成本会计机构应该是集中工作方式，成本会计机构负责本公司所有的成本会计核算、成本计划编制、成本信息分析等，车间等其他部门只配备经济核算人员，负责登记原始记录、编制原始凭证，以及对资料进行审核整理和汇总，及时报送成本会计机构。这样有利于企业管理层及时掌握企业有关成本的全面信息，减少成本会计机构设置的层次和成本会计人员的人数。

2. 成本会计人员的配备

在成本会计机构中，配备数量适当、思想品德优秀、精通业务的成本会计人员是做好会计工作的关键。就思想品德而言，要求成本会计人员应具备脚踏实地、实事求是、敢于坚持原则的作风和高度的敬业精神；就业务素质而言，要求成本会计人员不仅要具备较为全面的会计知识，而且要掌握一定的生产技术和经营管理方面的知识。

为了充分调动和保护会计人员的工作积极性，国家在有关的会计法规中对会计人员的职责、权限、任免、奖惩以及会计人员的技术职称等，都做了明确的规定。这些规定对于成本会计人员也是完全适用的。

成本会计机构和成本会计人员应在企业总会计师和会计主管人员的领导下，忠实地履行自己的职责，认真地完成成本会计的各项任务，并从降低成本、提高企业经济效益的角度出发，参与制定企业的生产经营决策。为此，成本会计人员应经常深入生产经营的各个环节，结合实际情况，向有关人员和职工宣传、解释国家的有关方针、政策和制度，以及企业在成本管理方面的计划和目标等，并督促他们贯彻执行；深入了解生产经营的实际情况，注意发现成本管理中存在的问题并提出改进成本管理的意见和建议，当好企业负责人的参谋。

根据成本会计人员的职责，应赋予他们相应的权限。这些权限主要有：会计人员有权要求企业有关单位和人员认真执行成本计划，严格遵守国家的有关法规、制度和财经纪律；有权参与制定企业生产经营计划和各项定额，参加与成本管理有关的生产经营管理会议；有权督促检查企业各单位对成本计划和有关法规、制度、财经纪律的执行情况。

成本会计工作是一项涉及面很宽、综合性很强的管理工作，尤其是随着市场经济体制的不断发展和完善、科学技术的不断进步，按照市场经济的要求，降低成本，增强企业的竞争能力，提高企业的经济效益，已经成为成本会计工作的重要内容。为此，成本会计人员必须刻苦钻研业务，认真学习有关的业务知识和业务技术，不断充实和更新自己的专业知识，提高自己的素质，以适应新形势的要求。

3. 成本会计制度的制定

成本会计制度是成本会计工作的规范，是会计法规和制度的重要组成部分。企业应遵循国家有关法律、法规、制度，如《中华人民共和国会计法》《企业会计准则》《企业会计制度》等有关规定，并适应企业生产经营的特点和管理的要求，制定企业内部成本会计制度，作为企业进行成本会计工作具体和直接的依据。

各行业企业由于生产经营的特点和管理的要求不同，所制定的成本会计制度有所不同，就工业企业来说，成本会计制度一般应包括以下几个方面的内容：

（1）关于成本预测和决策的制度。

（2）关于成本定额的制度和成本计划编制的制度。

（3）关于成本控制的制度。

（4）关于成本核算规程的制度。包括成本计算对象和成本计算方法的确定、成本项目的设置、各项费用的分配和归集的程序和方法、完工产品和在产品之间的费用分配方法等。

（5）关于责任成本的制度。

（6）关于企业内部结算价格和内部结算办法的制度。

（7）关于成本报表的制度。

成本会计制度是开展成本会计工作的依据和行为规范，其是否科学、合理会直接影响成本会计工作的成效。因此，成本会计制度的制定，是一项复杂而细致的工作。在成本会计制度的制定过程中，有关人员不仅应熟悉国家有关法规、制度的规定，而且应深入基层做广泛、深入的调查和研究工作，在反复试点，具备充分依据的基础上进行成本会计制度的制定工作。成本会计制度一经制定，就应认真贯彻执行。但随着时间的推移，实际情况往往会发生变化，出现新的情况，这时应根据变化的情况，对成本会计制度进行修订和完善，以保证成本会计制度的科学性和先进性。

企业导师说成本

企业通常会把成本会计安排在车间办公，主要为了熟悉生产流程。这是因为很多成本会计甚至对制造系统各块业务都非常陌生，所以很多做了几年成本会计的人，对业务也不是非常了解，因此成本会计应该先熟悉业务、熟悉系统，结合内控再考虑将业务转换为单据、数据表，那么后续核算就简单了。

金句：不熟悉业务、不关心业务、不规范业务的成本会计是不称职的！

任务二　认知产品成本核算

一、产品成本核算的分类

成本核算就是按照国家有关的法规、制度和企业经营管理的要求，对生产经营过程中实际发生的各种劳动耗费进行计算，并进行相应的账务处理，提供真实、有用的成本信息。

成本核算不仅是成本会计的基本任务，而且是企业经营管理的主要组成部分。因此，为了充分发挥成本核算的作用，在成本核算工作中，应该先了解费用的不同分类。

（一）费用按经济内容分类

企业的生产经营过程，也是物化劳动（劳动对象或劳动手段）和活劳动的耗费过程，因此在生产经营过程中发生的费用，按其经济内容分类，可划归为劳动

学习笔记

对象方面的费用、劳动手段方面的费用和活劳动方面的费用三大类。这三类可以称为费用的三大要素。为了具体反映各种费用的构成和水平，还应在此基础上将其进一步划分为以下七个费用要素。所谓费用要素，就是费用按经济内容的分类。

1. 外购材料、燃料

外购材料、燃料指企业为进行生产经营活动而耗用的一切从外单位购进的原料及主要材料、半成品、辅助材料、包装物、修理用备件和低值易耗品以及各种燃料，包括固体燃料、液体燃料、气体燃料。

2. 外购动力

外购动力指企业为进行生产经营而耗用的一切从外单位购进的各种动力。

3. 职工薪酬

职工薪酬指企业应计入产品成本和期间费用的职工工资及其他相关支出。

4. 折旧费和摊销费

折旧费和摊销费指企业按照规定的固定资产折旧方法计算提取的折旧费用，以及无形资产、递延资产的摊销费。

5. 利息支出

利息支出指企业应计入财务费用的借入款项的利息支出减利息收入后的净额。

6. 税金

税金指应计入企业管理费用的各种税金，如房产税、车船使用税、土地使用税、印花税等。

7. 其他支出

其他支出指不属于以上各要素但应计入产品成本或期间费用的费用支出，如差旅费、租赁费、外部加工费以及保险费等。

按照以上费用要素反映的费用，称为要素费用。将费用划分为若干要素分类核算的作用是：

（1）可以反映企业一定时期内在生产经营中发生了哪些费用，数额各是多少，据以分析企业各个时期各种费用的构成和水平。

（2）这种分类反映了企业在生产经营中外购材料和燃料费用以及职工工资的实际支出，因而可以为企业核定储备资金定额、考核储备资金的周转速度，以及编制材料采购资金计划和劳动工资计划提供资料。但是这种分类不能说明各项费用的用途，因而不便于分析各种费用的支出是否节约、合理。

（二）费用按经济用途分类

工业企业在生产经营中发生的费用，首先可以分为计入产品成本的生产费用和计入当期损益的期间费用两类。下面分别讲述这两类费用按照经济用途的分类：

1. 计入产品成本的生产费用（即制造成本）

计入产品成本的生产费用在产品生产过程中的用途也不尽相同。有的直接用于产品生产，有的间接用于产品生产。因此，为具体反映计入产品成本的生产费用的各种用途，提供产品成本构成情况的资料，还应将其进一步划分为若干个项目，即产品生产成本项目。产品生产成本项目，简称成本项目，就是生产费用按其经济用途分类核算的项目。工业企业一般应设置以下几个成本项目：

（1）直接材料，简称原材料，是指直接用于产品生产、构成产品实体的原料、主要材料以及有助于产品形成的辅助材料费用。

（2）燃料及动力，是指直接用于产品生产的各种燃料和动力费用。

（3）直接人工，简称工资及福利费，是指直接参加产品生产的工人工资及福利费。

（4）制造费用，是指间接用于产品生产的各项费用，以及虽直接用于产品生产，但不便于直接计入产品成本，因而没有专设成本项目的费用（如机器设备的折旧费用）。制造费用包括企业内部生产单位（分厂、车间）的管理人员的工资及福利费、固定资产折旧费、修理费、租赁费（不包括融资租赁费）、机物料消耗费、低值易耗品摊销、取暖费、水电费、办公费、运输费、保险费、设计制图费、试验检验费、劳动保护费、季节性或修理期间的停工损失以及其他制造费用。

企业可根据生产特点和管理要求对上述成本项目做适当调整。对于管理上需要单独反映、控制和考核的费用，以及产品成本中比重较大的费用，应专设成本项目；否则，为了简化核算，不必专设成本项目。例如，如果废品损失在产品成本中所占比重较大，在管理上需要对其进行重点控制和考核，则应单设"废品损失"成本项目。又如，如果工艺上耗用的燃料和动力不多，为了简化核算，可将其中的工艺用燃料费用并入"原材料"成本项目，将其中的工艺用动力费用并入"制造费用"成本项目。

2. 计入当期损益的期间费用

工业企业的期间费用按照经济用途可分为管理费用、销售费用和财务费用。

（1）管理费用。

管理费用是指企业为组织和管理企业生产经营所发生的各项费用，包括企业的董事会和行政管理部门在企业的经营管理中发生的，或者应由企业统一负担的公费经费（包括行政管理部门的职工工资、修理费、机物料消耗费、低值易耗品摊销、办公费和差旅费等）工会经费、待业保险费、劳动保险费、董事会费（包括董事会成员津贴、会议费和差旅费等）、聘请中介机构费、咨询费（含顾问费）、诉讼费、业务招待费、房产税、车船使用税、土地使用费、印花税、技术转让费、矿产资源补偿费、无形资产摊销、职工教育经费、研究与开发费、排污费、存货盘亏或盘盈（不包括应计入营业外支出的存货损失）、计提的坏账准备和存货跌价准备等。

（2）销售费用。

销售费用是指企业在产品销售过程中发生的费用，以及为销售本企业产品而专设的销售机构的各项经费。包括运输费、装卸费、包装费、保险费、展览费和广告费，以及为销售本企业产品而专设的销售机构（含销售网点、售后服务网点等）的职工工资及福利费、类似工资性质的费用、业务费等经营费用。

（3）财务费用。

财务费用是指企业为筹集生产经营所需资金而发生的各项费用，包括利息支出（减利息收入）、汇兑损失（减汇兑收益）以及相关的手续费等。

3. 生产费用的其他分类

（1）生产费用按与生产工艺的关系分类。

学习笔记

计入产品成本的各项成本费用，按与生产工艺的关系，可以分为直接生产费用和间接生产费用。直接生产费用是指由生产工艺本身引起的、直接用于产品生产的各项费用，如材料费用、主要材料费用、生产工人工资和机器设备折旧费等。间接生产费用是指与生产工艺没有联系，间接用于产品生产的各项费用，如机物料消耗费、辅助工人工资和车间厂房折旧费等。

（2）生产费用按计入产品成本的方法分类。

计入产品成本的各项费用，按计入产品成本的方法，可以分为直接计入费用（一般称为直接费用）和间接计入（或称分配计入）费用（一般称为间接费用）。直接计入费用是指可以分清哪种产品所耗用、可以直接计入某种产品成本的费用。间接计入费用，是指不能分清哪种产品所耗用、不能直接计入某种产品成本，而必须按照一定标准分配计入有关的各种产品成本的费用。

生产费用按与生产工艺的关系分类和按计入产品成本的方法分类之间既有区别又有联系。它们之间的联系表现在：直接生产费用在多数情况下是直接计入费用，如原料、主要材料费用大多能够直接计入某种产品成本；间接生产费用在多数情况下是间接计入费用，如机物料消耗费大多需要按照一定标准分配计入有关的各种生产成本。但它们毕竟是对生产费用的两种不同分类，直接生产费用与直接计入费用、间接生产费用与间接计入费用不能等同。例如，在只生产一种产品的企业（或车间）中，直接生产费用和间接生产费用都可以直接计入这种产品的成本，因而均属于直接计入费用；又如，在用同一种原材料同时生产出几种产品的联产品生产企业（或车间）中，直接生产费用和间接生产费用都需要按照一定标准分配计入有关的各种产品成本，因而均属于间接计入费用。

二、正确划分各种费用界限

（一）算管结合，算为管用

所谓算管结合，算为管用，就是成本核算与加强企业经营管理相结合所提供的成本信息应当满足企业经营管理和决策的需要。为此，成本核算不仅要对各项费用支出进行事后核算，提供事后的成本信息，而且必须以国家有关的法规、制度和企业成本计划和相应的消耗定额为依据，加强对各项费用支出的事前、事中的审核和控制，并及时进行信息反馈。也就是说，对于合法、合理、有利于发展生产，提高经济效益的开支，要积极予以支持，否则就要坚决加以抵制，当时已经无法制止的，要追究责任，采取措施，防止以后再次发生；对于各项费用的发生情况，以及费用脱离定额（或计划）的差异要进行日常的计划和分析，及时进行反馈；对于定额或计划不符合实际发生的情况，要按规定予以修订。

同时，在成本计算中，既要防止片面追求简化，以至不能为管理提供所需资料的做法，也要防止为算而算，搞烦琐哲学，脱离管理实际需要的做法。成本核算应该做到分清主次、区别对待、主要从细、次要从简、简而有理、细而有用。

另外，为了满足企业经营管理和决策的需要，成本核算不仅要按照国家有关法规、制度计算产品成本和各项期间费用，还应借鉴西方的一些成本概念和成本计算方法，为不同的管理目的提供不同的管理成本信息，如变动成本信息与固定

成本费用
的分类
（微课）

成本信息、可控成本信息与不可控成本信息、作业成本信息等。

（二）正确划分各种费用支出的界限

为了正确地进行成本核算，正确地计算产品成本和期间费用，必须正确划分以下五个方面的费用界限：

1. 正确划分生产经营费用支出和其他支出的界限

企业的经济活动是多方面的，其支出的用途不尽相同。而不同用途的支出，其列支的项目应该不同。如任务一中支出、费用、成本关系所述，企业在生产过程中所发生的直接材料、直接工资及制造费用是生产经营费用；企业购建固定资产、购买无形资产以及进行对外投资的支出属于资本性支出，这些支出中只有固定资产、无形资产可以按受益期摊入成本费用；被没收的财物，支付的滞纳金、罚款、违约金、赔偿金，以及企业赞助和捐赠的支出等属于营业外支出，股利分配属于利润分配性支出，这些都与企业的生产经营无关，不能列为生产经营费用。

划清生产经营费用支出和其他支出的界限，其目的是正确计算资产的价值和正确计算各期的产品成本和损益。如果把资本性支出列作生产经营管理费用支出，将会导致少计资产价值，多计当期费用，其结果是当期营业利润减少。反之，则可能多计资产价值，少计当期费用，其结果是当期营业利润增加。不论是何种情况，所提供的会计信息都不能反映客观实际，不利于正确进行产品成本计算和成本管理工作。

2. 正确划分产品成本与期间费用的界限

企业在日常生产经营中所发生的各项耗费，并不都是成本费用。在产品制造中，生产一定种类和数量的产品而发生的材料费用、工资薪酬等生产费用计入产品成本。产品成本要在产品销售后作为产品销售成本计入企业损益。而本月发生的销售费用、管理费用和财务费用，则是作为期间费用，直接计入当月损益。因此，为了正确计算产品成本，必须分清哪些支出属于产品成本，哪些支出作为期间费用，正确地划分产品生产成本和各项期间费用的界限。应当防止混淆产品生产费用与期间费用的界限，借以调节各月产品成本和各月损益的错误做法。

3. 正确划分各月的费用界限

为了按月分析和考核成本计划的执行情况和执行结果，正确计算各月损益，必须正确划分各月的费用界限。本月发生的费用，都应在本月全部入账，不能将其一部分延至下月入账。更重要的是，应该贯彻权责发生制原则，正确地核算应付费用和预付费用。对于本月已经支付，应由本月及以后各月负担的预付费用，应采用分期摊销的方法，分月计入成本费用；对本月尚未支付，应由本月负担的应付费用，应预提计入本月的成本费用。正确划分各月的费用界限是保证成本核算正确的重要环节，应当防止利用摊销和预提的办法人为地调节各月成本，人为地调节各月损益的错误做法。

4. 正确划分各种产品的费用界限

如果企业生产的产品不止一种，那么，为了正确计算各种产品的成本，正确分析和考核各种产品成本计划和定额成本的执行情况，必须将其计入本月产品成本的生产费用在各种产品之间正确地进行划分。凡属于某种产品单独发生，能够

学习笔记

直接计入该种产品的费用，均应直接计入该种产品成本；凡属于几种产品共同发生，不能直接计入某种产品的费用，则应采用适当的分配方法，分配计入这几种产品的成本。应当防止在盈利产品与亏损产品之间、可比产品与不可比产品之间任意转移生产费用，借以掩盖成本超支或以盈补亏的错误做法。

5. 正确划分完工产品与在产品的费用界限

在月末计算产品成本时，如果某种产品已全部完工，那么，这种产品的各项生产费用之和就是这种产品的完工产品成本；如果某种产品均未完工，那么，这种产品的各项生产费用之和，就是这种产品的月末在产品成本；如果某种产品既有完工产品，又有在产品，则应将这种产品的各项生产费用，采用适当的分配方法在完工产品与月末在产品之间进行分配，分别计算完工产品成本和月末在产品成本。应该防止任意提高或降低月末在产品成本，人为地调节完工产品成本的错误做法。

以上五个方面费用界限的划分过程，也就是产品成本的计算和各种期间费用的归集过程。在这一过程中，应贯彻受益原则，即何者受益何者负担费用，何时受益何时负担费用；负担费用的多少应与受益程度的大小成正比。

（三）正确确定财产物资的计价和价值结转方法

工业企业的生产经营过程，同时也是各种劳动的耗费过程。在各种劳动耗费中，财产物资的耗费（即生产资料价值的转移）占有相当的比重。因此，这些财产物资计价和价值结转方式是否恰当，会对成本计算的正确性产生重要的影响。企业财产物资计价和价值结转方法主要包括：固定资产原值的计算方法、折旧方法、折旧率的种类和高低；固定资产修理费用是否采用待摊或预提方法以及摊提期限的长短；固定资产与低值易耗品的划分标准；材料成本的组成内容、材料按实际成本进行核算时发出材料单位成本的计算方法、材料按计划成本进行核算时材料成本差异率的种类（个别差异率、分类差异率还是综合差异率，本月差异率还是上月差异率）、采用分类差异率时材料成本的大小等；低值易耗品和包装物价值的摊销方法、摊销率的高低及摊销期限的长短等。为了正确地计算成本，对于各种财产物资的计价和价值的结转，都应采用既较为合理又较为简便的方法；国家有统一规定的，应采用国家统一规定的方法。各种方法一经确定，应保持相对稳定，不能随意改变，以保证成本信息的可比性。

（四）成本会计的基础工作

为了加强成本审核、控制，正确、及时地计算成本，企业应做好以下各项成本会计的基础工作：

1. 做好定额的制定和修改工作

产品的各项消耗定额，既是编制成本计划、分析和考核成本水平的依据，也是审核和控制成本的标准；而且在计算产品成本时，往往要用产品的原材料和工时的定额消耗量或定额费用作为分配实际费用的标准。因此，为了加强生产管理和成本管理，企业必须建立和健全定额管理制度，凡是能够制定定额的各种消耗，都应该制定先进、合理、切实可行的消耗定额，并随着生产的发展、技术的进步、劳动生产率的提高，不断修改消耗定额，以充分发挥其应有的作用。

2. 建立和健全材料物资的计量、收发、领退和盘点制度

成本核算是以价值形式来核算企业生产经营管理中的各项费用的，但价值形式的核算是以实物计量为基础的。因此，为了进行成本管理，正确地计算成本，必须建立和健全材料物资的计量、收发、领退和盘点制度。凡是材料物资的收发、领退，在产品、半成品的内部转移，以及产成品的入库等，均应填制相应的凭证，办理审批手续，并严格进行计量和验收。库存的各种材料物资、车间的在产品、产成品均应按规定进行盘点。只有这样，才能保证账实相符，保证成本计算的正确性。

3. 建立和健全原始记录工作

原始记录是反映生产经营活动的原始资料，是进行成本预测、编制成本计划、进行成本核算、分析消耗定额和成本计划执行情况的依据。因此，工业企业对生产过程中材料的领用、动力与工时的耗费、费用的开支、废品的发生、在产品及半成品的内部转移、产品质量检验及产成品入库等，都要有真实的原始记录。成本核算人员要会同企业的计划统计、生产技术、劳动工资、产品物资供销等有关部门，认真制定既符合成本核算需要，又符合各方面管理需要，既科学，又简便易行，讲求实效的原始记录制度；还要组织有关职工认真做好各种原始记录的登记、传递、审核和保管工作，以便正确、及时地为成本核算和其他有关方面提供资料和信息。

4. 做好计划价格的制定和修改工作

在计划管理基础较好的企业中，为了分清企业内部各单位的经济责任，便于分析和考核企业内部各单位成本计划的完成情况和管理业绩，以及加速和简化核算工作，应对原材料、半成品、各车间相互提供的劳务（如修理、运输等）制定计划价格，作为企业内部结算和考核的依据。在制定了计划价格的企业中，各项原材料的耗用、半成品的转移，以及各车间与部门之间相互提供劳务等，都要首先按计划价格计算（这种按实际生产耗用量和计划价格计算的成本，称为计划价格成本）。月末计算产品实际成本时，再在计划价格成本的基础上，采用适当的方法计算各产品应负担的价格差异（如材料成本差异），将产品的计划价格成本调整为实际成本。这样，既可以加速和简化核算工作，又可以分清内部各单位的经济责任。

（五）根据生产特点和管理要求，采用适当的成本计算方法

产品成本是在生产过程中形成的，产品的生产工艺过程和生产组织不同，所采用的产品成本计算方法也有所不同。计算产品成本是为了加强成本管理，因而还应该根据管理要求的不同，采用不同的产品成本计算方法。因此，企业只有按照产品生产特点和管理要求，选用适当的成本计算方法，才能正确、及时地计算产品成本，为成本管理提供有用的成本信息。

思政园地

任务描述：宏达机床制造有限责任公司在年终财务决算会议上，领导想通过调整公司的产品成本来达到调整利润的目的，因此成本核算人员提出以下调账事

学习笔记

成本费用的核算要求（微课）

学习笔记

宜：将公司购买的一台电脑服务器，价值1.2万元，从管理费用调成车间制造费用计入成本；将一部分管理人员的奖金（已计入管理费用）调成车间管理费用；将车间在产品成本除材料外一律计入完工入库产品成本，调整已销售产品的成本。成本核算人员认为以上调整都是在合理的范围内增加了企业的产品成本，可达到调整利润的目的，而且报表是真实的，所以可以调整。

任务问题：

（1）本案例存在哪些明显的违反职业规范的问题？

（2）正确的行业规范是什么？

参考答案：

（1）成本核算人员的三种调账方法都是违背成本会计核算要求的。第一种调账从业务上看，混淆了应计入成本费用和不应计入成本费用的界限，从而调整企业的固定资产达到避税的目的；第二种调账是将管理费用调成制造费用，混淆了应计入生产费用和不应计入生产费用的界限，降低管理费用，规避管理费用超支缴纳所得税的风险；第三种调账是全部成本除材料外，均由完工产品承担。混淆完工产品成本和在产品成本费用的界限。从而提高已销产品成本，达到减少利润的目的。成本核算人员的三种调账方法都是为达目的不择手段，违反了国家法规和会计职业道德。

（2）正确的行业规范是：企业成本核算要求必须正确划分各种费用界限，包括正确划分支出是否计入成本费用的界限、正确划分生产费用和期间费用界限、正确划分各个会计期间的生产费用界限、正确划分不同产品的生产费用界限、正确划分完工产品和在产品的费用界限。

任务三　掌握成本计算方法的选择和核算程序

一、工业企业生产类型

制造业的产品成本是在产品生产过程中形成的，不同企业的工艺特点和生产组织形式在很大程度上都会影响成本计算方法；另外，成本计算是为成本管理提供资料的，因此采用什么方法，提供哪些资料，要考虑成本在管理上的要求。这就说明，企业在确定产品成本计算方法时，必须从企业的具体情况出发，同时要考虑企业的生产特点和成本管理的要求。

如引导案例所述，发电企业、纺织企业和汽车制造业各自都有不同的生产特点，要正确计算它们的产品成本，不仅要考虑它们各自生产工艺上的特点、生产如何组织，还要考虑成本管理的要求。一般情况下，按照制造企业生产的特点，生产可做如下分类：

（一）生产按工艺过程特点分类

制造企业的生产，按其生产工艺过程的特点，可以分为单步骤生产和多步骤生产两种类型。

1. 单步骤生产

单步骤生产，又称简单生产，是指生产工艺过程不能间断，或者不能分散在不同工作地点进行的生产，如发电、采掘等工业生产。这类企业，其产品生产周期较短，没有自制半成品或其他中间产品。由于技术上的不可间断（如发电），或由于工作地点上的限制（如采煤），通常只能由一个企业整体进行，而不能由几个企业协作进行。

2. 多步骤生产

多步骤生产，又称复杂生产，是指生产工艺过程由若干个可以间断的或可以分散在不同地点、不同时间进行的若干生产步骤所组成的生产，它可以在一个企业或车间内独立进行，也可以由几个企业或车间在不同的工作地点协作进行生产。如纺织、钢铁、机械、造纸、服装等工业生产。这类企业，其产品生产周期一般较长，有自制半成品或中间产品。多步骤生产按产品生产过程加工方式的不同，又可分为连续式生产和装配式生产两类。

（1）连续式生产是指原材料投入生产后，要依次经过各生产步骤的连续加工，才能成为产品的生产，如纺织、冶金、造纸等工业生产。

（2）装配式生产是指先将各种原材料分别在各个加工车间平行加工为零件或部件，然后再将各种零件和部件装配为产成品的生产，如机械、车辆、仪表制造等工业生产。

（二）生产按生产组织特点分类

制造企业的生产，按其生产组织的特点，可以分为大量生产、成批生产和单件生产三种类型。

1. 大量生产

大量生产是指不断地重复生产一种或几种相同产品的生产。在这种生产的企业或车间中，产品的品种较少，每种产品的产量较大而且比较稳定，如采掘、冶金、纺织、面粉、化肥等的生产。

2. 成批生产

成批生产是指按照事先规定的产品批别和数量进行的生产。在这种生产的企业或车间中，产品品种较多，而且具有一定的重复性，如服装、机械的生产。成批生产按照产品批量的大小，又可以分为大批生产和小批生产。大批生产，由于产品批量大，往往在几个月内不断地重复生产一种或几种产品，因而性质近于大量生产；小批生产，由于生产产品的批量小，一批产品一般可以同时完工，因而其性质近于单件生产。

3. 单件生产

单件生产类似小批生产，是指根据各订货单位的要求，生产个别的、特殊的产品的生产，如重型机器制造和船舶制造等。在这种生产的企业或车间中，产品的品种多，而且很少重复。

单步骤生产和连续式的多步骤生产的生产组织多为大量生产。装配式的多步骤生产的生产组织，则有大量生产、成批生产和单件生产的区别。

【同步思考与练习1.3.1】

山峡水电站是一家水力发电企业，大量生产一种产品——电，水力发电的生

学习笔记

产过程主要是利用水位落差，配合水轮发电机产生出电力，整个生产过程在技术上不可间断；洁丽雅公司是一家纺织企业，以生产毛坯布和多种花布为主，生产过程依次经过纺纱、织布和染整三个步骤；联想科技公司是一家生产计算机整机的企业，主要生产不同型号的台式计算机和笔记本计算机，它的生产过程是将各种原材料分别在各个加工车间平行加工为各种元器件或零部件（有些零件、部件可以外购），然后再将各种元器件或零部件装配成最终产品——台式计算机和笔记本计算机。请判断山峡水电站、洁丽雅公司、联想科技公司各自属于哪种生产类型？

参考答案：

山峡水电站是单步骤的大量生产；洁丽雅公司是连续式的多步骤大量生产；联想科技公司是装配式的多步骤大量生产。

二、生产特点和成本管理要求对产品成本计算的影响

生产特点和管理要求对产品成本计算产生的影响主要表现在三个方面：对产品成本计算对象的影响、对产品成本计算期的影响、对生产费用在完工产品与在产品之间分配的影响。

（一）对产品成本计算对象的影响

所谓成本计算对象，就是生产费用归集的对象，通俗地讲，就是计算什么的成本。根据管理的需要，制造企业的成本计算对象可能是产品的品种，也可能是产品的批别或者是产品的生产步骤。

从产品生产工艺过程看，单步骤生产其工艺过程不能间断，因而不可能也不需要按照生产步骤计算产品成本，只能按照生产产品的品种计算成本。而在多步骤生产中，为了加强各个生产步骤的成本管理，往往不仅要求按照产品的品种或批别计算成本，而且要求按照产品生产的步骤计算成本。但是，如果企业的规模较小，管理上不要求按照生产步骤考核生产费用、计算产品成本，也可以不按照生产步骤计算成本，而只按照产品品种或批别计算成本。

从产品生产组织特点看，在大量生产情况下，一种或若干种产品连续不断地重复生产，一方面，同样的原材料不断投入；另一方面，相同的产品不断产出，因而管理上只要求而且也只能按照产品的品种计算成本。大批生产往往集中投料，生产一批零部件供几批产品耗用；耗用量较多的零部件，也可以另行分批生产。在这种情况下，零部件生产的批别与产品生产的批别往往是不一致的，因而也就不能按照产品的批别计算成本，而只能按照产品的品种计算成本。小批、单件生产，由于其生产的产品批量小，一批产品一般可以同时完工，因而有可能按照产品的批别或件别，归集生产费用，计算产品成本。从管理要求看，为了分析和考核各批产品成本水平，也要求按照产品的批别或件别计算成本。

综上所述，在产品成本计算工作中有着三种不同的成本计算对象：

（1）以产品的品种为成本计算对象；

（2）以产品的批别为成本计算对象；

（3）以产品的生产步骤为成本计算对象。

成本计算对象的确定，是设置产品成本明细账、归集生产费用、计算产品成本的前提，是构成成本计算方法的主要标志，因而也是区别各种成本计算方法的主要标志。

此外，生产类型特点以及与其相联系的成本管理的要求，还对产品成本计算期、完工产品与在产品之间的费用分配等产生影响。

（二）对产品成本计算期的影响

产品成本计算既包括完工产品成本的计算也包括在产品成本的计算，一般情况下都是定期于每月月末进行的。但在不同生产类型中，也不完全一样，这主要决定于生产组织的特点。在大量、大批生产中，由于生产活动连续不断地进行，月末一般都有完工产品和未完工的在产品，因而产品成本计算都是定期于每月月末进行，而与产品的生产周期不一致。但在小批、单件生产中，每月不一定都有产品完工，完工产品成本有可能在某批或某件产品完工以后计算，因而完工产品成本的计算是不定期的，而与生产周期相一致。在这类企业中，有的采用更简化的方法，即只在有产品完工的月份才对完工产品进行成本计算，而对未完工的在产品，只以总数反映在基本生产成本二级账中，而不分产品计算在产品成本。

（三）对生产费用在完工产品与在产品之间分配的影响

生产类型的特点，还影响到月末在进行成本计算时有没有在产品，是否需要在完工产品与在产品之间分配费用的问题。在单步骤生产中，生产过程不能间断，生产周期也短，一般没有在产品，或者在产品数量很少，因而计算产品成本时，生产费用不必在完工产品与在产品之间进行分配。在多步骤生产中，是否需要在完工产品与在产品之间分配费用，在很大程度上取决于生产组织的特点。在大量、大批生产中，由于生产连续不断地进行，而且经常存在在产品，因而在计算成本时，就需要采用适当的方法，将生产费用在完工产品与在产品之间进行分配。在小批、单件生产中，在每批、件产品完工前，产品成本明细账中所记录的生产费用就是在产品的成本；完工后，其所记费用就是完工产品的成本，因而不存在在完工产品与在产品之间分配费用的问题。

【同步思考与练习1.3.2】

秦山火力发电厂除生产电力外，还生产一部分热力。生产技术过程不能间断，没有在产品和半成品。火力发电是利用燃料燃烧所发生的高热，使锅炉里的水变成蒸汽，推动汽轮机迅速旋转，借以带动发电机转动，产生电力。因而火力发电厂一般设有下列基本生产分厂（车间）：燃料分厂、锅炉分厂、汽机分厂、电气分厂。由于产电兼供热，汽机分厂还划分为两个部分，即电力化部分和热力化部分。此外，还设有机械修配等辅助生产分厂和企业管理部门。

请根据该厂的实际情况，分析该厂的生产工艺特点和生产组织特点，以及它们对成本计算的影响。

参考答案：

该火力发电厂的主要产品是电力，还生产一部分热力，且生产技术过程不能

学习笔记

生产费用的
分配思路

学习笔记

间断。因此其生产工艺特点是单步骤生产，生产组织特点是大量、大批生产，对成本计算对象的影响是以产品品种——电力、热力为成本计算对象；由于电的生产周期很短，月末不存在在产品，产品成本计算可以固定在每月月末进行，本月生产费用也全部由完工产品——电力和热力负担。

三、产品成本计算方法的选择

企业生产特点和成本管理要求对产品成本计算的影响主要表现在成本计算对象的确定上。产品成本计算，就是按照成本计算对象分配和归集生产费用，计算产品成本的过程，这就进一步说明了成本计算对象是产品成本计算的核心，因而也是构成产品成本计算方法的主要标志。下面就是在这一基础上具体阐明成本计算对象与产品成本计算方法的关系。

（一）产品成本计算的基本方法

与企业不同类型生产特点和成本管理要求相适应，产品成本计算中有三种不同的成本计算对象：产品品种、产品批别和产品的生产步骤。因而以成本计算对象为主要标志的产品成本计算基本方法有三种：

1. 品种法

以产品品种为成本计算对象，一般适用于单步骤的大量生产，如发电、采掘等；也可用于不需要分步骤计算成本的多步骤的大量、大批生产，如小型造纸厂、水泥厂等。

2. 分批法

以产品批别为成本计算对象，适用于小批、单件的单步骤生产或管理上不要求分步骤计算成本的多步骤生产，如修理作业、专用工具模具制造、重型机器制造、船舶制造等。

3. 分步法

以产品生产步骤为成本计算对象，适用于大量、大批的多步骤生产，如纺织、冶金、机械制造等。

这三种方法为产品成本计算的基本方法，也是计算产品实际成本必不可少的方法。不过对于任何企业，不论采用何种成本计算方法，最终都必须按照产品品种计算出产品成本。因此，品种法是上述方法中最基本的产品成本计算方法。

（二）产品成本计算的辅助方法

除上述产品成本基本计算方法外，在产品品种、规格繁多的企业中，如制鞋厂、灯泡厂等，为了简化成本计算工作，还可以采用一种简便的成本计算方法——分类法；在定额管理基础好的企业中，为了配合和加强定额管理，加强成本控制，还可以采用一种将符合定额的费用和脱离定额的差异分别核算的产品成本计算方法——定额法。这两种方法与生产类型的特点没有直接联系，不涉及成本计算对象；它们的应用或者是为了简化成本计算工作，或者是为了加强成本管理，只要具备条件，在哪种企业都能用。它们对计算产品实际成本不是必不可少的，因此通称为产品成本计算的辅助方法。需要注意的是，这些辅助方法一般不能单独使用，而应与各种基本方法结合使用。

综上所述，可将产品成本计算方法归类如图 1-2 所示。

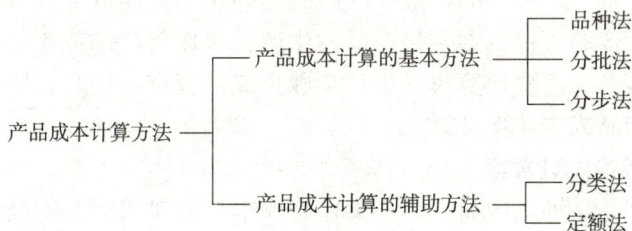

```
                                              ┌── 品种法
                      ┌── 产品成本计算的基本方法 ├── 分批法
产品成本计算方法 ──────┤                       └── 分步法
                      └── 产品成本计算的辅助方法 ┌── 分类法
                                              └── 定额法
```

图 1-2　产品成本计算方法归类

【同步思考与练习 1.3.3】

某钢铁厂设有炼铁、炼钢和轧钢三个基本生产车间。炼铁车间生产三种生铁：炼钢生铁、铸造生铁和锰铁。其中炼钢生铁全部供应本厂炼钢耗用；铸造生铁和锰铁全部外售。炼钢车间生产高碳镇静和低碳镇静两种钢锭，全部供应本厂轧钢车间轧制钢材：高碳钢轧制盘条，低碳钢轧制圆钢。此外，该厂还设有供水、供电等辅助生产车间和企业管理部门。

请你根据该厂的实际情况，分析该厂生产工艺特点和生产组织特点，以及它们对成本计算的影响，并说明该厂在成本核算中所应采取的成本计算方法。

参考答案：

1. 该厂生产工艺是炼铁——炼钢——轧钢，因此生产工艺特点是多步骤生产，生产组织特点是大量、大批生产。

2. 它们对成本计算的影响有三个方面。

(1) 对成本计算对象的影响。从总体上来看，是以炼铁、炼钢和轧钢三个步骤为成本计算对象，但具体来看，炼铁车间是以炼钢生铁、铸造生铁和锰铁为成本计算对象，轧钢车间是以高碳钢轧制盘条，低碳钢轧制圆钢为成本计算对象。

(2) 对成本计算期的影响。产品成本计算定期在每月月末进行。

(3) 对生产费用分配的影响。由于生产连续不断地进行，而且经常存在在产品，因而在计算成本时，就需要采用适当的方法，将生产费用在完工产品与在产品之间进行分配。

3. 根据以上分析可以得出下面结论。炼铁车间宜采用品种法计算产品成本；炼钢和轧钢车间宜采用分步法计算产品成本。

四、产品成本核算的基本程序和会计科目

（一）产品成本核算的一般程序

产品成本核算的一般程序是指对企业在生产经营过程中发生的各项费用，按照产品成本核算的要求，逐步进行归集和分配，最后计算出各种产品的成本和各项期间费用的基本过程。根据前述的成本核算要求和费用的分类，可将成本核算的一般程序归纳如下：

成本计算
方法的选择
（微课）

1. 确定产品成本计算对象

对大量、大批生产的产品，通常以产品品种作为产品成本计算对象；对按小批或单件组织生产的产品，通常按产品的生产批次作为产品成本计算对象；对产品生产步骤较多，又需要计算每一生产步骤半成品成本的产品，则可以按产品的生产步骤作为产品成本计算对象。

2. 确定产品成本计算期

当企业按产品品种、产品生产步骤作为成本计算对象时，产品成本的计算期通常与会计期间相同，即在每月月末计算产品成本。当企业按产品的生产批别作为产品成本计算对象时，产品成本的计算期则与该批产品的生产周期相一致，即在该批产品完工时计算产品成本。

3. 对各企业的各项支出进行严格的审核和控制，并按照国家有关规定确定其是否应该计入产品成本、期间费用，以及应计入产品成本还是期间费用

也就是说，要在对各项费用的合理性、合法性进行严格审核、控制的基础上，做好前述费用界限划分的第一和第二两个方面的工作。

4. 正确地进行生产费用的横向分配和归集

将应计入本月产品成本的各项生产费用，在各种产品之间按照成本项目进行分配和归集，计算出按成本项目反映的各种产品的成本。这是本月生产费用在各种产品之间横向的分配和归集，是前述第四个方面费用界限的划分工作。

5. 正确地进行生产费用的纵向分配和归集

对于月末既有完工产品又有在产品的产品，将这种产品的生产费用（月初在产品生产费用和本月生产费用之和）在完工产品与月末在产品之间进行分配，计算出这种产品的完工产品成本和月末在产品成本。

图 1-3 列示了产品成本核算账务处理的基本程序。通过这一图示，可以对成本核算的账务处理有一个概括的了解，也可以从账务处理的角度进一步理解产品成本核算的一般程序。

（二）产品成本核算的主要会计科目

为了进行产品成本核算，企业一般应设置"基本生产成本""辅助生产成本""制造费用""营业费用""管理费用""财务费用""待摊费用""长期待摊费用""预提费用"等科目。如果需要单独核算废品损失，还应设置"废品损失"科目。

下面简单介绍几种：

1. "基本生产成本"科目

基本生产是指为完成企业主要生产目的而进行的产品生产。为了归集基本生产所发生的各种生产费用，计算基本生产产品成本，应设置"基本生产成本"科目。该科目借方登记企业为进行基本生产而发生的各种费用；贷方登记转出的完工入库的产品成本；月末余额在借方，表示基本生产在产品占用的资金。

"基本生产成本"科目应按产品品种或产品批别、生产步骤等成本计算对象设置基本生产成本明细账（或称产品成本计算单），账内按产品成本项目分设专栏或专行。其格式举例如表 1-1 和表 1-2 所示。

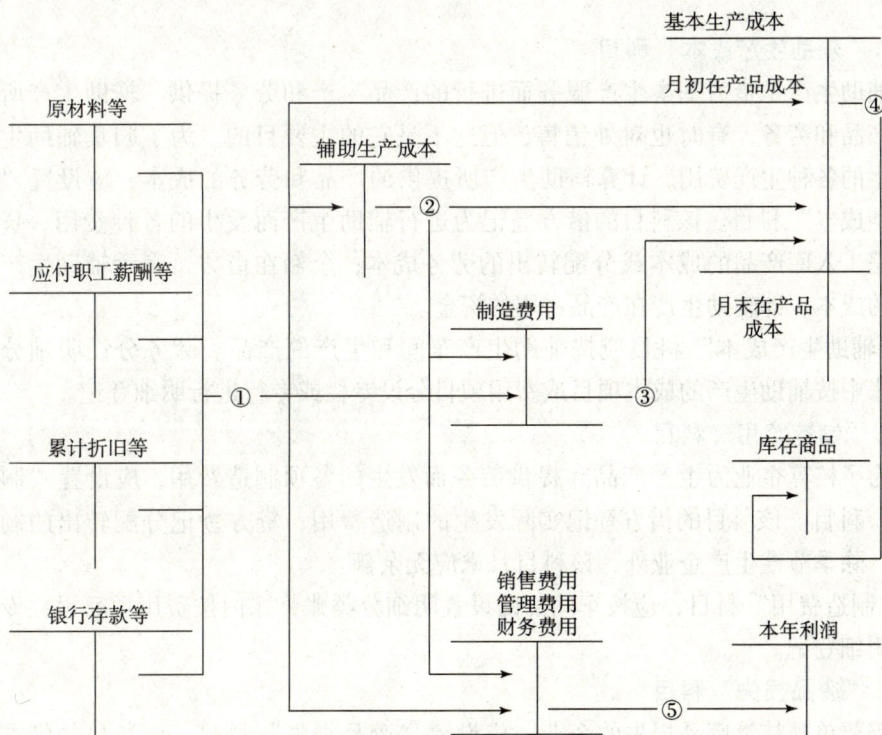

图1-3　产品成本核算账务处理的基本程序

表1-1　基本生产成本明细账

车间：第一车间
产品：甲产品

月	日	摘要	产量/件	成本项目/元			成本合计/元
				直接材料	直接人工	制造费用	
4	30	本月生产费用		30 000	10 000	15 000	55 000
4	30	本月完工	1 000	30 000	10 000	15 000	55 000
4	30	完工产品单位成本		30	10	15	55

表1-2　基本生产成本明细账

车间：第一车间
产品：乙产品

月	日	摘要	产品/件	成本项目/元			成本合计/元
				直接材料	直接人工	制造费用	
4	1	月初在产品费用		15 000	6 000	9 000	30 000
4	30	本月生产费用		75 000	29 000	44 000	148 000
4	30	生产费用合计		90 000	35 000	53 000	178 000
4	30	本月完工产品成本	2 000	72 000	27 300	41 340	140 640
4	30	完工产品单位成本		36	13.65	20.67	70.32
4	30	在产品费用		18 000	7 700	11 660	37 360

2. "辅助生产成本" 科目

辅助生产是指为基本生产服务而进行的产品生产和劳务提供。辅助生产所提供的产品和劳务，有时也对外销售，但这不是它的主要目的。为了归集辅助生产所发生的各种生产费用，计算辅助生产所提供的产品和劳务的成本，应设置"辅助生产成本"科目。该科目的借方登记为进行辅助生产而发生的各种费用；贷方登记完工入库产品的成本或分配转出的劳务成本；余额在借方，表示辅助生产在产品的成本，即辅助生产在产品占用的资金。

"辅助生产成本"科目应按辅助生产车间和生产的产品、劳务分设明细分类账，账中按辅助生产的成本项目或费用项目分设专栏或专行进行明细登记。

3. "制造费用" 科目

为了核算企业为生产产品和提供劳务而发生的各项制造费用，应设置"制造费用"科目。该科目的借方登记实际发生的制造费用；贷方登记分配转出的制造费用；除季节性生产企业外，该科目月末应无余额。

"制造费用"科目，应按车间部门设置明细分类账，账内按费用项目设立专栏进行明细登记。

4. "废品损失" 科目

需要单独核算废品损失的企业，应设置"废品损失"科目。该科目的借方登记不可修复废品的生产成本和可修复废品的修复费用；贷方登记废品残料回收的价值、应收回的赔款以及转出的废品净损失；该科目月末应无余额。

"废品损失"科目应按车间设置明细分类账，账内按产品品种分设专户，并按成本项目设置专栏或专行进行明细登记。

项目总结

企业在生产经营过程中所耗费的生产资料转移的价值和劳动者为自己劳动所创造的价值的货币表现，是成本的经济实质之所在，它构成了产品的理论成本。产品的理论成本与实际工作中所应用的成本概念具有一定的差别，主要表现在以下几个方面：（1）在实际工作中，成本的开支范围是国家在考虑很多因素的基础上，通过有关法规制度来加以界定的。（2）理论成本是一个"全部成本"的概念，在实际工作中，是将其全部对象化，从而计算产品的全部成本，还是将其按一定的标准分类，部分计入产品成本，取决于成本核算制度。（3）理论成本的概念主要是针对产品成本而言的。在实际工作中，成本内涵的已经超出了产品成本的范围。

支出是企业的一切开支及耗费，支出中凡是同本企业的生产经营有关的部分，即可表现为或转化为费用，而凡同本企业的生产经营无关的支出，则不能列为费用。费用按其同产品生产的关系可划分为生产费用和期间费用，生产费用是指生产过程中所发生的物化劳动和活劳动耗费的货币表现，同产品的生产有直接关系。期间费用同产品的生产无直接关系，而与发生期间配比、当期受益配比。生产费用按一定的产品加以归集和汇总，就形成产品成本。

工业企业在生产经营过程中耗费的费用可以按不同的标准分类。费用按经济内容的分类可以反映企业生产经营中外购材料和燃料费用以及职工工资的实际支出，可以为企业核定储备资金定额、考核储备资金的周转速度，以及编制材料采购资金计划和劳动工资计划提供资料，费用按经济用途的分类可以说明各项费用的用途，便于分析各种费用的支出是否节约、合理。

现代成本会计的职能包括成本预测、成本决策、成本计划、成本控制、成本核算、成本分析和成本考核七项职能。

企业越大，管理对信息的需求也就越大。成本会计为企业管理人员提供的信息主要包括制定决策和计划的信息、指导和控制经营活动的信息、业绩评价和激励的信息和评价企业竞争地位的信息。这些成本信息应满足准确性、相关性、可理解性、及时性和效益性等质量要求。

产品成本是在产品生产过程中形成的，不同企业的工艺特点和生产组织形式在很大程度上都会影响成本计算方法。制造企业的生产，按其生产工艺过程的特点，可以分为单步骤生产和多步骤生产两种类型；按其生产组织的特点，可以分为大量生产、成批生产和单件生产三种类型；与企业不同类型生产特点和成本管理要求相适应，产品成本计算的基本方法有三种：品种法、分批法和分步法。

为了充分发挥产品成本核算的作用，在产品成本核算中应贯彻实现以下要求：（1）算管结合，算为管用。（2）正确划分各种费用支出的界限。（3）正确确定财产物资的计价和价值结转方法。（4）做好各项基础工作。（5）按照生产特点和管理要求，采用适当的成本计算方法。

产品成本核算的一般程序归纳如下：（1）确定产品成本计算对象；（2）确定产品成本计算期；（3）对企业的各项支出进行严格的审核和控制，并按照国家有关规定确定其是否应该计入产品成本、期间费用，以及应计入产品成本还是期间费用。（4）正确地进行生产费用的横向分配和归集。（5）正确地进行生产费用的纵向分配和归集。

为了进行产品成本核算，企业一般应设置"基本生产成本""辅助生产成本""制造费用""营业费用""管理费用""财务费用""待摊费用""长期待摊费用""预提费用"等科目。如果需要单独核算废品损失，还应设置"废品损失"科目。

思考与练习

一、单选题

1. 商品的理论成本是产品价值 $W = C + V + M$ 中的（　　）。

A. $C + V + M$　　　B. $C + V$　　　C. $V + M$　　　D. $C + M$

2. （　　）是成本决策所确定的成本目标的具体化。

A. 成本预测　　　B. 成本计划　　　C. 成本分析　　　D. 成本考核

3. 成本会计的各个职能是相互联系、相互依存的，其中（　　）是基础。

A. 成本核算　　　B. 成本决策　　　C. 成本分析　　　D. 成本考核

4. 支出中凡是与生产经营有关的部分，即可表现或转化成费用。下面可表现或转化成费用的是（　　）。

A. 长期投资　　　　B. 股利分配　　　　C. 制造费用　　　　D. 营业外支出

5. 下列内容应计入期间费用的是（　　　）。

A. 制造费用　　　　B. 采购费用　　　　C. 管理费用　　　　D. 在建工程

6. 从产品成本耗费角度看，成本是指产品生产中所消耗的物化劳动和活劳动中必要劳动的价值，根据这个定义，下列不属于产品成本内容的是（　　　）。

A. 生产用设备的折旧

B. 生产工人的工资

C. 劳动对象的消耗

D. 向银行借款购买劳动对象而发生的利息支出

7. 关于费用界限的划分，下列说法不正确的是（　　　）。

A. 收益性支出应计入成本费用

B. 制造费用应计入生产费用

C. 为组织和管理生产经营活动而发生的费用应计入生产费用

D. 凡为生产某种产品发生的费用应直接计入该产品的成本

8. 下列支出中，不应计入产品成本的有（　　　）。

A. 产品生产用材料费用　　　　　　　B. 生产单位管理人员工资

C. 从事在建工程的人员工资　　　　　D. 车间生产设备的折旧费

9. 需要在各个成本核算对象之间分配的生产费用数额，是指（　　　）。

A. 期初在产品成本

B. 本期发生的生产费用

C. 期末在产品成本

D. 期末在产品成本加上本期发生的生产费用

10. 期末如果既有完工产品，又有在产品，企业应将（　　　）在完工产品和期末在产品之间进行分配。

A. 期初在产品成本加上本期发生的生产费用

B. 本期发生的生产费用

C. 期初在产品成本

D. 本期发生的生产费用减去期初在产品成本

11. 为了正确计算成本，需要做好各项基础工作，下面不属于基础工作的是（　　　）。

A. 定额的制定和修改　　　　　　　　B. 划分生产费用和期间费用

C. 建立原始记录工作制度　　　　　　D. 内部价格的制定和修改

12. 产品成本核算的一般程序不包括（　　　）。

A. 费用的审核和控制

B. 生产费用在各个成本计算对象之间的分配

C. 期间费用在各个成本计算对象之间的分配

D. 生产费用在本期完工产品和期末在产品之间的分配

13. 应当按照受益原则分配计入各成本计算对象的费用是指（　　　）。

A. 管理费用　　　　　　　　　　　　B. 财务费用

C. 销售费用　　　　　　　　　　D. 产品生产费用中的间接计入费用

14.（　　）不是费用审核和控制的依据。

A. 国家有关法律　　　　　　　　B. 国家统一的会计制度

C. 企业内部有关会计制度　　　　D. 费用发生时有关人员的说明

15. 下列费用中，不属于产品生产费用的是（　　）。

A. 制造费用　　　B. 管理费用　　　C. 直接材料　　　D. 直接人工

二、多选题

1. 成本会计的内容主要包括（　　）。

A. 成本预算和成本计划　　　　　B. 成本决策和成本核算

C. 成本分析和成本控制　　　　　D. 成本考核

2. 产品成本的主要作用为（　　）。

A. 它是补偿生产耗费的尺度

B. 它是综合反映企业工作质量的重要指标

C. 它是进行成本预测和成本决策的基础

D. 它是企业进行生产经营决策的依据

E. 它是企业进行成本控制和成本考核的依据

F. 它是企业制定产品价格的重要依据

3. 从经济实质看，成本是企业商品生产过程中（　　）之和。

A. 生产资料价值　　　　　　　　B. 劳动者为自己劳动创造的价值

C. 劳动者创造的价值　　　　　　D. 已消耗的生产资料价值

4. 应计入期间费用的项目是（　　）。

A. 管理费用　　　B. 制造费用　　　C. 采购成本　　　D. 销售费用

E. 财务费用

5. 下列内容中属于企业内部成本会计制度的有（　　）等。

A. 成本计划的编制方法规定　　　B. 成本分析要求的规定

C. 成本项目的规定　　　　　　　D. 成本岗位责任制

6. 下列项目，不应计入企业生产经营费用的是（　　）。

A. 购置仪器设备费用　　　　　　B. 废品损失

C. 设备报废清理损失　　　　　　D. 停工损失

7. 下列项目中，构成产品成本的是（　　）。

A. 直接材料　　　B. 管理费用　　　C. 财务费用　　　D. 生产工人工资

8. 为了保证成本核算的正确性，必须正确划分（　　）。

A. 收益性支出与资本性支出的界限

B. 产品制造成本与期间费用的界限

C. 本期产品成本和期末产品成本的界限

D. 各种产品成本的界限

9. 下列账户中，期末结转后一定没有余额的是（　　）。

A. 财务费用　　　B. 制造费用　　　C. 管理费用　　　D. 销售费用

10. 成本核算是成本会计的基础，为了保证成本核算工作的质量，要做好成本核算的基础工作，具体包括（　　　）等。

A. 建立原始记录工作制度   B. 做好定额制定工作

C. 健全材料计量等制度   D. 做好内部价格制定

11. 下列属于产品成本核算的会计科目是（　　　）。

A. 生产成本   B. 废品损失   C. 制造费用   D. 财务费用

12. 产品成本核算的一般程序包括（　　　）。

A. 费用和支出的审核和控制

B. 将产品生产费用和期间费用归属于恰当的期间

C. 将产品生产费用在各个成本计算对象之间进行归集和分配

D. 将产品生产费用在完工产品和期末在产品之间进行分配

13. 成本会计的职能包括（　　　）。

A. 成本核算   B. 成本分析   C. 成本计划   D. 成本费用

14. 下列方法中，属于产品成本计算的基本方法有（　　　）。

A. 品种法   B. 分步法   C. 分批法   D. 定额法

E. 分类法

15. 产品成本计算方法应根据（　　　）来确定。

A. 产品产量   B. 生产组织的特点

C. 生产规模大小   D. 成本管理要求

E. 生产工艺的特点

三、判断题

1. 产品生产成本是企业为生产产品而发生的各种耗费，包括期间费用。
（　　　）

2. 期间费用是一般应当分配计入产品、劳务的成本。　　　　　　（　　　）

3. 成本会计的基本工作是指成本预测工作。　　　　　　　　　　（　　　）

4. 成本核算是基础，没有成本核算，其他各项职能都无法进行。　（　　　）

5. 集中工作方式一般应用于较为简单的企业。　　　　　　　　　（　　　）

6. 当期产品生产费用不一定都计入本期完工产品成本。　　　　　（　　　）

7. 企业必须按照国家有关法律、规章和内部财务会计制度的要求，组织成本核算工作。　　　　　　　　　　　　　　　　　　　　　　　　　（　　　）

8. 车间生产设备的折旧费不应计入产品成本。　　　　　　　　　（　　　）

9. 期间费用应当直接计入当期损益，不得计入产品成本。　　　　（　　　）

10. 企业资本性支出、营业外支出以及收益性支出等，都属于生产经营费用。
（　　　）

11. 由几种产品共同负担的生产费用，应当按照受益原则，在各种产品之间进行分配。　　　　　　　　　　　　　　　　　　　　　　　　　　　（　　　）

12. 资本性支出不应计入本期产品成本。　　　　　　　　　　　　（　　　）

13. 成本项目的具体内容在不同企业可以不同，但任何工业企业都必须至少要有直接材料、直接人工、制造费用三个成本项目。　　　　　　　　（　　　）

14. 成本计算对象是区分产品成本计算各种方法的主要标志。　　（　　　）

15. 每个企业或车间在计算产品成本时，都应根据生产特点和管理要求来确定适宜的成本计算方法。　　　　　　　　　　　　　　　　　　　　（　　）

四、业务题

张力机械工程专业毕业后，在一家大型轴承公司从事轴承设计工作，经过 8 年的努力，已经升职为部门经理。可是张力这些年一直有一个创业梦想——自己开一家企业。今年年初他觉得时机成熟了，就成立了一家轴承企业，专门生产自己设计的轴承。年末，企业的会计因病无法完成年末的财务报告，但该会计已经正确地计算出年末存货数据，如表 1-3 所示。

表 1-3　年末存货数据

项目	费用/元
原材料	345 000
在产品	236 250
产成品（/个）（4 500）	663 750

由于是第一年生产，年初没有存货。

为了能够及时了解公司的盈利状况，张力亲自操刀，计算结果如表 1-4 所示。

表 1-4　计算结果

项目	费用/元
产品销售收入	4 875 000
成本费用	
购买原材料	1 357 500
支付工人工资	825 000
制造费用	1 275 000
销售费用	529 500
管理费用	990 000
净利润	- 102 000

张力对公司的经营状况非常不满意，觉得辛辛苦苦打拼了一年，不但没有盈利，反而亏损了 10 多万，而且单位成本也太高。销售了 16 000 个轴承，总成本 4 977 000 元，平均单位成本为 242.78 元，而同行业竞争对手这种轴承的成本只有 152 元，张力沮丧到极点，他考虑公司是否还要继续经营下去。

请问：

1. 你同意张力关于公司没有盈利以及单位成本远高于竞争对手的说法吗？
2. 如果不同意张力的计算，请正确计算该轴承的单位成本和该公司的盈利。
3. 说明计算错误对决策造成的影响。

学习笔记

项目评价表

项目评价表

知识巩固与技能提高（45 分）	得分：

计分标准：
得分 =1×单选题正确个数 +1×多选题正确个数 +1×判断题正确个数 +5×业务题每一问正确个数

学生自评（24 分）	得分：

计分标准：得分 =2×A 的个数 +1×B 的个数 +0×C 的个数

专业能力	评价指标	自测结果	要求（A 掌握；B 基本掌握；C 未掌握）
认识成本	1. 成本的内涵 2. 成本、费用和支出的关系 3. 成本会计的内涵 4. 成本会计工作组织	A□ B□ C□ A□ B□ C□ A□ B□ C□ A□ B□ C□	能够理解成本的含义，分清成本、费用和支出，理解成本会计的含义
明确成本核算要求	1. 成本核算方法的种类 2. 正确划分各种费用界限	A□ B□ C□ A□ B□ C□	能够分清各种费用界限，并正确划分
掌握成本计算方法	1. 企业生产类型 2. 选择产品成本计算方法 3. 产品成本核算流程 4. 成本相关会计科目	A□ B□ C□ A□ B□ C□ A□ B□ C□ A□ B□ C□	能够选择产品成本计算方法，掌握产品成本核算的流程和会计科目
职业道德思想意识	1. 爱岗敬业、认真严谨 2. 遵纪守法、遵守职业道德	A□ B□ C□ A□ B□ C□	专业素质、思想意识得以提升，德才兼备

小组评价（16 分）	得分：

计分标准：得分 =8×A 的个数 +5×B 的个数 +3×C 的个数

团队合作	A□ B□ C□	沟通能力	A□ B□ C□

教师评价（15 分）	得分：

教师评语	

总成绩		教师签字	

项目二

产品成本计算方法——品种法

学习目标

知识目标

- 掌握品种法的特点、适用范围和一般核算程序。
- 熟悉要素费用归集和分配方法原理。
- 熟悉辅助生产费用、制造费用归集和分配方法原理。
- 掌握约当产量法、定额比例法和定额成本法的计算原理。
- 掌握废品的相关处理。

能力目标

- 能根据相关资料进行各要素费用的核算和分配，并进行相关账务处理。
- 能根据相关资料正确进行辅助生产费用不同分配方法的选择，并进行核算和账务处理。
- 能根据相关资料正确进行制造费用不同分配方法的选择，并进行核算和账务处理。
- 能正确使用各种分配方法在完工产品和在产品之间进行分配。
- 能正确运用品种法进行产品成本的核算（区别有无废品）。

素质目标

- 培养爱岗敬业、客观公正、坚持准则的职业道德。
- 培养精准核算、厉行节约、务实高效、团结协作的职业素养。

引导案例

安鑫保温公司生产保温瓶内胆系列产品，包括 GD01 和 GD02 两种型号保温瓶内胆，产品生产工艺合理，生产过程中基本无三废，环保有保证，已通过当地省环保部门的生产许可和验收。

1. 车间及产品情况。

（1）生产车间：生产 GD01 和 GD02 保温瓶内胆。

（2）动力车间：将外购动力通过动力车间为公司提供风、水、电。

（3）机修车间：为全公司提供修理服务。

2. 成本费用分配及结转情况。

产品成本中的"直接材料"项目分配如下：原材料、辅助材料按计划成本进行日常核算；"职工薪酬"及"制造费用"项目按实际工时比例分配；动力车间和修理车间采用直接分配法进行分配。

3. 生产成本分配方法。

GD01 产品采用定额比例分配法，GD02 产品采用年初固定数分配法。

【项目任务】

学完本项目所有内容后，请根据安鑫保温公司相关财务资料完成该公司本月成本核算工作。

任务一　理解品种法的特点和一般程序

一、品种法的特点

品种法，是以产品品种作为成本计算对象，归集生产费用，计算产品成本的一种方法。这种方法主要适用于大量大批的单步骤生产，如发电、采掘等生产。同时，在大量大批的多步骤生产中，如果企业规模较小，管理上又不要求提供分步骤成本资料时，也可以采用品种法计算产品成本，如小型水泥厂、织布厂等。

1. 品种法以产品品种作为成本计算对象

在采用品种法计算产品成本的企业或车间里，成本计算对象就是产品品种。如果只生产一种产品，计算产品成本时，只需要为这种产品开设一本产品成本明细账，账内按成本项目设立专栏或专行。在这种情况下，所发生的全部生产费用都是直接计入费用，可以直接计入该产品成本明细账的有关成本项目，不存在在各成本计算对象之间分配费用的问题。如果是生产多种产品，产品成本明细账就要按照产品品种分别设置，在发生的生产费用中，能分得清是哪种产品耗用的，可以直接计入该产品成本明细账的有关成本项目，分不清的，则要采用适当的分配方法，在各成本计算对象之间进行分配，然后分别计入各产品成本明细账的有关成本项目。

2. 品种法一般在每月月末定期进行成本计算

在大量大批的单步骤生产中，由于生产特点是连续不断地重复生产一种或几种产品，企业不能随时计算完工产品成本，也不能在产品全部制造完工后再计算产品成本，因而成本计算只能定期于每月月末进行。在多步骤生产中，如采用品种法计算成本，成本计算一般都是定期于每月月末进行，与会计结算期一致。

3. 月末要根据在产品数量与费用占用情况决定生产费用是否在完工产品与月末在产品之间进行分配

在单步骤生产中，月末一般不存在尚未完工的在产品，或者在产品数量很小，因而可以不计算在产品成本。在这种情况下，产品成本明细账中按成本项目归集的生产费用，就是该产品的总成本。在一些规模较小，而且管理上又不要求按照生产步骤计算成本的大量大批的多步骤生产中，月末一般都有在产品，而且数量较多，这就需要将产品成本明细账中归集的生产费用，选择适当的分配方法，在完工产品与月末在产品之间进行分配，以便计算完工产品成本和月末在产品成本。

二、品种法的成本计算基本程序

企业不论采用何种成本计算方法，最终都必须按产品品种计算出产品成本，因此，品种法的成本计算程序就是成本核算的一般程序。品种法的成本计算程序是根据企业会计制度的规定，对企业生产过程中发生的各项生产费用进行审核、归纳和分配，最终计算出完工产品成本的过程。

品种法的成本计算基本程序如下：

1. 按照产品品种开设基本生产成本明细账，账内按成本项目设立专栏，并登记期初余额

如企业只生产一种产品，则只需开设一张基本生产成本明细账；如企业只生产两种或两种以上产品，则应为不同的产品分别开设基本生产成本明细账。同时还应按车间开设辅助生产明细账和制造费用明细账。

2. 根据生产过程中发生的各项费用的原始凭证和其他有关资料，编制各种费用分配表

分配各种要素费用，分别登记基本生产成本明细账、辅助生产成本明细账和制造费用明细账。

3. 分配辅助生产费用

根据辅助生产成本明细账归集的全部费用，编制辅助生产费用分配表，分配辅助生产费用，并据以登记有关成本明细账。

4. 分配制造费用

根据制造费用明细账归集的全部费用，编制制造费用分配表，分配制造费用，并据以登记各产品基本生产成本明细账。

5. 计算结转完工产品成本

月末如果没有在产品，则本月发生的生产费用就全部是完工产品的成本；如果月末有在产品，而且数量很大时，则应采用一定的方法，将生产费用在完工产品和月末在产品之间分配，计算出完工产品成本及月末在产品成本，并把完工产品成本从基本生产成本明细账中转出。

任务二　进行要素费用归集和分配

一、材料费用的核算

对于大多数工业企业来说，材料费用是产品成本中所占比重较大且材料采购和保管环节都相对复杂的一种费用，因此正确进行材料费用的核算，加强材料费用的控制和管理，对于企业来说具有特别重要的意义。

材料费用是指企业在生产经营过程中实际消耗的各种材料耗费。主要包括各

种原材料、辅助材料、厂内用品、消耗品、周转材料等。对于现代化企业来说，如果要正确地计算材料需求数量和时间，更好地做好企业的销售、计划、生产、供应、成本、设计、工艺等各部门之间的联系和沟通，就必须有一张准确而完整的产品结构表，来反映生产产品与其材料的数量和从属关系。这种产品结构表就是现代工业企业普遍使用的工具——物料清单。

物料清单（Bill Of Material 简称 BOM），是详细记录一个产品所用到的所有材料及其相关属性的清单，即记录产品与其所有材料的从属关系、单位用量及其他属性的清单。BOM 不仅是一种技术文件，而且是一种管理文件，是联系与沟通各部门的纽带，企业各个部门都要用到 BOM。

（一）材料费用的库存管理

材料费用的核算正确与否首先取决于库存管理的好坏，常见的库存单据有领料单、退料单、入库单、调拨单和报废单，等等，在库存管理中，要注意以下几个方面：

（1）材料库存管理的基本原则：入有凭，出有据。材料应该当作现金来保管，任何一次材料的移动，都需要经过审批且有相关负责人签字的凭据。

（2）要想让材料成本准确，必须满足以下条件：

BOM 用量准确；不能随意修改工单需领用量；工单严格控制超领和缺领；材料采购入库按照正确单价及时入库；领退料单据及时审核过账。

（3）材料的采购发票往往会滞后于材料的入库时间，为了反映存货的真实情况，同时为了保证材料加权单价的正确，需要按照采购订单（PO）的价格进行材料的估价入账。

思政园地

情景描述：

2022 年某公司召开部门主管会，采购部门、销售部门的领导说财务核算的成本不准确，所以销售部门在对外报价时必须向采购开发部要最新的 BOM 价格，估算制造成本，以此为基础对外报价。其他部门的领导纷纷说财务部门核算的成本波动比较大，其他部门不知道怎么用这个数据，搞不清楚产品真实的盈利水平。总经理最后总结说，财务部门核算的成本忽高忽低，数据不能指导报价，存在很多问题，财务部门的领导需要反思并改进。

思政点：财务部门核算的成本不够准确，在于财务人员没有深入调研，不熟悉企业业务，致使财务数据不能满足公司的需要，这是职业能力不足和不够敬业所造成的，所以，财务人员必须沉下心深入基层，咨询基层的业务人员，熟悉生产工艺，才能做出精细化核算方案。

（二）材料费用的分配方法

材料费用的分配分为直接分配和间接分配。

1. 直接分配

直接分配是指把产品直接耗用的材料费用直接计入该产品成本中。材料核算的主要原始凭证是 BOM、领料单及领料凭证汇总表等，成本核算人员应根据不同部门的材料领用情况按期进行登记，并按照不同产品细分为多种表格进行汇总，以便于查询各种材料的领用数量、单价、金额等相关数据。下面以恒光公司为例，说明材料从取得到领用的全过程中所出现的各种凭证，直接分配的实际做法。

【同步思考与练习2.2.1】

恒光公司一直奉行"节约能创造价值，节约能增加效益"的理念，创建自己的节约文化，让每个员工都能做到爱企如家，爱岗敬业，公司在各个岗位都制定了制度规范，便于员工对照执行，其中针对生产成本核算管理制定了具体的管理办法，专门提到对生产耗用的原材料、辅助材料、燃料、工具、备件以及主要低值易耗品等实行定额管理，设立专门的领料员，在领、发料时对每种产品的原材料进行准确记录，杜绝浪费行为。2022 年 11 月 1 日，生产编号为 DS - AT＊＊FE1 - 01 的产品 2835 全彩，生产部门从仓库领料，所需的原始凭证如表 2 - 1～表 2 - 3 所示。

表 2 - 1　恒光公司生产领料单

生产单号：DS - 1101　　　　投产数量：355 490PCS　　　　生产部门：一车间
产品编码：DS - AT＊＊FE1 - 01　领料日期：2022.11.1　　　领料单号：1105

序号	物料编码	物料名称	规格型号	申领数量	单位	实发数量	备注
1	X - R002	发光片	R 类发光片	355 490	PCS	355 490	
2	X - G002	发光片	G 类发光片	355 490	PCS	355 490	
3	X - B009	发光片	B 类发光片	355 490	PCS	355 490	
4	Y - ATF001	外壳	2835TF	355 490	PCS	355 490	
5	A - 002	辅料 A	002A	69.68	g	70.00	
6	B - 002	辅料 B	002B	2 372.54	m	2 373.00	
7	E - 001	辅料 E	001E	795.23	g	796.00	
8	E - 002	辅料 E	002E	1 332.02	g	1 333.00	

制单：　　　　　审批：　　　　　　仓库：

根据 BOM 成本索引得知材料的数量、金额情况如表 2 - 2 所示。

表 2 - 2　恒光公司 BOM 成本资料

序号	物料编码	物料名称	规格型号	数量	单位	标准单价/元	金额/元
1	X - R002	发光片	R 类发光片	1	PCS	0.024 29	0.024 29
2	X - G002	发光片	G 类发光片	1	PCS	0.128 27	0.128 27
3	X - B009	发光片	B 类发光片	1	PCS	0.073 99	0.073 99
4	Y - ATF001	外壳	2835TF	1	PCS	0.047 36	0.047 36
5	A - 002	辅料 A	002A	0.000 196	g	12.926 49	0.002 534

学习笔记

序号	物料编码	物料名称	规格型号	数量	单位	标准单价/元	金额/元
6	B－002	辅料 B	002B	0.006 674	m	3.049 35	0.020 351
7	E－001	辅料 E	001E	0.002 237	g	0.123 58	0.000 276
8	E－002	辅料 E	002E	0.003 747	g	0.118 13	0.000 443

　　根据 11 月份所有生产编号为 DS－AT＊＊FE1－01 的产品 2835 全彩的原材料领料单进行汇总,在 2022 年 11 月 1 日领用材料的金额汇总情况如表 2－3 所示。

表 2－3　恒光公司领料单汇总表
2022 年 11 月

序号	物料编码	材料名称	规格型号	实发数量	单位	单价/元	金额/元
1	X－R002	发光片	R 类发光片	3 554 900	PCS	0.024 29	86 348.52
2	X－G002	发光片	G 类发光片	3 554 900	PCS	0.128 27	455 987.02
3	X－B009	发光片	B 类发光片	3 554 900	PCS	0.073 99	263 027.05
4	Y－ATF001	外壳	2835TF	3 554 900	PCS	0.047 36	168 360.06
5	A－002	辅料 A	002A	700	g	0.002 534	1.77
6	B－002	辅料 B	002B	237 300	m	0.020 351	4 829.29
7	E－001	辅料 E	001E	79 600	g	0.000 276	21.97
8	E－002	辅料 E	002E	133 300	g	0.000 443	59.05
合计							978 634.73

　　按照恒光公司的生产情况,各种产品领用材料的用量及规格都不一样,因此不存在相互分配的现象,只需要将材料按照不同日期不同领料单据进行汇总,这就是直接分配。

2. 间接分配

　　间接分配是指把几种产品共同耗用的材料费用,或者不应由某一产品单独承担的实际材料耗费,采用合理的分配标准,将共同材料费用分配到相关的产品成本中。间接分配的分配标准一般可以是重量、产量、体积、定额消耗量等。

　　（1）按重量或产量比例分配。

　　原材料费用按重量比例分配是以产品的重量为分配标准进行分配,一般适用于耗用原材料的数量与产品的重量密切相关的产品。如塑料制造的各种注塑件、机械工业的铸铁件等。原材料按产量比例分配是以产品的产量或以不变价格计算的产量为标准进行分配,一般适用于耗用材料的数量与产品产量关系密切的产品。

$$费用分配率 = \frac{待分配费用总额}{各产品的重量（产量）之和}$$

　　某产品或分配对象应负担的费用 = 该产品或分配对象的重量（产量）× 费用分配率

　　（2）按材料定额消耗量比例分配。

　　在材料消耗定额比较准确的情况下,原材料费用可以按产品的材料定额消耗量比例进行分配。

按材料定额消耗量比例分配，就是以各产品的单位消耗定额为基础，计算出各产品对某种材料的总定额消耗量，以此作为分配标准进行分配。材料单位消耗定额是指单位产品消耗的材料数量限额，是根据产品的生产工艺设计以及企业实际的成本控制水平等情况制定的；材料定额消耗量是指一定产量下按单位消耗定额计算出的材料总消耗定额数量。即

$$某产品原材料定额消耗量 = 该产品产量 \times 单位产品原材料消耗定额$$

$$原材料费用分配率 = \frac{各产品共同耗用的原材料费用}{各产品原材料定额消耗量之和}$$

$$某产品应负担原材料费用 = 该产品原材料定额消耗量 \times 原材料费用分配率$$

【同步思考与练习 2.2.2】

仍以恒光公司为例，生产 5050 白光（DS－BT＊＊WS2－01）和 2030 白光（DS－CS＊＊WS2－01）两种产品时需要共同消耗辅料 F001，按照计划一起领用，耗用量无法按产品直接划分，需要按照定额消耗量比例分配。5 月份 5050 白光（DS－BT＊＊WS2－01）投产 20 000 个，单位消耗定额为 10 g，2030 白光（DS－CS＊＊WS2－01）投产 30 000 个，单位消耗定额为 4 g。两种产品实际消耗辅料 F001 总量为 33 kg，实际单价 100 元。

（1）确定零部件定额消耗量。

5050 白光（DS－BT＊＊WS2－01）耗用的材料定额消耗量 = 20 000 × 10 = 20（kg）

2030 白光（DS－CS＊＊WS2－01）耗用的零部件定额消耗量 = 30 000 × 4 = 12（kg）

（2）确定材料费用分配率。

零部件费用分配率 = 33 × 100 ÷ (20 + 12) = 103.125 元/(kg)

（3）确定产品承担的材料费用。

5050 白光（DS－BT＊＊WS2－01）应承担的 A 材料费用 = 103.125 × 20 = 2 062.5（元）

2030 白光（DS－CS＊＊WS2－01）应承担的 A 材料费用 = 3 300 - 2 062.5 = 1 237.5（元）

（4）编制原材料费用分配表，如表 2－4 所示。

表 2－4　原材料费用分配表

产品名称	产量/个	单位消耗定额/g	定额消耗量/kg	分配率/%	分配成本/元
5050 白光（DS－BT＊＊WS2－01）	20 000	10	20		2 062.5
2030 白光（DS－CS＊＊WS2－01）	30 000	4	12		1 237.5
合计				103.125	3 300

会计分录：

借：基本生产成本——5050 白光（DS－BT＊＊WS2－01）　　2 062.5

　　　　　　　　——2030 白光（DS－CS＊＊WS2－01）　　1 237.5

　　贷：原材料——辅料 F001　　　　　　　　　　　　　　　　3 300

企业导师说成本

企业在生产订单领料时，会出现不良料（no good）的情况，在实务操作中，举个例子说明。比如订单C100801在10月份需要领用材料1 000PCS，实际领用1 000PCS，上线后发现不良料20PCS，为了满足生产需要，同时保证工单不超领，人们设立虚拟的在线待处理仓，将20PCS退到在线待处理仓，又从良品仓领用良品材料20PCS。经认定，其中供应商不良来料12PCS，损坏8PCS。根据认定报告从在线待处理仓分别调拨到来料不良仓和生产损坏仓。假设材料单价1元，则月末需要将生产损坏仓的材料损坏金额反映到制造费用中。

二、人工费用的核算

（一）人工费用的内涵

所谓人工成本，是指企业人工投入的成本反映，是企业使用劳动力的货币量化表现。它是指企业在一定时期内，在生产、经营和提供劳务活动中，因使用劳动力而支付的所有直接和间接费用，包括企业支付给全部职工的劳动报酬总额（职工工资总额）、社会保险费、非在岗职工生活费、职工福利费、住房补贴、劳动保护费、教育经费、工会经费和其他人工费用开支等。

企业人工成本包括职工工资总额、社会保险费、职工福利费、职工教育费、劳动保护费、职工住房费和其他人工成本费共7大项。

1. 职工工资总额

职工工资总额是指各单位在一定时期内，以货币或实物形式直接支付给本单位全部职工的劳动报酬总额。包括计时工资、计件工资、奖金、津贴和补贴、加班加点工资、特殊情况下支付的工资。职工是指企业的全部人员，是指与企业订立劳动合同的所有人员，含全职、兼职和临时职工，也包括虽未与企业订立劳动合同或未由其正式任命，但为其提供与职工类似服务的人员，如劳务用工合同人员。

2. 社会保险费

社会保险费是指国家通过立法对职工支付的各项社会保险费用，包括养老保险、医疗保险、失业保险、工伤保险、生育保险和企业建立的补充养老保险、补充养老保险、补充医疗保险等费用。此项人工成本费用只计算用人单位缴纳的部分，不计个人缴纳的部分。因为个人缴费已计算在工资总额以内。

3. 职工福利费

职工福利费是指在工资以外按照国家规定开支的职工福利费用。主要用于职工的医疗卫生费、职工因工负伤赴外地就医路费、职工生活困难补助、宣传费、集体福利事业补贴（包括集体生活福利设施，如职工食堂、托儿所、幼儿园、浴室、理发室、妇女卫生室等，以及文化福利设施，如文化宫、俱乐部、青少年宫、图书室、体育场、游泳池、职工之家、老年人活动中心等）、物业管理费、上下班交通补贴等。

4. 职工教育费

职工教育费是指企业为职工学习先进技术和提高文化水平而支付的费用。包括职工就业前培训，在职提高培训、转岗培训、派外培训、职业道德等方面的培训费用和企业自办大中专、职业技术院校等培训场所所发生的费用以及职业技能鉴定费用。

5. 劳动保护费

劳动保护费是指企业购买职工实际使用的劳动保护用品的费用。如工作服、保健用品、清凉用品等。

6. 职工住房费

职工住房费是指企业为改善职工居住条件而支付的费用。包括职工宿舍的折旧费（或为职工租用房屋的租金）、企业缴纳的住房公积金、实际支付给职工的住房补贴和住房困难补助以及企业住房的维修费和管理费等。

7. 其他人工成本费

其他人工成本费包括工会经费，企业因招聘职工而实际花费的职工招聘费、咨询费、外聘人员劳务费，对职工的特殊奖励（如创造发明奖、科技进步奖等），支付实行租赁、承租经营企业的承租人、承包人的风险补偿费，以及解除劳动合同或终止劳动合同的补偿费用。

（二）短期薪酬的内容

人工费用中最主要的部分就是短期薪酬，是指企业在职工提供相关服务的年度报告期间结束后12个月内需要全部予以支付的职工薪酬，因解除与职工的劳动关系给予的补偿除外。短期薪酬具体包括职工工资、奖金、津贴和补贴、职工福利费、医疗保险费、工伤保险费和生育保险费等社会保险费、住房公积金、工会经费和职工教育费、短期带薪缺勤、短期利润分享计划、非货币性福利以及其他短期薪酬。

> **贴心提示**：职工最低工资标准是国家为了保护劳动者的基本生活，在劳动者提供正常劳动的情况下，强制规定用人单位必须支付给劳动者的最低工资报酬。最低工资标准每1~3年调整一次。截至2021年9月份，上海、北京、广东、天津、江苏、浙江、湖北7个省级行政区的月最低工资标准超过2 000元。

对于制造企业的职工来说，短期薪酬的计算包括计时工资、计件工资、奖金、津贴和补贴、加班加点工资、特殊情况下支付的工资共六个方面，还可根据具体情况采用各种不同的工资制度，其中最基本的工资制是计时工资制和计件工资制。

1. 计时工资的计算

计时工资是指根据计时工资标准（包括地区生活费补贴）、工资等级和工作时间计算并支付的劳动报酬。根据劳动和社会保障部2008年发布的《关于职工全年月平均工作时间和工资折算问题的通知》的有关规定，工资的计算大致有以下两种：

学习笔记

（1）月薪制。

采用月薪制，不论各月日历日数为多少，职工每月的标准工资（全勤工资）相同。如果有缺勤，还需按出勤或缺勤日数计算计时工资。采用月薪制计算应付职工工资的计算公式为：

$$应付计时工资 = 月标准工资 - 缺勤工资 + 加班工资$$
$$= 月标准工资 - 事假旷工日数 \times 日工资 - 病假日数 \times$$
$$日工资 \times 病假扣款率 + 小时工资 \times 加班工时$$
$$日工资 = 月工资收入 \div 月计薪天数$$
$$小时工资 = 月工资收入 \div (月计薪天数 \times 8 小时)$$
$$月计薪天数 = (365 天 - 104 天) \div 12 月 = 21.75 天$$

其中 104 天指的是休息日，也就是通常所称的双休日，而不包括法定节假日 11 天（即现在的清明、五一、中秋、端午、十一、元旦和春节），按照国家规定，法定节假日，工作单位也是要给劳动者发工资的，所以不应该减去。

加班工资：星期休假日加班应以 2 倍工资计付，法定节假日加班应以 3 倍工资计付。

> **贴心提示**：虽然理论上月计薪天数也可以按照 30 天或月实际天数这两种方法来计算，但是法律规定的 21.75 天最为合适，本教材中只以 21.75 天为计薪天数来说明月薪制和日薪制的计算。

（2）日薪制。

采用日薪制，应付职工的计时工资就按日薪乘以某月出勤日数计算，如果有一日内出勤不满 8 小时（每日工作时数为 8 小时），应按日薪计算每小时工资，从而计算应扣的缺勤（小时）工资。多数企业对临时职工的计时工资采用日薪制。采用日薪制计算职工应付工资的公式为：

$$应付计时工资 = 出勤日数 \times 日工资 + 病假日数 \times 日工资 \times$$
$$(1 - 病假扣款率) + 加班工资$$
$$日工资 = 月工资收入 \div 月计薪天数$$
$$小时工资 = 月工资收入 \div (月计薪天数 \times 8 小时)$$

【同步思考与练习2.2.3】

恒光公司专门制定了生产人员绩效工资考核方案，既有利于提升生产人员的工作积极性，又有利于控制公司直接人工成本的水平。考核方案规定，公司生产人员绩效工资由固定工资和浮动工资构成，其中固定工资包括岗位工资、补助、津贴等，浮动工资由定额浮动工资、工时完成率、品质系数和调整系数等指标决定，浮动工资一般一年调整一次。公司采用月薪制计算工资。2022 年 11 月，公司高级工王强岗位工资为 4 000 元，午餐补贴 15 元/工作日，应出勤 22 天，王强因私事请假 1 天，实际出勤天数为 21 天，本月晚上加班 22 个小时。

$$日工资 = (4\ 000 + 15 \times 22) \div 21.75 = 199.08（元）$$

$$小时工资 = 4\,330 \div (21.75 \times 8) = 24.89（元）$$
$$计时工资 = 4\,330 - 199.08 \times 1 + 24.89 \times 1.5 \times 22 = 4\,952.29（元）$$

2. 计件工资的计算

计件工资是指根据工作计件单价和每人（或班组）完成的合格品产量计算并支付的劳动报酬。这里所指的合格品产量应包括合格品的产量和因材料质量不合适造成的废品。因人工原因造成的废品不应该包含在内，属于报废产品。报废产品不仅不支付工资，而且应查明原因，追究责任者赔偿。实行计件工资的劳动者，在完成计件定额任务后，由用人单位安排延长工作时间的，应分别按照不低于其本人法定工作时间计件单价的150%、200%、300%支付其工资。根据计件工资的概念，可以得出计件工资可以用如下公式计算得出：

应付职工或班组计件工资 =（合格品数量 + 料废品数量）× 计件单价

但是在实务中，计件工资的核算并非都如此简单，而是需要考虑多种因素，下面引用企业真实案例，可以供大家在以后的工作中参考。

企业导师说成本

某公司制定了生产工人计件工资考核方案，规定生产工人计件工资的构成主要由三个指标构成，分别是计件标准定额量、差额单价和质量等级指数。还专门规定了材料消耗目标达成情况的考核及奖惩办法，提出材料节约率每增加一个百分点，给予50元奖励；材料浪费率每增加一个百分点，给予80元罚款。相关公式如下：

$$差额计件工资 = 计件标准定额量 \times 差额单价 \times 质量等级指数$$
$$材料节约率 = \left(\frac{某材料消耗定额 - 该材料实际消耗量}{该材料消耗定额}\right) \times 100\%$$
$$材料浪费率 = \left(\frac{某材料实际消耗量 - 该材料消耗定额}{该材料消耗定额}\right) \times 100\%$$

比如公司员工黄红红10月实际完成产量6 200件，公司的计件标准产量为5 000件，根据公司规定，实际完成数量与标准产量的差异在120%~150%区域内的，差额单价为1.2元，根据质量等级指数对照表，她完成的质量属于等级1.05，请问黄红红的计件工资是多少？

$$差额计件工资 = 6\,200 \times 1.2 \times 1.05 = 7\,812（元）$$

3. 工资结算表

根据职工薪酬的内容，结合受益对象，可以将公司员工分为直接工人、研发人员、销售人员、管理人员和车间管理人员以及辅助人员等，其中直接工人是为生产产品服务的，研发人员是为研发产品、专利服务的，销售人员和售后服务人员是为销售产品服务的，管理人员是为日常经营管理及提供后勤服务的，此外，为生产服务但不直接参与生产产品的人是车间管理人员。以恒光公司为例，按照人员类别编制的恒光公司工资结算汇总表如表2-5所示。

人工费用的核算（微课）

学习笔记

表 2-5　恒光公司工资结算汇总表

2022 年 11 月

单位：元

序号	姓名	车间和部门	应付工资								代发款项			代扣款项			实发金额
			标准工资	奖金	津贴和补贴		扣缺勤工资			应付工资	福利补助费	交通补助费	合计	住房公积	个人所得税	合计	
					补贴	津贴	病假	事假	合计								
1	陈小序	生产线	……	……	……	……	……	……	……	……	……	……	……	……	……	……	……
2	王红梅	生产线	……	……	……	……	……	……	……	……	……	……	……	……	……	……	……
3	杨宛心	生产线	……	……	……	……	……	……	……	……	……	……	……	……	……	……	……
12	……	小计	122 500	2 300	1 560	330	40	188	126 462	220	440	660	2 920	228	3 148	123 974
13	徐方华	车间管理	……	……	……	……	……	……	……	……	……	……	……	……	……	……
14	黄华权	车间管理	……	……	……	……	……	……	……	……	……	……	……	……	……	……
17	……	小计	65 126	2 480	1 700	330	48	228	69 360	240	480	720	3 260	310	3 570	66 510
18	章菲儿	设备部	6 626	180	140		8	40	6 898	20	40	60	340	82	422	6 536
19	俞蓉	品保部	6 740	190	130	50	20	10	7 080	30	60	90	460	47	507	6 663
20	宋宇希	行政	……	……	……	……	……	……	……	……	……	……	……	……	……	……
21	蓝豪鹏	行政	……	……	……	……	……	……	……	……	……	……	……	……	……	……
26	……	小计	12 430	1 160	820	150	25	115	14 420	100	200	300	1 530	120	1 650	13 070
27	洪可冉	销售部	……	……	……	……	……	……	……	……	……	……	……	……	……	……
28	刘志高	销售部	……	……	……	……	……	……	……	……	……	……	……	……	……	……
34	……	小计	133 830	3 080	1 960	430	75	230	138 995	290	580	870	4 120	332	4 452	135 413
35	陈路遥	财务部	8 360	730	510	80	10	55	9 615	60	120	180	930	95	1 025	8 770
36		总计	358 956	5 560	3 660	760	123	458	368 355	530	1 060	1 590	7 380	642	8 022	361 923

三、职工薪酬的分配

企业的工资费用（工资总额）按其发生的地点和用途进行归集和分配。生产工人、生产车间或分厂的工程技术人员的工资，应计入产品生产成本，其中生产工人工资计入"基本生产成本"或"辅助生产成本"总账及明细账的"工资及福利费"成本项目；生产车间管理人员的工资，应计入"制造费用"账户。行政管理部门人员的工资、专设销售机构人员的工资、福利部门人员（属非生产人员）的工资等分别计入"管理费用""营业费用"和"应付福利费"等总账及所属明细账。

（一）生产一种产品的生产工人工资费用的分配

如果车间只生产一种产品的生产工人工资费用，或生产多种产品的生产工人计件工资，可按发生地点和用途直接分配，即根据审核后的工资费用凭证（如工资结算单或工资结算汇总表）编制记账凭证和登记有关账户。

【同步思考与练习2.2.4】

以表2-5为例，如果恒光公司基本生产车间只生产A产品，可直接根据恒光公司工资结算汇总表编制会计分录，登记有关账户。

```
借：基本生产成本——A                      126 462
    辅助生产成本——设备部                   6 898
            ——品保部                      7 080
    制造费用                              69 360
    管理费用                              24 035
    销售费用                             138 995
    贷：应付职工薪酬——工资                         368 355
```

（二）生产多种产品的生产工人工资费用的分配

生产多种产品的车间，其生产工人的计时工资，以及工资总额中的奖金、津贴、特殊情况下支付的工资，通常都不能根据工资结算原始凭证确定计入哪一种产品，而需通过一定的分配方法，方可将工资费用分配到有关账户及其所属明细账。

如果实行计时工资，生产工人的工资费用（含工资总额中的奖金、津贴和补贴等），一般按照产品的实际生产工时比例分配计入各种产品，如果取得各种产品实际生产工时的资料较困难，或采用实际生产工时明显不合理，而各种产品的单位工时定额较准确，则可采用定额工时比例进行分配。其计算公式为：

$$生产工人工资费用分配率=\frac{各种产品共同负担的生产工人工资费用}{各种产品实际生产工时（或定额工时）之和}$$

$$某产品应负担的工资费用=该产品实际生产工时（或定额工时）×分配率$$

【同步思考与练习2.2.5】

假设仍以表2-5恒光公司工资结算汇总表为例，其中生产车间生产五种产品，这些产品的标准工时如表2-6所示，生产工人工资按照生产工时分配到相应产品中去，根据恒光公司工资结算汇总表等有关资料，编制生产车间工资费用分配汇总表，如表2-7所示，并编制相应分录。

表2-6　公司产品的标准工时

成品编号	产品名称	单位标准工时/小时	投产数量/个
DS-AS**WS2-01	2538白光	0.025	16 000
DS-CS**WS2-01	2030白光	0.018	25 000
DS-BT**WS2-01	5050白光	0.065	10 000
DS-BT**FE1-01	5050全彩	0.075	4 000
DS-AT**FE1-01	2835全彩	0.025	8 000

表2-7　生产车间工资费用分配汇总表

2022年11月

产品名称	生产工时/小时	分配率	分配额/元
DS-AS**WS2-01	400		25 292.4
DS-CS**WS2-01	450		28 453.95
DS-BT**WS2-01	650		41 100.15
DS-BT**FE1-01	300		18 969.3
DS-AT**FE1-01	200		12 646.2
合计	2 000	63.231	126 462

表2-7中生产车间的工人工资费用分配率为：

生产车间的工人工资费用分配率=126 462÷2 000=63.231

根据生产车间工资费用分配汇总表可编制会计分录，登记有关账户。

借：基本生产成本——2538白光　　　　　　　　25 292.4
　　　　　　　　　　——2030白光　　　　　　　　28 453.95
　　　　　　　　　　——5050白光　　　　　　　　41 100.15
　　　　　　　　　　——5050全彩　　　　　　　　18 969.3
　　　　　　　　　　——2835全彩　　　　　　　　12 646.2
　　辅助生产成本——设备部　　　　　　　　　　6 898
　　　　　　　　　　——品保部　　　　　　　　　7 080
　　制造费用　　　　　　　　　　　　　　　　　69 360
　　管理费用　　　　　　　　　　　　　　　　　24 035
　　销售费用　　　　　　　　　　　　　　　　　138 995
　　贷：应付职工薪酬——工资　　　　　　　　　368 355

企业导师说成本

　　制造企业生产线的工人数量经常会有变动，而生产线和产品是有对应关系的，如果本月涉及从其他生产线调入的人员，则他们的工资就全部计入这条生产线对应的产品里，所以人工成本就有可能不够准确，这时候对人工成本就进行二次分摊来提高准确性和合理性。如表2-8和表2-9所示。

表2-8　出勤工时及工资数据

产线编号	上半月		下半月		考勤数据	
	人数/人	工时/小时	人数/人	工时/小时	应发工资/元	工资表工时/小时
1	200	30 800	400	61 600	2 180 147.2	137 984
2	300	46 200	500	77 000	2 742 555.2	174 020
3	500	77 000	100	15 400	531 558.72	33 264
合计	1 000	154 000	1 000	154 000	5 454 261.12	345 268

表2-9　二次分摊过程

产线编号	工资表工时成本/元	投入工时/小时	第一次分摊金额/元	第二次分摊金额/元	分摊小计/元	实际工时成本/元
1	15.8	92 400	1 459 920	172 847.14	1 632 767.14	17.67
2	15.76	123 200	1 941 632	230 462.85	2 172 094.85	17.63
3	15.98	92 400	1 476 552	172 847.13	1 649 399.13	17.85
合计		308 000	4 878 104	576 157.12	5 454 261.12	

　　从表2-8和表2-9可以看出，以产线1为例，工时成本经过二次分摊，从原来的15.8元变成了17.67元。

思政园地

　　现如今保险已经深入人心，不管是为了家人还是为了自己，保险都不可或缺。所以找工作的时候，很多人最关心的除了工资，就是五险一金。究竟什么是五险一金呢？

　　五险一金就是用人单位给予劳动者的几种保障性待遇的合称，包括养老保险、医疗保险、失业保险、工伤保险和生育保险，还有住房公积金。养老保险是为了老有所养，劳动者到了法定退休年龄可以领取退休金；医疗保险是职工生病作为医疗报销用的；失业保险是职工失业后，领取生活费的；生育保险是职工生育后报销的；工伤保险是职工发生工伤，支付医疗费用或者赔偿有关工伤待遇的；住房公积金是住房改革后，企业和劳动者各缴纳一定的住房基金，符合提取条件可

学习笔记

学习笔记

以提取，也可以在购买商品房时享受更低的住房贷款利息，减轻劳动者的经济负担。

思政点：党的十八大以来是我国社会保障制度改革力度最大、发展速度最快的时期。我国建成了具有鲜明中国特色、世界上规模最大、功能完备的社会保障体系。统一城乡居民养老保险制度，实现机关事业单位和企业养老保险制度并轨，建立企业养老保险基金中央调剂制度，建立职业年金制度，出台个人养老金制度，填补多层次、多支柱养老保险的制度空白……十年来，社保制度体系建设不断完善。社保覆盖范围持续扩大。基本养老保险、失业保险、工伤保险三项社会保险参保人数分别从 2012 年的 7.9 亿人、1.5 亿人、1.9 亿人，增加到 2022 年 6 月的 10.4 亿人、2.3 亿人、2.9 亿人，个人待遇水平稳步提高。

动力费用

四、动力费用的核算

（一）动力费用的定义

动力费用是指企业生产经营过程中耗用的动力、蒸汽等，包括外购和自制两部分。外购动力即向外单位购买电力、煤气等；自制动力即自产电力、对外来电力进行变压等。动力费用的核算是按发生地点和用途进行的，只要用途相同，无论外购还是自制，都归在一起进行核算。

（二）动力费用的主要用途

（1）生产工艺过程所耗用，这是直接用于产品生产的；

（2）组织管理生产耗用，如车间照明、行政管理部门照明用电等。

对于生产工艺过程所耗用的动力费用，为加强能源核算和控制，可单独设立"燃料及动力"成本项目，若不单独设立，则该动力费用可以并入"原材料"等成本项目。

动力费用根据计量仪器仪表确定各种产品、各部门的实际耗用量再乘以单价进行归集。外购动力的单价可按供电部门收取的电费总额除以各电表读数总和；自制动力的单价为辅助生产车间（发电车间）的单位成本。企业各车间、部门的动力用电和照明用电，一般都分别装有电表，可根据电表读数直接归集动力费用，但对于车间动力用电，若不能按产品分别安装电表，则动力费用需分配归集。动力费用的分配标准可以是产品的机器工时或马力工时、生产工时、定额耗用量等。其计算公式如下：

$$动力费用分配率 = \frac{各种产品共同耗用的动力费用}{各种产品机器工时（或马力工时等）之和}$$

$$某产品应负担的动力费用 = 该产品机器工时（或马力工时等）× 动力费用分配率$$

【同步思考与练习 2.2.6】

恒光公司 2022 年 11 月总电表显示本月耗用电 13 200 千瓦时，不含税金额为 11 634.00 元；假定上述水电费金额已确定，票据已取得并抵扣进项，款项于次月 15 日支付。生产车间的生产用电按照各种产品的生产工时进行比例分配，如表 2-10～表 2-12 所示。

表 2 – 10　恒光公司工时统计汇总表

所属部门：生产车间　　　　　所属年月：2022 年 11 月　　　　　　　　小时

成品编号	产品名称	完工产品工时	备注
DS – AS＊＊WS2 – 01	2538 白光	400	
DS – CS＊＊WS2 – 01	2030 白光	450	
DS – BT＊＊WS2 – 01	5050 白光	650	
DS – BT＊＊FE1 – 01	5050 全彩	300	
DS – AT＊＊FE1 – 01	2835 全彩	200	
合计		2 000	

表 2 – 11　恒光公司电费结算汇总表

所属年月：2022 年 11 月

项目		序号	用电量/千瓦时	分配单价/元	金额/元	备注说明
生产车间	生产用电	1	8 460		7 456.64	
	管理用电	2	320		282.05	
设备部		3	680		599.35	
品保部		4	1 280		1 128.19	
行政管理部门		5	2 250		1 983.15	
销售部		6	230		184.62	
公司总表		7	13 200	0.881 4	11 634.00	

表 2 – 12　恒光公司动力费用分配表

所属部门：生产车间　　　　　所属年月：2022 年 11 月

应借科目/项目	外购动力		
	生产工时/小时	分配率	动力费用/元
DS – AS＊＊WS2 – 01	400		1 491.32
DS – CS＊＊WS2 – 01	450		1 677.74
DS – BT＊＊WS2 – 01	650		2 423.4
DS – BT＊＊FE1 – 01	300		1 118.49
DS – AT＊＊FE1 – 01	200		745.69
合计	2 000	3.722 4	7 456.64

会计分录如下：

借：基本生产成本——DS – AS＊＊WS2 – 01　　　　　　1 491.32

　　　　　　　　——DS – CS＊＊WS2 – 01　　　　　　1 677.74

　　　　　　　　——DS – BT＊＊WS2 – 01　　　　　　　2 423.4

学习笔记

学习笔记

——DS – BT * * FE1 – 01	1 118. 49
——DS – AT * * FE1 – 01	745. 69
制造费用——生产车间	282. 05
辅助生产成本——设备部	599. 35
——品保部	1 128. 19
管理费用——电费	1 983. 15
销售费用——电费	184. 62
应交税费——应交增值税（进项）	1 512. 42
贷：应付账款——供电公司	13 146. 42

假设该例中票据及款项支付均发生在下月，则实际收到的发票金额与本月计提的电费之间有差额的话，可以由管理费用承担。

任务三　进行辅助生产费用归集和分配

一、辅助生产费用的概念和归集

（一）辅助生产费用的概念

辅助生产是指企业内部为基本生产部门和管理部门服务而提供的劳务供应或产品生产。辅助生产有两种类型：一是单品种辅助生产，这类辅助生产只提供一种产品或劳务，如供电、供水、供气、运输等；二是多品种辅助生产，这类辅助生产提供多种产品或多种劳务，如工具、模具、修理用备件的生产、机器设备维修等。

辅助生产车间为生产产品或提供劳务所发生的各项费用称为辅助生产费用，这些费用构成辅助生产产品或劳务的成本。辅助生产车间提供的产品或劳务虽然有时也对外销售，但这不是它的主要任务，其根本任务是服务于企业基本生产和管理工作。

（二）辅助生产费用的归集

辅助生产费用的归集是通过"辅助生产成本"账户进行的，该账户同"基本生产成本"账户一样，一般应按辅助生产车间及车间所提供的产品或劳务种类设置明细账，账中按照成本项目或费用项目设立专栏进行明细核算，将辅助生产发生的各项生产费用计入"辅助生产成本"账户的借方进行归集。

辅助生产费用的归集特别需要注意的是，由于辅助生产中制造费用归集的程序不同，从而产生了两种不同的处理方法。

1. 设置"辅助生产成本"账户，也设置"制造费用"账户

在这种方法下，比照基本生产车间账户一样处理。对于辅助生产车间提供劳务或产品发生的直接费用，计入"辅助生产成本"及其所属明细账，而对于辅助生产车间为组织和管理生产等发生的制造费用，先计入"制造费用——辅助生产车间"账户，月末再分配转入"辅助生产费用"账户，经分配结转后，"制造费用——辅助生产车间"账户应无余额。

2. 只设置"辅助生产成本"账户，不设置"制造费用"账户

如果辅助生产不对外提供产品或劳务，而且辅助生产车间规模很小，制造费用很少，为了简化核算工作，辅助生产车间发生的制造费用不通过"制造费用"账户核算，而直接计入"辅助生产费用"账户。

在这种方法下，凡是辅助生产车间发生的各项费用，无论是为提供劳务或产品发生，还是为组织和管理生产而发生的制造费用，全部计入"辅助生产成本"账户及其所属明细账。该账户借方归集辅助生产费用，贷方登记结转完工入库的自制材料、模具的成本以及向其他辅助生产车间、基本生产车间、行政管理部门等收益单位分配转出的劳务费用。期末若有余额应在借方，表示辅助生产车间在产品的成本。

本书中恒光公司采用第二种归集方法进行辅助生产费用归集，其下属的两个辅助生产车间2022年11月发生的费用通过设置"辅助生产成本"明细账进行归集，其格式如表2-13和表2-14所示。

表2-13　恒光公司明细账

科目名称：生产成本——辅助生产成本　2022年11月　　　　　　部门：设备部

月	日	凭证号	摘要	借方	贷方	借/贷	余额/元
11	1		期初余额			平	0.00
11	3		设备部培训费	3 000.00		借	3 000.00
11	6		设备部购买办公用品	820.00		借	3 820.00
11	10		设备部领用工具器具	1 320.00		借	5 140.00
11	14		设备部差旅费	2 280.00		借	7 420.00
11	18		设备部招待费	3 260.00		借	10 680.00
11	23		设备部购买工具一批	3 250.00		借	13 930.00
11	28		设备部考察员工活动费	4 200.00		借	18 130.00
11	30		分配材料	8 611.04		借	26 741.04
11	30		计提人工工资	16 187.50		借	42 928.54
11	30		分配电费	6 313.12		借	49 241.66
11	30		计提设备折旧	4 532.45		借	53 774.11

表2-14　恒光公司明细账

科目名称：生产成本——辅助生产成本　2022年11月　　　　　　部门：品保部

月	日	凭证号	摘要	借方	贷方	借/贷	余额/元
11	1		期初余额				0.00
11	5		品保部员工技能训练	5 800.00		借	5 800.00
11	6		品保部购买办公用品	680.00		借	6 480.00
11	10		品保部领用工具器具	1 280.00		借	7 760.00

学习笔记

续表

月	日	凭证号	摘要	借方	贷方	借/贷	余额/元
11	14		品保部差旅费	3 350.00		借	11 110.00
11	18		品保部招待费	2 840.00		借	13 950.00
11	23		品保部购买工具一批	2 230.00		借	16 180.00
11	30		分配材料	1 542.10		借	17 722.10
11	30		计提人工工资	32 375.00		借	50 097.10
11	30		分配电费	11 883.52		借	61 980.62
11	30		计提设备折旧	5 307.23		借	67 287.85

二、辅助生产费用的分配

辅助生产费用
分配思路

辅助生产费用的分配，就是将"辅助生产成本"账户所归集的费用，采用一定的方法计算出产品或劳务的总成本或单位成本，并按其受益对象和耗用数量分配应负担的辅助生产费用。在分配辅助生产费用时，应遵循"谁受益谁负担，多受益多负担，不受益不负担"原则，分配方法力求合理、简便易行。

由于辅助生产车间所提供的产品或劳务的性质不同，在再生产过程中的作用不同，其分配转入产品成本及期间费用的程序、方法也不一样。辅助生产车间提供的产品用作材料的，如修理用备件和工具、模具等，应在产品完工入库时，从"辅助生产成本"及其明细账转入"原材料"或"低值易耗品"账户借方，在基本生产车间或其他部门领用时，再从"原材料""低值易耗品"转入"制造费用""管理费用""销售费用"等科目。但是，辅助生产车间提供的劳务直接为生产和管理工作所消耗的，如供电、供水、供气、机修、运输等，则应将辅助生产车间发生的费用，直接在各受益单位按耗用量分配。

辅助生产车间提供的劳务，其受益对象主要是基本生产车间和管理部门，但各辅助生产车间之间也有相互提供服务和受益的，例如，供水车间向机修车间供水，而机修车间为供水车间提供修理服务。这样要计算水的成本，就要确定修理成本，同理，要计算修理成本，需确定供水成本，两个车间的成本计算互为条件，相互制约。因此，辅助生产费用的分配，有个很重要的特点，就是需要在各辅助生产车间之间交互分配费用，然后再向辅助生产车间以外的受益单位（如基本生产车间、管理部门等）分配辅助生产费用。

对于辅助生产车间提供的直接为生产和管理部门所消耗的劳务，企业可根据其辅助生产情况及辅助生产费用分配的特点，采用不同的方法进行分配。在实际工作中，该工作通过编制辅助生产费用分配表进行。辅助生产费用分配的主要方法有直接分配法、交互分配法、代数分配法、计划成本分配法。

（一）直接分配法

直接分配法是指一种不考虑辅助生产车间相互耗用劳务，不进行交互分配费用，而将辅助生产车间所发生的费用直接分配给辅助生产车间以外的各受益部门的方法。其计算公式为：

$$某辅助生产车间费用分配率 = \frac{该辅助生产车间待分配费用}{辅助生产车间以外受益单位耗用劳务量}$$

$$某受益单位应负担该辅助生产费用 = 该受益单位耗用劳务量 \times 分配率$$

【同步思考与练习 2.3.1】

恒光公司设有品保部和设备部两个辅助生产车间，两个车间的服务工时分别如表2-15和表2-16所示，两个部门的费用如表2-13和表2-14所示，明细账上所登记的金额为辅助生产车间2022年11月分配前所归集的费用。

表 2-15　品种部服务工时统计　　　　　　　　　　　　　　　小时

序号	服务对象	服务工时	备注
1	第一车间	225	
2	第二车间	286	
3	第三车间	243	
4	品保部	78	
5	行政管理部门及其他	96	
	合计	928	

表 2-16　设备部服务工时统计　　　　　　　　　　　　　　　小时

序号	服务对象	服务工时	备注
1	第一车间	652	
2	第二车间	783	
3	第三车间	823	
4	设备部	100	
	合计	2 358	

要求按照直接分配法来进行辅助生产费用的分配，如表2-17所示。

表 2-17　辅助生产费用分配表

（直接分配法）

2022 年 11 月

项目	设备部	品保部	合计/元
待分配辅助生产费用/元	53 774.11	67 287.85	121 061.96
供应辅助生产以外的劳务数量/小时	850	2 258	
单位成本（分配率）/元	63.263 7	29.80	

续表

项目			设备部	品保部	合计/元
基本生产车间	第一车间	耗用数量/小时	225	652	
		分配金额/元	14 234.33	19 429.6	33 663.93
	第二车间	耗用数量/小时	286	783	
		分配金额/元	18 093.42	23 333.4	41 426.82
	第三车间	耗用数量/小时	243	823	
		分配金额/元	15 373.08	24 524.85	39 897.93
行政管理部门		耗用数量/小时	96		
		分配金额/元	6 073.28		6 073.28
合计/元			53 774.11	67 287.85	121 061.96

借：制造费用——第一车间　　　　　　　　　　33 663.93
　　制造费用——第二车间　　　　　　　　　　41 426.82
　　制造费用——第三车间　　　　　　　　　　39 897.93
　　管理费用　　　　　　　　　　　　　　　　6 073.28
　贷：辅助生产成本——设备部　　　　　　　　53 774.11
　　　辅助生产成本——品保部　　　　　　　　67 287.85

采用直接分配法，各辅助生产车间的费用只对辅助生产车间以外的受益部门一次分配，简便易行，但未进行辅助生产车间之间费用的交互分配，分配结果不够准确。该方法适用于辅助生产车间相互提供劳务较小或交互分配费用相差不大，不进行交互分配对成本影响不大的企业。

（二）交互分配法

交互分配法是指按各个辅助生产车间相互耗用劳务进行相互分配费用，然后再向辅助生产车间以外的受益部门分配费用的方法。

该方法对辅助生产费用的分配分两步进行：第一步是在各辅助生产车间之间分配，即交互分配，是根据辅助生产车间直接发生费用和相互提供的劳务量分配；第二步是向辅助生产车间以外的受益部门分配，即对外分配，是将辅助生产车间直接发生费用（分配前费用）加上交互分配分来的费用，减去交互分配分出去的费用，即对外分配费用，按耗用量分配给辅助生产车间以外的受益部门。其计算公式如下：

$$某辅助生产车间费用交互分配率 = \frac{该辅助生产车间待分配费用}{该辅助生产车间提供的劳务总量}$$

某辅助生产车间费用对外分配率 =（待分配费用 + 交互分配转入的费用 − 交互分配转出的费用）÷ 辅助生产车间以外的受益部门耗用劳务量之和

某受益部门应负担该辅助生产费用 = 该受益部门耗用劳务量 × 对外分配率

【同步思考与练习2.3.2】

仍用【同步思考与练习2.3.1】的资料，采用交互分配法编制辅助生产费用分配表，如表 2 - 18 所示。

表 2 - 18　辅助生产费用分配表

（交互分配法）

2022 年 11 月

直接分配法和
交互分配法

项目		设备部			品保部			合计/元
		数量/小时	分配率/%	分配金额/元	数量/小时	分配率/%	分配金额/元	
待分配辅助生产费用		928	57.946 2	53 774.11	2 358	28.536 0	67 287.85	121 061.96
交互分配	辅助生产——设备部			+2 853.6	100		-2 853.6	
	辅助生产——品保部	78		-4 519.8			+4 519.8	
对外分配辅助生产成本		850	61.303 4	52 107.91	2 258	30.537 7	68 954.05	121 061.96
对外分配	基本生产车间 第一车间	225		13 793.27	652		19 910.59	33 703.86
	第二车间	286		17 532.77	783		23 911.02	41 443.79
	第三车间	243		14 896.73	823		25 132.44	40 029.17
	行政管理部门	96		5 885.14				5 885.14
合计		850		52 107.91	2 258		68 954.05	121 061.96

辅助生产车间之间交互分配时的会计分录如下：

借：辅助生产成本——设备部　　　　　　　　　　　2 853.6

　　辅助生产成本——品保部　　　　　　　　　　　4 519.8

　　贷：辅助生产成本——设备部　　　　　　　　　　　4 519.8

　　　　辅助生产成本——品保部　　　　　　　　　　　2 853.6

辅助生产车间对外分配时的会计分录如下：

借：制造费用——第一车间　　　　　　　　　　　33 703.86

　　制造费用——第二车间　　　　　　　　　　　41 443.79

　　制造费用——第三车间　　　　　　　　　　　40 029.17

　　管理费用　　　　　　　　　　　　　　　　　5 885.14

　　贷：辅助生产成本——设备部　　　　　　　　　　52 107.91

　　　　辅助生产成本——品保部　　　　　　　　　　68 954.05

　　交互分配法克服了直接分配法的不足，即考虑了各辅助生产车间之间相互提供劳务，并按受益多少交互分配，分配结果较前一种方法合理、准确。但是，交互分配是按照各辅助生产车间直接发生费用而非实际费用进行，因而分配结果也不是很准确，而且，如果用于厂部、车间两级核算的企业中，车间要等财务部门转来其他车间分配的费用，才能算出实际费用，这会影响成本核算的及时性。这一分配方法适用于各辅助生产车间相互提供劳务量大，但无一定顺序的企业。

（三）代数分配法

　　代数分配法是指运用初等数学中多元一次联立方程组求解的原理，计算出各辅助生产车间劳务的单位成本，再根据受益单位实际耗用量分配辅助生产费用的方法。其基本程序如下：

（1）设未知数，即辅助生产车间劳务的单位成本，并根据辅助生产车间之间相互提供劳务的关系建立多元一次联立方程组；

（2）解联立方程，求出各辅助生产车间劳务的单位成本；

（3）以第二步求出的单位成本和受益单位的耗用量分配辅助生产费用。

【同步思考与练习 2. 3. 3】

仍用【同步思考与练习 2.3.1】的资料，设设备部每服务工时成本为 x，品保部每服务工时为 y。

根据资料，设立联立方程如下：

$$928x = 53\,774.11 + 100y \quad ①$$
$$2\,358y = 67\,287.85 + 78x \quad ②$$

求解得：

$$x = 57.946\,2$$
$$y = 31.801\,4$$

编制辅助生产费用分配表，如表 2 - 19 所示。

表 2 - 19　辅助生产费用分配表

（代数分配法）

2022 年 11 月

辅助生产车间			设备部	品保部	合计/元
分配率/%			57. 946 2	31. 801 4	
辅助生产车间	设备部	耗用数量/小时		100	
		分配金额/元		3 180. 14	3 180. 14
	品保部	耗用数量/小时	78		
		分配金额/元	4 519. 80		4 519. 8
基本生产车间	第一车间	耗用数量/小时	225	652	
		分配金额/元	13 037. 90	20 734. 51	33 772. 41
	第二车间	耗用数量/小时	286	783	
		分配金额/元	16 572. 61	24 900. 50	41 473. 11
	第三车间	耗用数量/小时	243	823	
		分配金额/元	14 080. 93	18 472. 7	32 553. 63
行政管理部门		耗用数量/小时	96		
		分配金额/元	5 562. 87		5 562. 87
合计/元			53 774. 11	67 287. 85	121 061. 96

根据辅助生产费用分配表编制会计分录，登记有关账户。

借：辅助生产成本——设备部　　　　　　　　　3 180.14

　　　　　　　　——品保部　　　　　　　　　4 519.8

　　制造费用——第一车间　　　　　　　　　 33 772.41

　　　　　　——第二车间　　　　　　　　　 41 473.11

　　　　　　——第三车间　　　　　　　　　 32 553.63

　　管理费用　　　　　　　　　　　　　　　　5 562.87

贷：辅助生产成本——设备部　　　　　　　　 53 774.11

　　　　　　　　——品保部　　　　　　　　 67 287.85

代数分配法运用数学方法同时计算各辅助生产产品或劳务的单位成本，分配结果最准确。但如果部门多，未知数多，计算较为复杂，工作量较大。该方法适用于辅助生产车间不多或采用计算机进行成本核算的企业。

（四）计划成本分配法

计划成本分配法是指先按辅助生产车间提供劳务的计划单位成本和受益单位的实际耗用量分配辅助生产费用，然后将计划分配额与实际费用进行调整的方法。这个方法多用于采用计划成本计算的企业，按此分配方法对辅助生产费用进行分配要分两步进行：

（1）按产品或劳务的计划单位成本和各受益单位的实际耗用量进行分配，包括分配给其他辅助生产车间（交互分配）和辅助生产车间以外的受益部门（对外分配）。

（2）求出辅助生产车间直接费用和第一步交互分配来的费用之和（即实际费用）与按计划成本分配转出费用的差额，将此差额全部计入"管理费用"或按耗用量、计划分配额等分配给辅助生产车间以外的受益部门（对外追加分配）。

该方法的计算公式为：

某受益单位应负担的辅助生产费用 ＝ 该受益单位耗用劳务量 ×

辅助生产车间的劳务计划单位成本

实际与计划的差额 ＝ 直接费用 ＋ 交互分配转入费用 －

按计划成本分配的费用

【同步思考与练习 2.3.4】

仍沿用【同步思考与练习 2.3.1】的数据资料，但是假设该公司设备部和品保部是采用计划成本核算成本的，事先制定的相应的计划单位成本分别为：设备部60 元/工时，品保部30 元/工时，根据这些资料，采用计划成本法编制辅助生产费用分配表，如表 2－20 所示。

学习笔记

代数分配法
（微课）

学习笔记

表 2−20　辅助生产费用分配表

（计划成本分配法）

2022 年 11 月

辅助生产车间			设备部	品保部	合计/元
待分配费用/元			53 774.11	67 287.85	121 061.96
劳务供应量/小时			928	2 358	
计划单位成本/元			60	30	
辅助生产车间	设备部	耗用数量/小时		100	
		分配金额/元		3 000	3 000
	品保部	耗用数量/小时	78		
		分配金额/元	4 680		4 680
基本生产车间	第一车间	耗用数量/小时	225	652	
		分配金额/元	13 500	19 560	33 060
	第二车间	耗用数量/小时	286	783	
		分配金额/元	17 160	23 490	40 650
	第三车间	耗用数量/小时	243	823	
		分配金额/元	14 580	24 690	39 270
行政管理部门		耗用数量/小时	96		
		分配金额/元	5 760		5 760
按计划成本分配金额合计/元			55 680	70 740	126 420
辅助生产实际费用/元			56 774.11	71 967.85	128 741.96
辅助生产成本差异/元			1 094.11	1 227.85	2 321.96

设备部实际费用 = 53 774.11 + 3 000 = 56 774.11（元）

品保部实际费用 = 67 287.85 + 4 680 = 71 967.85（元）

根据辅助生产费用分配表，编制会计分录，登记有关账户。

按计划成本分配：

借：辅助生产成本——设备部　　　　　　　　　　　　　　3 000

　　　　　　　　——品保部　　　　　　　　　　　　　　4 680

　　制造费用——第一车间　　　　　　　　　　　　　　33 060

　　　　　　——第二车间　　　　　　　　　　　　　　40 650

　　　　　　——第三车间　　　　　　　　　　　　　　39 270

　　管理费用　　　　　　　　　　　　　　　　　　　　5 760

　　贷：辅助生产成本——设备部　　　　　　　　　　　　55 680

　　　　　　　　　　——品保部　　　　　　　　　　　　70 740

对差异的处理：

```
借：管理费用                                    2 321.96
    贷：辅助生产成本——设备部          1 094.11
                   ——品保部            1 227.85
```

计划成本分配法按事先制定的计划单位成本进行分配，既能简化计算工作，又能弥补交互分配法不够及时的不足，加快分配速度，同时还有利于划清各车间部门的经济责任，便于成本考核分析。但是，其分配结果会受计划成本准确与否的影响，因此，该方法适用于计划成本资料比较健全准确、成本核算基础工作较好的企业。

📖 企业导师说成本

在企业实务中，企业运用上述分配方法通常会跟生产部门沟通，在获得共识的情况下加以分配。在实际操作中，有些按照面积分配，比如租金；有些按照人数分配，比如劳保用品；有些不分配，比如招待费等。考虑到分配基数也可能发生变化（比如人员的入职、离职），通常会以一个固定期限内（比如半年）默认不变来操作。

任务四 进行制造费用的归集和分配

一、制造费用的概念和归集

（一）制造费用的概念

制造费用是指企业内部各生产单位（分厂、车间等）为生产产品或提供劳务而发生的，应该计入产品成本，但是没有专设成本项目的各项费用。制造费用的构成比较复杂，企业计入产品成本的费用中除直接材料、直接人工之外的费用，一般都包括在制造费用中。比如间接用于产品生产的费用，如机物料消耗、车间照明费等，也包括直接用于产品生产，但较难辨认其产品归属或金额较小、管理上不要求单独专设成本项目的费用，如设备折旧费、设计制图费等。

制造费用的内容一般包括以下几项：

1. 车间管理人员的职工薪酬

车间管理人员的职工薪酬是指生产车间管理人员、辅助后勤人员等非一线直接从事生产的人员工资及提取的福利费和其他经费；一线直接生产人员非生产期间的薪酬也计入本项目，非一线生产人员提供直接生产时，其相应的薪酬应从本项目转入生产成本中的直接人工项目。

2. 劳动保护费

劳动保护费是指按照规定标准和范围支付给车间职工的劳动保护用品、防暑降温、保健饮食品（含外购矿泉水）的费用和劳动保护宣传费用。

3. 折旧费

折旧费是指车间所使用固定资产按规定计提的折旧费。

4. 租赁费

租赁费是指车间使用的从外部租入的各种固定资产和用具等按规定列支的租金。

5. 物料消耗

物料消耗指车间管理部门耗用的一般消耗材料，不包括固定资产修理和劳动保护用材料。

（二）制造费用的归集

为了总括反映和监督企业各生产单位在一定时期内为组织和管理生产所发生的各项制造费用，需要设置"制造费用"账户，并且根据企业管理的需要，为了控制制造费用的金额，寻求降低费用的途径，"制造费用"账户应按生产单位分别设置明细账，并在账内按照费用项目设立专栏或专户，分别反映各生产单位各项制造费用的发生情况。

以恒光公司为例，2022 年 11 月发生的制造费用通过制造费用明细账归集，其格式如表 2 – 21 所示。

表 2 – 21   恒光公司明细账

科目名称：制造费用   2022 年 11 月   部门：生产车间

元

月	日	凭证号	摘要	借方	贷方	借/贷	余额
11	1		期初余额			借	0.00
11	30		分配材料	1 978.60		借	1 978.60
11	30		计提人工工资	11 655.00		借	13 633.60
11	30		分配电费	2 970.88		借	16 604.48
11	30		分配水费	641.30		借	17 245.78
11	30		计提设备折旧	18 241.11		借	35 486.89
11	30		分摊设备车间成本	6 572.61		借	42 059.50
11	30		分摊机修车间成本	4 900.50		借	46 960.00

二、制造费用的分配

企业按车间、部门设置"制造费用"账户，并按费用项目设专栏归集制造费用，这些费用应由各车间、部门生产的全部产品或提供的劳务来承担，如果生产车间、部门只生产一种产品或劳务，归集的制造费用可直接转入这种产品或劳务的成本，即"基本生产成本"或"辅助生产成本"及其所属明细账。如果生产车间、部门生产多种产品或提供多种劳务，归集的制造费用就应采用适当的方法分配转入该车间、部门的各种产品或劳务的成本。

制造费用的分配方法一般有生产工人工时比例法、生产工人工资比例法、机器工时比例法和计划分配率法等。分配方法一经确定，不应随意变更。

1. 生产工人工时比例法

生产工人工时比例法是指按照各种产品生产工人工时作为分配标准分配制造费用的一种方法。如果产品工时定额比较准确，制造费用也可以按生产工人定额工时比例分配。其计算公式为：

$$制造费用分配率 = \frac{本期制造费用总额}{各产品生产工人工时（或者定额工时）之和}$$

某产品应分配制造费用 = 该产品生产工人工时 × 制造费用分配率

按各种产品消耗生产工人工时分配制造费用，将劳动生产率同产品负担的费用水平联系起来，分配结果比较合理，而且分配标准所需的工时资料较易取得，所以实际工作中较多采用此法。但是，如果生产车间、部门内生产的各种产品机械化程度相差悬殊，则不宜采用此法，因为这会使机械化程度较低的产品由于工时多而负担较多的制造费用。所以，按生产工人工时比例分配一般适宜于机械化程度较低，且各种产品机械化水平大致相同的车间、部门。

【同步思考与练习 2.4.1】

恒光公司 2022 年 11 月归集的生产车间的制造费用如表 2-21 所示，按照该公司的核算制度规定，月末制造费用汇总后按照生产车间各生产单的工时统计进行分配。恒光公司生产车间各产品的工时统计汇总表如表 2-22 所示，制造费用分配表如表 2-23 所示。

表 2-22 恒光公司工时统计汇总表

所属部门：生产车间　　　　　　所属年月：2022 年 11 月　　　　　　　　　　小时

成品编号	产品名称	完工产品工时	备注
DS-AS**WS2-01	2538 白光	400	
DS-CS**WS2-01	2030 白光	450	
DS-BT**WS2-01	5050 白光	650	
DS-BT**FE1-01	5050 全彩	300	
DS-AT**FE1-01	2835 全彩	200	

表 2-23 恒光公司制造费用分配表

所属部门：生产车间　　　　　　2022 年 11 月

应借科目/项目	完工产品工时/小时	分配率	制造费用/元
DS-AS**WS2-01	400		9 392
DS-CS**WS2-01	450		10 566
DS-BT**WS2-01	650		15 262
DS-BT**FE1-01	300		7 044
DS-AT**FE1-01	200		4 696
合计	2 000	23.48	46 960

学习笔记

会计分录如下：

借：基本生产成本——DS－AS＊＊WS2－01   9 392

        ——DS－CS＊＊WS2－01   10 566

        ——DS－BT＊＊WS2－01   15 262

        ——DS－BT＊＊FE1－01   7 044

        ——DS－AT＊＊FE1－01   4 696

  贷：制造费用——生产车间   46 960

2. 生产工人工资比例法

生产工人工资比例法是指以各种产品的生产工人工资的比例分配制造费用的一种方法。其计算公式为：

$$制造费用分配率 = \frac{本期制造费用总额}{各种产品生产工人工资之和}$$

某产品应分配的制造费用 = 该产品生产工人工资 × 制造费用分配率

这种分配方法与生产工人工时比例法的原理基本相同。如果生产工人计时工作是按照生产工时比例分配，那么按照生产工人工资比例分配制造费用，实际上就是按生产工时比例分配制造费用。因此这种方法一般适用于机械化程度较低，且各种产品机械化水平大致相同的车间、部门。

3. 机器工时比例法

机器工时比例法是指按生产各种产品的实际机器工时的比例分配制造费用的一种方法。若某种产品消耗的实际机器工时多，则应多分配制造费用；反之，则应少分配制造费用。有关计算公式如下：

$$制造费用分配率 = \frac{本期制造费用总额}{当月该车间生产各种产品实际机器工时之和}$$

当月某种产品应分配的制造费用 = 当月该产品的实际机器工时 × 制造费用分配率

【同步思考与练习2.4.2】

华山制造厂第一基本生产车间用 A、B 两类设备生产甲、乙、丙三种产品。2022 年 3 月该车间制造费用总额为 600 000 元；三种产品本月机器总工时为 350 000 小时，其中甲产品 150 000 小时、乙产品 100 000 小时、丙产品 100 000 小时；本月 A 类设备运转 150 000 小时，其中甲产品占 50 000 小时、乙产品占 20 000 小时、丙产品占 80 000 小时；B 类产品设备运转 200 000 小时，其中甲产品占 100 000 小时、乙产品占 80 000 小时、丙产品占 20 000 小时。该车间 A 类设备工时系数定为 1，B 类设备工时系数定为 1.25。

根据题意，首先需要将 A、B 两种设备所用的时间按照系数变成统一标准的机器小时，可以将设备运转的时间乘以工时系数计算得出，比如 A 类设备甲产品的运转工时为 50 000 小时，则根据系数 1 转化为标准工时为 50 000 × 1 = 50 000（小时），B 类设备甲产品的运转工时为 100 000 小时，则根据系数 1.25 转变为标准工时为：100 000 × 1.25 = 125 000（小时）。

以此类推，由此编制的制造费用分配表如表 2－24 所示。

表 2 – 24　制造费用分配表

（机器工时分配法）

生产单位：第一基本生产车间　　　　2022 年 3 月

产品名称	A 类设备（标准机器工时）	B 类设备（工时换算系数 1.25）		标准机器工时合计	费用分配率	分配金额/元
		实际工时	标准工时			
甲产品	50 000	100 000	125 000	175 000		262 500
乙产品	20 000	80 000	100 000	120 000		180 000
丙产品	80 000	20 000	25 000	105 000		157 500
合计	150 000	200 000	250 000	400 000	1.5	600 000

会计分录如下：

借：基本生产成本——甲产品　　　　　　　　　　262 500

　　　　　　　　——乙产品　　　　　　　　　　180 000

　　　　　　　　——丙产品　　　　　　　　　　157 500

　　贷：制造费用——第一基本生产车间　　　　　　　　600 000

4. 计划分配率法

计划分配率法，是指按照年度制造费用预算额预计产量的定额标准，计算计划分配率分配制造费用的方法。各月按计划分配率计算分配的制造费用与实际归集的制造费用的差额，年末一次性按已分配数的比例进行调整。其计算公式如下：

$$制造费用计划分配率 = \frac{年度制造费用预算额}{年度各产品计划产量的定额标准之和}$$

某产品某月应分配制造费用 = 该产品该月实际产品定额标准 × 制造费用计划分配率

两个公式中的"定额标准"可以是生产工人定额工时、生产工人定额工资或机器定额工时。

$$年末差额分配率 = \frac{全年实际制造费用 - 全年按计划分配率分配制造费用}{全年各产品按计划分配率分配制造费用}$$

某产品应分配的差额 = 该产品全年按计划分配率分配制造费用 × 差额分配率

若差额结果为正数，即制造费用实际发生额大于计划分配额；应用蓝字补足分配额；若为负数，即制造费用实际发生额小于计划分配额，用红字冲减分配额。

对于季节性生产企业，由于每月产品的实际生产量悬殊，在分配制造费用时，如果采用前述一般的制造费用比例分配方法，就造成产量低的月份单位产品负担的制造费用比产量高的月份单位产品负担的制造费用要高得多，成本明显加大，为了均衡成本，应采用制造费用的特殊分配方法——计划分配率法。

【同步思考与练习2.4.3】

宏业制造实业有限公司为季节性生产企业，生产甲、乙、丙三种产品。2022

学习笔记

年度基本生产车间制造费用预算总额为 510 000 元，甲、乙、丙三种产品计划产量分别为 2 200 件、3 800 件、2 200 件，单位产品定额工时分别为 20 小时、10 小时、40 小时；12 月生产甲产品 400 件、乙产品 500 件、丙产品 300 件，实际发生制造费用 60 000 元；经查 11 月末"制造费用——基本生产车间"明细账本年借方累计发生额为 455 000 元，贷方累计发生额为 435 000 元，月末借方余额为 20 000 元。如何根据计划分配率法来计算 2022 年 12 月该公司制造费用的分配情况，并且编制制造费用明细表。

（1）计算出年度制造费用计划分配率：

计划制造费用分配率 = 510 000 ÷ (2 200 × 20 + 3 800 × 10 + 2 200 × 40) = 3

甲产品应分配的计划制造费用 = 400 × 20 × 3 = 24 000（元）

乙产品应分配的计划制造费用 = 500 × 10 × 3 = 15 000（元）

丙产品应分配的计划制造费用 = 300 × 40 × 3 = 36 000（元）

编制相应的会计分录如下：

借：基本生产成本——甲产品　　　　　　　　　24 000

　　　　　　　　——乙产品　　　　　　　　　15 000

　　　　　　　　——丙产品　　　　　　　　　36 000

　　贷：制造费用——基本生产车间　　　　　　　　　75 000

（2）计算该公司 12 月制造费用的实际数与计划数的差额：

制造费用差额 = 20 000 + 60 000 − 75 000 = 5 000（元）

（3）将差额分配到各个产品中，先计算出差额分配率：

差额分配率 = 5 000 ÷ (400 × 20 + 500 × 10 + 300 × 40) = 0.2

（4）根据差额分配率将差额分配给各个产品：

甲产品应分配的制造费用差额 = 400 × 20 × 0.2 = 1 600（元）

乙产品应分配的制造费用差额 = 500 × 10 × 0.2 = 1 000（元）

丙产品应分配的制造费用差额 = 300 × 40 × 0.2 = 2 400（元）

编制相应的会计分录如下：

借：基本生产成本——甲产品　　　　　　　　　1 600

　　　　　　　　——乙产品　　　　　　　　　1 000

　　　　　　　　——丙产品　　　　　　　　　2 400

　　贷：制造费用——基本生产车间　　　　　　　　　5 000

该公司 2022 年 12 月制造费用明细账如表 2-25 所示。

表 2-25　制造费用明细表

生产单位：基本生产车间　　　　　　　　2022 年 12 月　　　　　　　　　元

2022年		凭证字号	摘要	借方	贷方	余额
月	日					
12	1		上月结转累计发生额及余额	455 000	435 000	20 000
12	31		本月发生制造费用	60 000		80 000
12	31		本月按计划费用分配率分配制造费用		75 000	5 000

续表

2012 年		凭证 字号	摘要	借方	贷方	余额
月	日					
12	31		年末分配结转制造费用差额		5 000	0
12	31		本月发生额合计	60 000	80 000	
12	31		本年累计发生额	515 000	515 000	

企业导师说成本

　　很多企业将本月制造费用全部按投入工时或者机器工时分配，而实际情况是工人需求量大的系列产品所用的设备少，自动化程度高的系列产品应分配绝大部分的固定资产折旧费用。再比如螺旋式中央空调，各公司各部门都在用，但具体的分配依据不好找，生产管理部门的人员把绝大部分的精力都用在了新产品的催料、协调上，按投入工时分配制造费用明显不合理。由此可以看出，制造费用分配大有学问，包含了三个方面的内容：

　　（1）如何在直接归集上做到科学合理；

　　（2）如何保证公共费用分配合理；

　　（3）如何在业务环节加以区分。

任务五　生产费用分配方法的选择和使用

一、在产品概念

　　在产品是指没有完成全部生产过程，不能作为商品销售的产品。在产品有狭义和广义之分。狭义的在产品是只针对某一生产车间或生产步骤来说的，即在产品只包括本车间或本生产步骤正在加工中的那部分在产品，已完工的半成品不包括在内；广义的在产品是针对整个企业来说的，只要是没有完成整个生产过程，包括已经完成了若干生产步骤但仍需加工的半成品、正在返修过程中的废品、已完工但尚未入库的完工产品等都属于在产品。

企业导师说成本

　　在实际操作中，把哪些品类设置为在产品，哪些品类设置为半成品，不仅要考虑该步骤的产品是否可以对外出售，还要结合产品的生产工艺，考虑成本的构成情况和管理的需求程度。比如生产阀门，我们会把毛坯（锻造件）作为半成品一，把精加工件作为半成品二。这不仅是因为毛坯可以对外销售，别人可以买了这个毛坯继续加工，毛坯事实上已经涵盖了大量的成本，而且因为毛坯在工艺上与其他环节独立。这是作为半成品的基础。

学习笔记

二、分配方法

企业应当根据产品的生产特点——如在产品数量的多少、在产品各月变化的大小、各项费用在成本中所占的比重等，考虑到企业管理的要求与现实条件选择既合理又简便的分配方法。

如果某产品在本期全部完工，没有在产品，则计入该产品的全部生产费用，就是本期完工产品的总成本；如果某产品在本期全部没有完工，计入该产品的全部生产费用，就是月末在产品的成本；在实际工作中，更多的情况是既有完工产品，又有在产品，那么为了计算这种产品的成本，月初在产品成本、本月生产费用、本月完工产品成本和月末在产品成本之间的关系，可用下列公式表示：

月初在产品成本＋本月生产费用＝本月完工产品成本＋月末在产品成本

公式中，前面两项月初在产品成本、本月生产费用是已知的，等式后面两项本月完工产品成本、月末在产品成本是未知的，即需要将前面两项费用之和，在本月完工产品成本、月末在产品成本之间进行分配。分配方法一般有两种：一种是先确定月末在产品成本，然后从前两项费用之和中扣除，即得出本月这种完工产品成本；另一种是把前两项费用之和按一定比例在本月完工产品与月末在产品之间分配，同时计算出本月完工产品成本和月末在产品成本。

根据上面的公式原理，主要有在产品不计算成本法、在产品按年初（固定）成本计算法、在产品按完工产品成本计算法、在产品按所耗原材料费用计算法、在产品按定额成本计算法（简称定额成本法）、在产品按定额比例计算法（简称定额比例法）、在产品按约当产量计算法（简称约当产量比例法或约当产量法）等分配方法，本书介绍最常用的约当产量法、定额比例法和定额成本法。

（一）约当产量法

约当产量法是指按照完工产品产量与月末在产品约当产量的比例分配计算完工产品成本与月末在产品成本的方法。约当产量，指将月末结存的在产品数量按其投料程度或加工程度折算为相当于完工产品的数量，本月完工产品产量与月末在产品约当产量之和，称为约当总产量，简称约当产量。该方法适用范围较广，当月末在产品数量较大，各月月末在产品数量不稳定、变化较大，产品成本中各项费用占的比例相差不大的产品，不宜采用其他分配方法时，采用该方法尤为适合。采用约当产量法分配生产费用，需先计算约当产量。

在产品约当产量的计算如下：

由于月末在产品直接材料的投入与直接人工、制造费用的发生可能并不一致，所以，要分别计算用于分配直接材料、直接人工、制造费用等成本项目的在产品约当产量。

1. 分配直接材料成本项目的月末在产品约当产量计算

直接材料成本项目应根据月末在产品的投料程度计算约当产量，在产品约当产量的计算公式为：

直接材料成本项目在产品约当产量＝在产品数量×投料程度

投料程度可根据企业实际生产该产品的投料方式的不同情况计算确定。

（1）如果原材料在生产开始时一次投入，则月末在产品的单位原材料消耗与完工产品是相同的，即月末在产品的投料程度为100%，这时直接材料成本项目可按照完工产品产量与在产品数量的比例直接进行分配。

（2）如果原材料分工序投入，并在每道工序开始时投入，则投料程度的计算公式如下：

$$某道工序在产品的投料程度 = \frac{到本工序止在产品累计材料消耗定额}{完工产品材料消耗定额} \times 100\%$$

【同步思考与练习2.5.1】

某产品经过三道工序加工完成，原材料于每个工序一开始时投入。月末在产品数量及原材料消耗定额资料如表2-26所示。

表2-26　各工序在产品数量及原材料消耗定额资料

工序	月末在产品数量/件	单位产品原材料消耗定额/元
1	100	70
2	120	80
3	140	100
合计	360	250

计算各工序在产品的投料率及月末在产品直接材料成本项目的约当产量，如表2-27所示。

表2-27　各工序在产品投料程度与约当产量

工序	月末在产品数量/件	单位产品原材料消耗定额/元	投料程度	在产品约当产量/件
1	100	70	$70 \div 250 \times 100\% = 28\%$	28
2	120	80	$(70+80) \div 250 \times 100\% = 60\%$	72
3	140	100	$(70+80+100) \div 250 \times 100\% = 100\%$	140
合计	360	250		240

（3）如果原材料在生产过程中随加工进度陆续投入，计算月末在产品投料程度，与下述分配人工费用与制造费用时需计算的加工程度的计算方法相同。

2. 直接人工、制造费用等成本项目的月末在产品约当产量计算

这类成本项目根据月末在产品的加工程度计算约当产量，在产品约当产量的计算公式为：

直接人工、制造费用等成本项目在产品约当产量 = 在产品数量 × 加工程度

加工程度通常可按加工工时计算确定。

（1）如果企业生产进度比较均衡，月末在产品在各工序加工数量相差不多的情况下，后面各工序在产品多的加工程度可以抵补前面各工序在产品少的加工程度，为简化核算，月末在产品的加工程度可平均按50%计算。

学习笔记

（2）如果月末在产品各工序加工数量不均衡，则必须根据各工序在产品的累计工时定额占完工产品工时定额的比率，分别计算各工序在产品的加工程度。其计算公式如下：

某道工序在产品的加工程度 =（前面各道工序累计工时定额 + 本工序工时定额 × 50%）÷ 完工产品工时定额 × 100%

上述公式中，本工序工时定额均乘以 50%，是因为考虑到该工序中各件在产品的加工程度不同，但为了简化，按 50% 平均计算。对于从上一道工序转入下一道工序的在产品，因其上一道工序已加工完成，因此前面各道工序的工时定额均按 100 计算。

【同步思考与练习 2.5.2】

某产品需要经三道工序加工制成，其工时定额为 100 小时。月末各工序在产品数量及工时定额资料如表 2-28 所示。

表 2-28   各工序在产品数量及工时定额资料

工序	月末在产品数量/件	工时定额/小时
1	160	40
2	200	30
3	240	30
合计	600	100

各工序在产品加工程度及在产品约当产量计算如表 2-29 所示。

表 2-29   各工序在产品加工程度与约当产量

工序	月末在产品数量/件	工时定额/小时	加工程度	在产品约当产量/件
1	160	40	$40 \times 50\% / 100 \times 100\% = 20\%$	32
2	200	30	$(40 + 30 \times 50\%) / 100 \times 100\% = 55\%$	110
3	240	30	$(70 + 30 \times 50\%) / 100 \times 100\% = 85\%$	204
合计	600	100		346

3. 生产费用的分配

确定月末在产品约当产量后，就可以根据月末在产品约当产量与本月完工产品产量之和，即约当总产量，分配本月生产费用，并计算完工产品成本和在产品成本。其计算公式如下：

$$某成本项目费用分配率 = \frac{月初在产品成本 + 本月生产费用合计数}{本月完工产品产量 + 月末在产品约当产量}$$

月末在产品某成本项目费用 = 月末在产品约当产量 × 该项费用分配率

完工产品某成本项目费用 = 完工产品产量 × 该项费用分配率

【同步思考与练习 2.5.3】

某企业基本生产车间生产的丙产品,丙产品定额资料和月末在产品资料如表 2-30 所示,本月生产费用资料如表 2-31 所示。各工序内均按 50% 的投料和完工程度计算,原材料在生产时分工序在每道工序随生产进度陆续投入。本月完工 200 件,在产品 100 件,采用约当产量法分配费用。

表 2-30 丙产品定额资料和月末在产品资料

工序	月末在产品数量/件	材料定额/元	工时定额/小时
1	40	8	8
2	40	8	16
3	20	4	16
合计	100	20	40

表 2-31 生产费用资料 元

成本项目	直接材料	直接人工	制造费用
月初在产品成本	5 000	1 080	2 060
本月生产费用	11 000	6 000	6 200

根据上述资料,计算约当产量,如表 2-32 所示。

表 2-32 计算约当产量

工序	月末在产品量/件	材料定额/元	在产品投料程度		在产品加工程度	
			各工序在产品投料程度	在产品约当产量/件	工时定额/小时	各工序在产品加工程度	在产品约当产量/件
1	40	8	$8 \times 50\% \div 20 = 20\%$	8	8	$8 \times 50\% \div 40 = 10\%$	4
2	40	8	$(8 + 8 \times 50\%) \div 20 = 60\%$	24	16	$(8 + 16 \times 50\%) \div 40 = 40\%$	16
3	20	4	$(8 + 8 + 4 \times 50\%) \div 20 = 90\%$	18	16	$(8 + 16 + 16 \times 50\%) \div 40 = 80\%$	16
合计	100	20		50	40		36

计算各成本项目费用分配率:

原材料费用分配率 $= 16\,000 \div (200 + 50) = 64$

工资及福利费分配率 $= 7\,080 \div (200 + 36) = 30$

制造费用分配率 $= 8\,260 \div (200 + 36) = 35$

分配各项成本费用,如表 2-33 所示。

表 2-33　产品成本计算单

产品名称：丙产品　　2022 年 11 月

产成品：200 件
在产品：100 件　　　　元

成本项目	直接材料	直接人工	制造费用	合计
月初在产品成本	5 000	1 080	2 060	8 140
本月发生费用	11 000	6 000	6 200	23 200
生产费用合计	16 000	7 080	8 260	31 340
约当产量合计	250	236	236	
单位产品成本	64	30	35	129
完工产品总成本	12 800	6 000	7 000	25 800
月末在产品成本	3 200	1 080	1 260	5 540

（二）定额成本法

如果企业定额管理基础较好，各项消耗定额或费用定额比较准确、稳定，则企业会采用定额成本法或定额比例法来分配完工产品和月末在产品之间的费用。两者的区别在于各月月末在产品数量是否稳定，如果较稳定，那么采用定额成本法；反之，采用定额比例法。在定额成本法下，先按照月末在产品数量、投料程度、加工程度和单位产品定额确定月末在产品成本，然后将本月全部生产费用减去在产品定额成本，计算出完工产品成本，因此生产费用脱离定额的差异则全部由完工产品承担。其计算公式为：

在产品材料定额成本 = 在产品数量 × 在产品单位材料定额成本
　　　　　　　　　 = 在产品数量 × 投料程度 × 单位材料消耗定额 ×
　　　　　　　　　　　材料计划单价
在产品人工定额成本 = 月末在产品定额工时 × 单位工时定额工资率
　　　　　　　　　 = 在产品数量 × 加工程度 × 单位工时定额 ×
　　　　　　　　　　　单位工时定额工资率
在产品制造费用定额成本 = 月末在产品定额工时 × 单位工时定额费用率
　　　　　　　　　　　 = 在产品数量 × 加工程度 × 单位工时定额 ×
　　　　　　　　　　　　单位工时定额费用率
在产品定额成本 = 在产品材料定额成本 + 在产品人工定额成本 +
　　　　　　　　 在产品制造费用定额成本
完工产品成本 = 月初在产品定额成本 + 本月生产费用 −
　　　　　　　 月末在产品定额成本

【同步思考与练习2.5.4】

某企业生产 E 产品，月初在产品成本为 23 030 元，其中直接材料 12 960 元，直接人工 5 750 元，制造费用 4 320 元。本月发生生产费用为 123 470 元，其中直接材料 68 040 元，直接人工 35 250 元，制造费用 20 180 元。本月已完工入库 E 产品700件，月末在产品200件。月末在产品定额工时为400小时，该产品所耗原材料在生产开始时一次投入。该产品直接材料费用定额为87元，每定额工时的直接人工费用为12.8元，每定额工时的制造费用为7.5元。产品成本计算单如表2-34所示。

表2-34 产品成本计算单

产品名称：E产品　　　　　　2022年3月　产量：700件　　　　　　　　　　元

成本项目	直接材料	直接人工	制造费用	合计
月初在产品成本（定额成本）	12 960	5 750	4 320	23 030
本月生产费用	68 040	35 250	20 180	123 470
生产费用合计	81 000	41 000	24 500	146 500
产品单位成本定额	87	12.8	7.5	
月末在产品数量	200 件	400 小时	400 小时	
结转完工产品成本	63 600	35 880	21 500	120 980
月末在产品成本（定额成本）	17 400	5 120	3 000	25 520

根据计算结果，编制结转完工入库E产品成本的会计分录如下：

　　借：库存商品——E产品　　　　　　　　　　　　　120 980
　　　　贷：基本生产成本——E产品　　　　　　　　　　　　　120 980

定额成本法
（微课）

（三）定额比例法

如果各月月末结存在产品数量变化较大的产品，虽然单位在产品脱离定额的差异不大，但是月初在产品脱离定额的差异总额与月末在产品脱离定额的差异总额之间的差额会较大，将这个差额全部由完工产品成本负担，就会影响完工产品成本的准确性，这时可以采用定额比例法。

定额比例法，是指根据完工产品与月末在产品的定额耗用量（或定额成本）的比例来分配生产费用，以确定完工产品与月末在产品成本的方法。由于直接材料与直接人工、制造费用的定额耗用量（或定额成本）标准不同，所以，需按成本项目分别计算分配。

对于直接材料项目，如果产品只耗用一种材料，可按直接材料的定额耗用量或定额成本比例进行分配，但如果产品耗用的直接材料不止一种，由于各种材料的单位成本不可能完全相同，所以应该按照不同产品直接材料的定额成本比例进行分配。

对于直接人工、制造费用等成本项目，按定额消耗量（即定额工时）与按定额成本（即定额费用）比例进行分配的结果是一样的，而由于定额耗用量（定额工时）资料容易取得且方便，所以一般均按定额工时比例进行分配。

各成本项目费用分配率和分配额的计算公式如下：

材料费用定额耗用量（成本）分配率＝（月初在产品实际材料费用＋本月实际发生材料费用）÷[完工产品材料定额耗用量（成本）＋月末在产品材料定额耗用量（成本）]

人工或制造费用定额耗用量（成本）分配率 =（月初在产品实际人工或制造费用 + 本月实际发生人工或制造费用）÷［完工产品定额工时（成本）+ 月末在产品定额工时（成本）］

完工产品某成本项目实际成本 = 完工产品该成本项目定额耗用量（成本）× 该成本项目定额耗用量（成本）分配率

月末在产品某成本项目实际成本 = 月末在产品该成本项目定额消耗量（成本）× 该成本项目定额耗用量（成本）分配率

【同步思考与练习 2.5.5】

2022 年 3 月，新源公司新招进来的成本会计卢芳，上任三个月后发现新源公司成本在完工产品和在产品分配时采用的是月末在产品按定额成本法，可是由于企业主要是采取订单式加工产品，所以各月末在产品数量变动较大，因此她决定改为定额比例法。2022 年 3 月生产完工乙产品 600 件，月末在产品 100 件，在产品加工程度为 80%。乙产品所耗用原材料为生产开始时一次投入，单位产品直接材料定额成本为 200 元，单位产品工时耗用定额为 15 小时。3 月初在产品实际成本和本月生产费用如表 2-35 所示。

表 2-35　乙产品 3 月初在产品实际成本和本月生产费用　　　　　　　元

成本项目	直接材料	直接人工	制造费用	合计
月初在产品成本	36 160	4 100	6 480	46 740
本月生产费用	117 840	18 340	28 200	164 380

根据以上资料，计算各成本项目分配率：

直接材料分配率 =（36 160 + 117 840）÷（600 × 200 + 100 × 200）= 1.1

直接人工分配率 =（4 100 + 18 340）÷（600 × 15 + 100 × 80% × 15）

= 2.2

制造费用分配率 =（6 480 + 28 200）÷（600 × 15 + 100 × 80% × 15）

= 3.4

分配各项成本费用，如表 2-36 所示。

表 2-36　产品成本计算单

产成品：600 件

产品名称：乙产品　　　　　　　　2022 年 3 月　　　　　　在产品：100 件　　　　元

成本项目	直接材料	直接人工	制造费用	合计
月初在产品成本	36 160	4 100	6 480	46 740
本月发生费用	117 840	18 340	28 200	164 380
生产费用合计	154 000	22 440	34 680	211 120

续表

成本项目	直接材料	直接人工	制造费用	合计
完工产品定额	120 000	9 000	9 000	
月末在产品定额	20 000	1 200	1 200	
分配率	1.1	2.2	3.4	
完工产品成本	132 000	19 800	30 600	182 400
月末在产品成本	22 000	2 640	4 080	28 720

学习笔记

定额比例法
（微课）

任务六　掌握品种法的运用

【同步思考与练习2.6.1】

根据本项目引导案例给出的安鑫保温公司的基本情况，作为品种法的典型案例，结合相关财务资料完成该公司的成本核算工作。

一、设置产品成本计算单

该企业应按照产品品种设置 GD01 保温瓶内胆成本计算单和 GD02 保温瓶内胆成本计算单如表 2-37 和表 2-38 所示，在计算单中按成本项目设置专栏，并根据两种产品的上月月末在产品成本情况，登记月初在产品成本。

表 2-37　GD01 产品成本计算单

2022 年 11 月　　　　　完工：10 000 件　　　　元

摘要		直接材料	燃料及动力	直接人工	制造费用	合计
月初在产品						
分配材料费用						
分配职工薪酬						
分配动力费用						
分配制造费用						
月计						
累计						
费用分配率						
完工产品	定额					
	实际成本					
月末在产品	定额					
	实际成本					

学习笔记

表 2-38　GD02 产品成本计算单

2022 年 11 月　　　　　完工：28 000 件　　　　元

摘要	直接材料	燃料及动力	直接工资	制造费用	合计
月初在产品					
分配材料费用					
分配职工薪酬					
分配动力费用					
分配制造费用					
月计					
累计					
完工产品成本					
月末在产品成本					

二、归集和分配各项要素费用

根据该企业 2022 年 11 月发生的各项要素费用，编制各要素费用分配表，并按照要素费用分配原则，分别计入所设置的 GD01 产品成本计算单、GD02 产品成本计算单、辅助生产成本明细账——动力车间、辅助生产成本明细账——机修车间和制造费用明细账中，并汇总计入有关的总账科目。

（1）根据领料单和领料登记表等领料凭证，按其用途编制材料费用分配表，如表 2-39 所示。

表 2-39　材料费用分配表

2022 年 11 月　　　　　　　　　　　　　　　　元

分配对象		原料及主要材料		辅助材料		合计		实际成本
		计划成本	差异 2%	计划成本	差异 -1%	计划成本	差异	
基本生产车间	GD01	200 000	4 000	10 000	-100	210 000	3 900	213 900
	GD02	300 000	6 000	60 000	-600	360 000	5 400	365 400
	小计	500 000	10 000	70 000	-700	570 000	9 300	579 300
	一般消耗	80 000	1 600	5 000	-50	85 000	1 550	86 550
辅助生产利用	动力车间	50 000	1 000	2 000	-20	52 000	980	52 980
	机修车间	30 000	600	4 000	-40	34 000	560	34 560
	小计	80 000	1 600	6 000	-60	86 000	1 540	87 540
合计		660 000	13 200	81 000	-810	741 000	12 390	753 390

根据材料费用分配表，编制会计分录如下：

借：基本生产成本——GD01　　　　　　　　　　　　　　213 900

　　基本生产成本——GD02　　　　　　　　　　　　　　365 400

　　辅助生产成本——动力车间　　　　　　　　　　　　　52 980

　　辅助生产成本——机修车间　　　　　　　　　34 560
　　制造费用　　　　　　　　　　　　　　　　　86 550
　　　贷：原材料——原料及主要材料　　　　　　　　　660 000
　　　　　原材料——辅助材料　　　　　　　　　　　81 000
　　　　　材料成本差异　　　　　　　　　　　　　　12 390

　　（2）根据各车间、部门工资计算的原始凭证，编制工资费用分配表，如表2-40所示。其中生产工人工资按GD01、GD02的实际工时比例分配。

表 2-40　工资费用分配表
2022 年 11 月

分配对象		工资			合计/元
		生产工时/小时	分配率	分配金额/元	
基本生产车间	GD01 产品	5 600		159 600	159 600
	GD02 产品	3 000		85 500	85 500
	小计	8 600	28.5	245 100	245 100
	管理人员			38 760	38 760
辅助生产车间	动力车间			36 480	36 480
	机修车间			28 500	28 500
	小计			64 980	64 980
合计				348 840	348 840

　　根据工资费用分配表，编制会计分录如下：
　　借：基本生产成本——GD01　　　　　　　　　　159 600
　　　　基本生产成本——GD02　　　　　　　　　　85 500
　　　　辅助生产成本——动力车间　　　　　　　　36 480
　　　　辅助生产成本——机修车间　　　　　　　　28 500
　　　　制造费用　　　　　　　　　　　　　　　　38 760
　　　　　贷：应付职工薪酬——应付工资　　　　　　　　348 840

　　（3）根据各车间、部门10月固定资产折旧额和10月增加、减少的固定资产折旧额，编制固定资产折旧计算表，如表2-41所示。

表 2-41　固定资产折旧计算表
2022 年 11 月　　　　　　　　　　　　　　元

分配对象		10 月固定资产折旧额	10 月增加的固定资产折旧额	10 月减少的固定资产折旧额	本月折旧额
基本生产车间		65 000	5 000	2 200	67 800
辅助生产车间	动力车间	15 000	3 000	800	17 200
	机修车间	18 000	1 000	1 600	17 400
	小计	33 000	4 000	2 400	34 600
合计		98 000	9 000	4 600	102 400

根据固定资产折旧计算表，编制会计分录如下：

借：辅助生产成本——动力车间   17 200

辅助生产成本——机修车间   17 400

制造费用   67 800

贷：累计折旧   102 400

（4）根据各车间、部门本月发生的其他费用，汇总编制其他费用分配明细表，如表 2-42 所示。

表 2-42   其他费用分配明细表

2022 年 11 月   元

分配对象		办公费	水费	差旅费	劳动保护费	其他支出	合计
基本生产车间		20 000	26 000	18 000	36 000	10 000	110 000
辅助生产车间	动力车间	12 000	22 000	8 000	19 000	6 000	67 000
	机修车间	15 000	41 000	9 000	13 000	13 000	91 000
	小计	27 000	63 000	17 000	32 000	19 000	158 000
合计		47 000	89 000	35 000	68 000	29 000	268 000

根据其他费用分配明细表，编制会计分录如下（假定其他费用均以银行存款支付）：

借：辅助生产成本——动力车间   67 000

辅助生产成本——机修车间   91 000

制造费用   110 000

贷：银行存款   268 000

（5）根据长期待摊费用明细账，编制长期待摊费用分配表，如表 2-43 所示。

表 2-43   长期待摊费用分配表

2022 年 11 月   元

分配对象		租入固定资产改良支出	租赁费	经营租入房屋装修支出	合计
基本生产车间		25 000	30 000	24 750	79 750
辅助生产车间	动力车间	8 000		6 000	14 000
	机修车间	29 000		9 000	38 000
	小计	37 000		15 000	52 000
合计		62 000	30 000	36 750	128 750

根据长期待摊费用分配表，编制会计分录如下：

借：制造费用   79 750

辅助生产成本——动力车间   14 000

辅助生产成本——机修车间   38 000

贷：长期待摊费用   128 750

三、分配辅助生产费用

月末，应将辅助生产成本明细账（见表 2-44 和表 2-45）中归集的费用采用适当的方法进行分配，本例采用直接分配法分配辅助生产费用，动力车间和机修车间提供的劳务量直接列示在辅助生产费用分配表中。编制的辅助生产费用分配表如表 2-46 所示。

表 2-44　辅助生产成本明细账（动力车间）

2022 年 11 月　　　　　　　　　　　元

摘要	材料费用	职工薪酬	折旧费	其他费用	合计
分配材料费用	52 980				52 980
分配职工薪酬		36 480			36 480
分配折旧费			17 200		17 200
分配其他费用				67 000	67 000
分配长期待摊费用				8 000	8 000
分配长期待摊费用				6 000	6 000
月计	52 980	36 480	17 200	81 000	187 660
本月转出	52 980	36 480	17 200	81 000	187 660

表 2-45　辅助生产成本明细账（机修车间）

2022 年 11 月　　　　　　　　　　　元

摘要	材料费用	职工薪酬	折旧费	其他费用	合计
分配材料费用	34 560				34 560
分配职工薪酬		28 500			28 500
分配折旧费			17 400		17 400
分配其他费用				91 000	91 000
分配长期待摊费用				29 000	29 000
分配长期待摊费用				9 000	9 000
月计	34 560	28 500	17 400	129 000	209 460
本月转出	34 560	28 500	17 400	129 000	209 460

表 2-46　辅助生产费用分配表

2022 年 11 月

辅助生产车间	分配数量/件	分配率/%	分配费用/元	分配对象					
				基本生产成本		制造费用		管理费用	
				数量/件	金额/元	数量/件	金额/元	数量/件	金额/元
动力车间	93 830	2	187 660	69 500	139 000	5 810	11 620	18 520	37 040
机修车间	3 491	60	209 460	2 700	162 000	420	25 200	371	22 260
合计	—	—	397 120	—	301 000	—	36 820	—	59 300

分配给基本生产成本的辅助生产费用，还应在 GD01 和 GD02 之间采用适当的方法（本例采用工时比例法）进行分配，编制动力费用分配表，如表 2-47 所示。

表 2-47   动力费用分配表

2022 年 11 月

分配对象	分配标准（实际工时）/小时	分配率	分配金额/元
GD01	56 000		196 000
GD02	30 000		105 000
合计	86 000	3.5	301 000

根据辅助生产费用分配表和动力费用分配表，编制会计分录如下：

借：基本生产成本——GD01   196 000
　　基本生产成本——GD02   105 000
　　制造费用   36 820
　　管理费用   59 300
　　贷：辅助生产成本——动力车间   187 660
　　　　辅助生产成本——机修车间   209 460

四、分配基本生产车间的制造费用

月末，将归集在制造费用明细账（见表 2-48）中的制造费用进行汇总，按照实际工时比例在甲产品和乙产品之间进行分配，编制制造费用分配表，如表 2-49 所示。

表 2-48   制造费用明细账（基本生产车间）

2022 年 11 月   元

摘要	材料费用	职工薪酬	折旧费	办公费	水费	动力费用	其他	合计
分配材料费用	86 550							86 550
分配职工薪酬		38 760						38 760
分配折旧费			67 800					67 800
分配其他费用				20 000	26 000		64 000	110 000
分配长期待摊费用							55 000	55 000
分配长期待摊费用							24 750	24 750
分配辅助生产费用						36 820		36 820
月计	86 550	38 760	67 800	20 000	26 000	36 820	143 750	419 680
本月转出	86 550	38 760	67 800	20 000	26 000	36 820	143 750	419 680

表 2-49   制造费用分配表

2022 年 11 月

分配对象	分配标准（实际工时）/小时	分配率	分配金额/元
GD01	56 000		273 280
GD02	30 000		146 400
合计	86 000	4.88	419 680

根据制造费用分配表，编制会计分录如下：

借：基本生产成本——GD01　　　　　　　　　　　　　273 280
　　基本生产成本——GD02　　　　　　　　　　　　　146 400
　　贷：制造费用　　　　　　　　　　　　　　　　　　　　　419 680

五、归集基本生产成本明细账和产品成本计算单，计算完工产品成本和月末在产品成本

（一）计算 GD01 成本

本例 GD01 的材料是在第一道工序开始时一次投入的，各工序在产品完工程度均为 50%，采用定额比例法在完工产品和在产品之间分配生产费用。根据 GD01 产品材料和工时定额，以及月末在产品和完工产品的数量，编制 GD01 定额消耗量计算表，如表 2 – 50 所示。

表 2 – 50　GD01 定额消耗量计算表
2022 年 11 月

项目	工序	数量/件	材料定额消耗量/千克		工时定额消耗量/小时	
			单件	总量	单件累计	总量
月末在产品	1	2 000	35		12	12 000
	2	7 000			25	129 500
	3	5 000			31	140 000①
	合计	14 000	35	490 000		281 500
完工产品		10 000		350 000		310 000

注：①14 000 = 5 000 × 25 + 5 000 × (31 – 25) × 50%。

根据 GD01 定额消耗量计算表提供的定额消耗量，可以计算 GD01 产品的完工产品成本和月末在产品成本，计算结果如表 2 – 51 所示。

表 2 – 51　GD01 产品成本计算单　　　　　　　　　　元
2022 年 11 月　　　　　　　　　　完工：10 000 件

摘要	直接材料	燃料及动力	直接工资	制造费用	合计
月初在产品	185 940	147 070	88 830	105 280	527 120
分配材料费用	213 900				213 900
分配职工薪酬			159 600		159 600
分配动力费用		196 000			196 000
分配制造费用				273 280	273 280
月计	213 900	196 000	159 600	273 280	842 780
累计	399 840	343 070	248 430	378 560	1 369 900
费用分配率	4.76	5.8	4.2	6.4	—

续表

摘要		直接材料	燃料及动力	直接工资	制造费用	合计
完工产品	定额	350 000	310 000	310 000	310 000	—
	实际成本	166 600	179 800	130 200	198 400	675 000
月末在产品	定额	490 000	281 500	281 500	281 500	—
	实际成本	233 240	163 270	118 230	180 160	694 900

（二）计算 GD02 产品成本

由于 GD02 产品各月在产品数量变化不大，为简化核算，GD02 产品的在产品成本按年初数固定计算，GD02 产品本月发生的生产费用，即为本月完工 GD02 产品 28 000 件的总成本，除以数量，即为 GD02 产品的单位成本。计算结果如表 2 - 52 所示。

表 2 - 52　GD02 产品成本计算单

元

2022 年 11 月　　　　　　　　　　　完工：28 000 件

摘要	直接材料	燃料及动力	直接工资	制造费用	合计
月初在产品	50 000	12 000	26 000	16 000	104 000
分配材料费用	365 400				365 400
分配职工薪酬			85 500		85 500
分配动力费用		105 000			105 000
分配制造费用				146 400	146 400
月计	365 400	105 000	85 500	146 400	702 300
累计	415 400	117 000	111 500	162 400	806 300
完工产品成本	365 400	105 000	85 500	146 400	702 300
月末在产品成本	50 000	12 000	26 000	16 000	104 000

六、汇总编制完工产品成本汇总表

根据 GD01、GD02 产品成本计算单中的完工产品成本，汇总编制完工产品成本汇总表，如表 2 - 53 所示。

表 2 - 53　完工产品成本汇总表

2022 年 11 月

元

产品名称		单位	产量	直接材料	燃料及动力	直接工资	制造费用	合计
GD01	总成本	件	10 000	166 600	179 800	130 200	198 400	67 500
	单位成本			16.66	17.98	13.02	19.84	67.5

续表

产品名称		单位	产量	直接材料	燃料及动力	直接工资	制造费用	合计
GD02	总成本	件	28 000	365 400	105 000	85 500	146 400	702 300
	单位成本			13.05	3.75	3.05	5.23	25.08
总成本合计				532 000	284 800	215 700	344 800	1 377 300

根据完工产品成本汇总表，将完工产品成本从基本生产成本明细账中转出，编制会计分录如下：

借：库存商品——GD01　　　　　　　　　　　　　675 000
　　库存商品——GD02　　　　　　　　　　　　　702 300
　　贷：基本生产成本——GD01　　　　　　　　　675 000
　　　　基本生产成本——GD02　　　　　　　　　702 300

企业导师说成本

　　牛肉干厂通常生产多种口味的牛肉干，比如原味、五香味、辣味等，不同味道的牛肉干需要用不同的配方（卤汁）调制，因此，牛肉干厂按照品种法来核算，通常就会按照味道把产品分成不同的类型。

　　虽然牛肉是按照批次生产的（事实上，也只能按照批次生产，因为食品需要生产日期和保质期），但是，管理上，基本不需要每个批次的成本，因此，通常牛肉干厂按照品种法计算成本。

任务七　掌握涉及废品的品种法运用

　　以上所述的产品生产成本核算中没有涉及废品，但是实际工作中，废品是时常出现的，由于一些不可控的因素，废品在短期内是不可避免的。企业一般会设置一个正常废品率，完工合格产品数量乘以正常废品率等于正常废品数量，当期总废品数量减去计算的正常废品数量后如果是正数，则为非正常废品数量。如果减去后是负数，则此期间没有生产非正常废品。正常废品的成本由完工的合格产品承担。

　　废品一般是在检测时发现的，在完整的生产线上，往往会在一个或几个不同工序上设置监测台。

【同步思考与练习2.7.1】

　　仍以项目引导案例为例，如果安鑫保温公司规定正常废品率为1%，11月末GD01完工产品10 000件，产生废品50件，假设废品的完工率为40%，其他资料不变，如表2-54所示。

正常废品量 = (10 000 - 50) × 1% = 99.5（件）

实际产生的废品为 50 件，因此都属于正常废品，而不是非正常废品。

表 2 - 54　GD01 定额消耗量计算表

2022 年 11 月

项目	工序	数量/件	材料定额消耗量/千克		工时定额消耗量/小时	
			单件	总量	单件累计	总量
月末在产品	1	2 000	35		12	12 000
	2	7 000			25	129 500
	3	5 000			31	140 000
	合计	14 000	35	490 000		281 500
完工产品		10 000		350 000		310 000
正常废品		50	35	1 750		620[①]

注：①620 = 50 × 40% × 31。

根据 GD01 定额消耗量计算表提供的定额消耗量，可以计算 GD01 产品的完工产品成本和月末在产品成本，计算结果如表 2 - 55 所示。

表 2 - 55　GD01 产品成本计算单　　　　　　　元

2022 年 11 月　　　　　　　完工：10 000 件

摘要		直接材料	燃料及动力	直接工资	制造费用	合计
月初在产品		185 940	147 070	88 830	105 280	527 120
分配材料费用		213 900				213 900
分配职工薪酬				159 600		159 600
分配动力费用			196 000			196 000
分配制造费用					273 280	273 280
月 计		213 900	196 000	159 600	273 280	842 780
累 计		399 840	343 070	248 430	378 560	1 369 900
费用分配率		0.475	0.579 4	0.419 6	0.639 3	—
完工产品	定额	350 000	310 000	310 000	310 000	
	实际成本	166 250	179 614	130 076	198 183	674 123
月末在产品	定额	490 000	281 500	281 500	281 500	
	实际成本	232 750	163 101.1	118 117.4	179 962.95	693 931.45
正常废品	定额	1 750	620	620	620	
	实际成本	840	354.9	236.6	414.05	1 845.55

完工产品总成本 = 674 123 + 1 845.55 = 675 968.55 （元）

完工产品单位成本 = 675 968.55 ÷ 10 000 = 67.60 （元）

项目总结

本项目主要围绕品种法的核算流程，介绍了流程中的直接材料费用、直接人工费用和外购动力费用等要素费用，以及辅助生产费用和制造费用如何分配计入产品成本，介绍了生产费用在完工产品和在产品之间如何分配。

材料费用核算首先介绍了企业记录材料费用所选用的工具 BOM 表格，然后根据发出材料的具体用途，遵循合理、简便的原则，将材料费用按材料定额消耗量比例分配计入各种产品成本和各种经营费用中。

人工费用的内涵和组成是前提，尤其需要掌握当准则发生变动后职工薪酬的内涵所发生的变化。人工费用的核算主要介绍计时工资和计件工资的计算，以及如何按生产工时、系数等方法将人工费用分配计入各种成品成本。

动力费用是指外购及自制电力、热力等费用，在有计量仪器的情况下，直接根据仪器所显示的耗用数量和单价计算；在没有计量仪器的情况下，要按照一定的标准在各种产品之间进行分配。

辅助生产费用的归集是为辅助生产费用的分配做准备，辅助生产费用的分配是指按照一定的标准和方法，将辅助生产费用分配到各受益单位或产品上去的过程。主要有直接分配法、交互分配法、代数分配法和计划成本分配法等，各种分配方法的选择及计算的准确性会影响基本生产产品成本、经营管理费用以及经营管理核算的准确性。因此辅助生产费用的分配是辅助生产成本核算的重点。

制造费用发生时，计入"制造费用"账户的借方，进行分配结转时，计入本账户的贷方，本账户月末一般无余额。制造费用分配的方法一般有生产工人工时比例法、生产工人工资比例法、机器工时比例法和计划分配率法。

生产费用在完工产品与月末在产品之间的分配方法主要有在产品不计算成本法、在产品按年初（固定）成本计算法、在产品按完工产品成本计算法、在产品按所耗原材料费用计算法、在产品按定额成本计算法（简称定额成本法）、定额比例法、约当产量法等分配方法。在使用特定的分配方法时，要注意各种方法所适用的条件。较为普遍使用的是约当产量法，使用时要注意约当产量法下的投料程度和完工程度的计算。

品种法的实质就是将上述各种费用的归集和分配按照流程顺序完成，是最典型的方法。

思考与练习

一、单选题

1. 下列各项中，属于直接生产费用的是（　　）。

A. 机物料消耗　　　　　　　　　B. 辅助工人工资

C. 车间厂房折旧费用　　　　　　D. 机器设备部费用

2. 计入产品成本的各种工资，按其用途不可能借记（　　）。

A. "生产成本——基本生产成本"　　B. "制造费用"

C. "生产成本——辅助生产成本" D. "管理费用"

3. 某职工 10 月请病假 3 日，事假 2 日，出勤 17 日，星期双休 9 日。若日工资率按 30 天计算，按出勤日数计算月工资，则该职工应得出勤工资按（　　）天计算。

A. 17 　　　　B. 20 　　　　C. 23 　　　　D. 26

4. 核算每个职工的应得计件工资，主要依据（　　）的记录。

A. 工资卡片 　　B. 考勤记录 　　C. 产量记录 　　D. 工资单

5. 某工人本月加工完成的甲产品数量为 100 件，其中合格品为 95 件，料废产品为 2 件，由本人过失造成的工废产品为 3 件。计件单价为 10 元/件。据此计算的该工人本月计件工资为（　　）元。

A. 950 　　　　B. 970 　　　　C. 980 　　　　D. 1 000

6. 甲、乙两种产品共同耗费的燃料费用为 6 000 元，按燃料定额消耗量比例分配。甲、乙产品的定额消耗量分别为 200 千克和 300 千克。据此计算的燃料费用分配率为（　　）。

A. 12 　　　　B. 20 　　　　C. 30 　　　　D. 60

7. 企业为生产产品发生的原料及主要材料的耗费，应通过（　　）账户核算。

A. "基本生产成本" 　　　　　　　　B. "辅助生产成本"

C. "管理费用" 　　　　　　　　　　D. "制造费用"

8. 用来核算企业为生产产品和提供劳务而发生的各项间接费用的账户是（　　）。

A. "基本生产成本" 　　　　　　　　B. "制造费用"

C. "管理费用" 　　　　　　　　　　D. "财务费用"

9. "基本生产成本"账户月末借方余额表示（　　）。

A. 本期发生的生产费用 　　　　　　B. 完工产品成本

C. 月末在产品成本 　　　　　　　　D. 累计发生的生产费用

10. 下列各项中，属于直接生产费用的是（　　）。

A. 生产车间厂房的折旧费

B. 产品生产专用设备的折旧费

C. 企业行政管理部门固定资产的折旧费

D. 生产车间的办公费

11. 基本生产车间本期应负担照明电费 1 500 元，应计入（　　）账户。

A. "基本生产成本——燃料动力" 　　B. "制造费用——水电费"

C. "辅助生产成本——水电费" 　　　D. "管理费用——水电费"

12. 在企业生产产品成本中，"直接人工"项目不包括（　　）。

A. 直接参加生产的工人的工资

B. 按生产工人工资计提的福利费

C. 直接参加生产的工人的计件工资

D. 企业行政管理人员工资

13. 辅助生产费用交互分配法中的第一步分配是在（　　）之间进行分配的。

A. 各受益单位　　　　　　　　　　B. 辅助生产车间以外的受益单位

C. 各受益的基本生产车间　　　　　D. 各受益的辅助生产车间

14. 辅助生产费用直接分配法的特点是将归集的辅助生产费用直接（　　）。

A. 计入辅助生产成本

B. 分配给所有受益对象

C. 分配给其他辅助车间

D. 分配给辅助车间以外的其他受益对象

15. 直接分配法是在（　　）之间进行分配。

A. 各受益辅助车间　　　　　　　　B. 各受益外部单位

C. 全部受益单位　　　　　　　　　D. 以上均不对

16. 下列辅助分配方法中，分配结果最准确的方法是（　　）。

A. 直接分配法　　　　　　　　　　B. 交互分配法

C. 代数分配法　　　　　　　　　　D. 计划成本分配法

17. 按计划成本分配法分配辅助生产成本，辅助生产的实际成本是（　　）。

A. 按计划成本分配前的实际费用

B. 按计划成本分配前的实际费用加上按计划成本分配转入的费用

C. 按计划成本分配前的实际费用减去按计划成本分配转出的费用

D. 按计划成本分配前的实际费用加上按计划成本分配转入的费用，减去按计划成本分配转出的费用

18. "辅助生产成本"账户月末（　　）。

A. 一定没有余额　　　　　　　　　B. 如果有余额，余额一定在借方

C. 如果有余额，余额一定在贷方　　D. 可能有借方余额或贷方余额

19. 辅助生产费用采用交互分配法，对外分配的费用总额是（　　）。

A. 交互分配前的费用

B. 交互分配前的费用加上交互分配转入的费用

C. 交互分配前的费用减去交互分配转出的费用

D. 交互分配前的费用加上交互分配转入的费用，减去交互分配转出的费用

20. 某工业企业下设供水、供电两个辅助生产车间，采用直接分配法进行辅助生产费用分配。2021 年 4 月，供水车间交互分配前实际发生的生产费用为 90 000 元，应负担供电车间的电费为 27 000 元；供水总量为 500 000 吨（其中：供电车间耗用 50 000 吨，基本生产车间耗用 350 000 吨，行政管理部门耗用 100 000 吨）。供水车间 2021 年 4 月对辅助生产车间以外的受益单位分配水费的总成本为（　　）元。

A. 108 000　　　　B. 117 000　　　　C. 105 300　　　　D. 90 000

21. 在各辅助生产车间相互提供劳务很少的情况下，适宜采用的辅助生产费用分配方法是（　　）。

A. 直接分配法　　　　　　　　　　B. 交互分配法

C. 计划成本分配法　　　　　　　　D. 代数分配法

学习笔记

22. 制造费用的下列分配法中，特别适用于季节性生产企业的是（　　）。

A. 生产工人工时比例法　　　　　　B. 生产工人工资比例法

C. 机器工时比例法　　　　　　　　D. 计划分配率法

23. 在单独核算废品损失的企业，如果月末既有在产品又有完工产品，其发生的废品损失一般（　　）。

A. 直接作为期间费用

B. 全部由月末在产品负担

C. 全部由完工产品成本负担

D. 在在产品和完工产品之间采用特定方法分配

24. 下列各项中，属于可修复废品损失的是（　　）。

A. 返修以前发生的生产费用

B. 可修复废品的生产成本

C. 返修过程中发生的修复费用

D. 返修以前发生的生产费用加上返修时发生的修复费用

25. 下列费用中属于制造费用的有（　　）。

A. 专设销售机构固定资产的折旧费　　B. 生产车间机器设备的折旧费

C. 广告费　　　　　　　　　　　　　D. 金融机构手续费

26. 某企业本月生产 A 产品耗用机器工时 120 小时，生产 B 产品耗用机器工时 180 小时。本月发生车间管理人员工资 30 000 元，产品生产人员工资 300 000 元。该企业按机器工时比例分配制造费用。假设不考虑其他因素，本月 B 产品应分配的制造费用为（　　）元。

A. 12 000　　　　　　B. 13 200　　　　　　C. 18 000　　　　　　D. 19 800

27. 下列各项中，属于间接生产费用的是（　　）。

A. 机器设备折旧费　　　　　　　　B. 车间厂房折旧费

C. 主要材料费用　　　　　　　　　D. 生产工人工资

28. 某公司本月不可修复废品应负担的原材料费用 800 元，加工费用 500 元，残料 120 元，应收赔款 420 元，其报废损失应为（　　）元。

A. 760　　　　　　　　B. 880　　　　　　　　C. 1 180　　　　　　D. 1 300

29. 某产品经三道工序加工而成，各工序的工时定额分别为 10 小时、20 小时、30 小时。各工序在产品在本工序的加工程度按工时定额的 50% 计算。第三道工序的完工程度（即完工率）为（　　）。

A. 35%　　　　　　　B. 50%　　　　　　　C. 75%　　　　　　D. 100%

30. 若各项消耗定额或费用定额比较准确、稳定，而且各月末在产品数量变化不大的产品，其月末在产品成本的计算方法可采用（　　）。

A. 在产品按完工产品成本计算法　　B. 约当产量法

C. 定额成本法　　　　　　　　　　D. 在产品按所耗原材料费用计算法

31. 如果产品的月末在产品数量较多，各月在产品数量变化较大，各项费用的比例相差不多，生产费用在完工产品与月末在产品之间分配，应采用的方法是（　　）。

A. 约当产量法

B. 在产品不计算成本法

C. 在产品按所耗原材料费用计算法

D. 在产品按年初（固定）成本计算法

32. 分配加工费用时所采用的在产品的完工率是指产品（　　）与完工产品工时定额的比率。

A. 所在工序的工时定额

B. 前面各工序工时定额与所在工序工时定额一半的合计数

C. 所在工序的累计工时定额

D. 所在工序的工时定额之半

33. 某种产品的定额准确、稳定，且各月末在产品数量变化较大，其生产费用在完工产品和月末在产品之间进行分配时，一般应采用（　　）。

A. 定额成本法　　　　　　　　B. 在产品按完工产品成本计算法

C. 约当产量法　　　　　　　　D. 定额比例法

34. 华生食品厂生产系列面包和饼干产品，成本核算基本方法适宜选择（　　）。

A. 品种法　　　　B. 分步法　　　　C. 分批法　　　　D. 分类法

35. 如果甲企业只生产一种产品，则发生的费用（　　）。

A. 全部是直接费用　　　　　　B. 全部是间接费用

C. 部分是直接费用　　　　　　D. 部分是间接费用

二、多选题

1. 应计入产品成本的各种材料费用，按其用途进行分配，应计入的账户有（　　）。

A. "管理费用"　　　　　　　　B. "基本生产成本"

C. "制造费用"　　　　　　　　D. "财务费用"

2. 要素费用中的税金包括（　　）。

A. 房产税　　　B. 增值税　　　C. 印花税　　　D. 所得税

3. 下列支出在发生时直接确认为当期费用的是（　　）。

A. 行政人员工资　　　　　　　B. 支付的本期广告费

C. 预借差旅费　　　　　　　　D. 固定资产折旧费

4. "财务费用"账户核算的内容包括（　　）。

A. 财务人员工资　　　　　　　B. 利息支出

C. 汇兑损益　　　　　　　　　D. 财务人员业务培训费

5. 计提固定资产折旧，应借记的账户可能是（　　）。

A. "基本生产成本"　　　　　　B. "辅助生产成本"

C. "制造费用"　　　　　　　　D. "固定资产"

6. 用于几种产品生产的共同耗用材料费用的分配，常用的分配标准有（　　）。

A. 工时定额　　　　　　　　　B. 生产工人工资

C. 材料定额费用　　　　　　　　D. 材料定额消耗量

7. 根据有关规定，下列不属于工资总额内容的是（　　　）。

A. 退休工资　　　　　　　　　　B. 差旅费

C. 福利人员工资　　　　　　　　D. 长病假人员工资

8. 职工的计件工资，可能计入（　　　）账户借方。

A. "基本生产成本"　　　　　　　B. "辅助生产成本"

C. "制造费用"　　　　　　　　　D. "管理费用"

9. 下列固定资产中，其折旧额应作为产品成本构成内容的是（　　　）。

A. 生产车间房屋　　　　　　　　B. 企业管理部门房屋

C. 生产用设备　　　　　　　　　D. 专设销售机构用卡车

10. 辅助生产费用分配转出时，可以（　　　）。

A. 借记"制造费用"账户　　　　　B. 借记"管理费用"账户

C. 借记"在建工程"账户　　　　　D. 贷记"辅助生产成本"账户

E. 借记"辅助生产成本"账户

11. 辅助生产车间发生的固定资产折旧费，可能借记的账户有（　　　）。

A. "制造费用"　　　　　　　　　B. "辅助生产成本"

C. "基本生产成本"　　　　　　　D. "管理费用"

12. 辅助生产车间管理人员的工资，在不同的核算方法下，可能计入（　　　）项目。

A. "管理费用"　　　　　　　　　B. "制造费用"

C. "辅助生产成本"　　　　　　　D. "营业费用"

E. "在建工程"

13. 下列损失不应计入"废品损失"账户的有（　　　）。

A. 因降价而造成的损失

B. 产品入库后，由于保管不善而损坏变质的损失

C. 实行"三包"的企业，在产品出售以后发现废品所发生的一切损失

D. 可修复废品的修复费用

E. 不可修复废品的料废

14. 在辅助生产费用的分配方法中，能反映各项劳务实际成本的方法是（　　　）。

A. 交互分配法　　　　　　　　　B. 实际分配法

C. 计划成本分配法　　　　　　　D. 代数分配法

E. 定额比例法

15. 分配结转制造费用时，可能借记的科目有（　　　）。

A. "辅助生产成本"　　　　　　　B. "产品销售费用"

C. "管理费用"　　　　　　　　　D. "基本生产成本"

E. "自制半成品"

16. 辅助生产费用的交互分配法，在进行对外分配时，费用分配率分别是（　　　）。

A. 费用分配率 = 待分配辅助生产费用 ÷ 该车间提供劳务量

B. 费用分配率 = 待分配辅助生产费用 ÷ 对辅助该生产车间以外提供劳务量

C. 费用分配率 =（待分配辅助生产费用 + 交互分配转入费用 – 交互分配转出费用）÷ 该车间提供劳务量

D. 费用分配率 =（待分配辅助生产费用 + 交互分配转入费用 – 交互分配转出费用）÷ 对辅助生产车间以外提供劳务量

E. 费用分配率 = 待分配辅助生产费用 ÷ 对排列在其后的各车间、部门提供劳务量

17. 采用约当产量法计算完工产品和在产品成本时，应具备的条件有（　　）。

A. 产品成本中原材料和加工费用的比例相差较大

B. 月末在产品数量较大

C. 各月末在产品数量变化较大

D. 月末在产品数量较小

18. 采用约当产量法，必须正确计算在产品的约当产量，而在产品的约当产量计算正确与否，取决于产品完工程度的测定，测定在产品完工程度的方法有（　　）。

A. 按 50% 平均计算各工序完工率　　　B. 分工序分别计算完工率

C. 按定额比例计算　　　　　　　　　　D. 按定额工时计算

19. 分配计算完工产品和月末在产品的费用时，采用定额成本法所具备的条件是（　　）。

A. 消耗定额比较准确　　　　　　　　　B. 消耗定额比较稳定

C. 各月末在产品数量变化不大　　　　　D. 各月末在产品数量变化较大

20. 品种法一般适用于（　　）。

A. 大量大批单步骤生产

B. 单件小批生产

C. 大量大批多步骤生产下，管理上不要求按照生产步骤计算产品成本的企业

D. 成本管理要求特别高的企业

三、判断题

1. 一个要素费用按经济用途可能计入几个成本项目，一个成本项目可以归集同一经济用途的几个要素费用。　　　　　　　　　　　　　　　　　（　　）

2. 材料费用是产品成本的重要组成部分，因此各部门领用的材料费用都应计入产品成本。　　　　　　　　　　　　　　　　　　　　　　　　（　　）

3. 车间领用的材料费用，不一定都计入产品成本的"直接材料"成本项目中。
　　　　　　　　　　　　　　　　　　　　　　　　　　　　　　　（　　）

4. 企业生产工人的工资以及福利费直接计入产品成本，其他部门人员的工资及福利费间接计入产品成本。　　　　　　　　　　　　　　　　　　（　　）

5. 基本生产车间发生的各种费用均应直接计入"基本生产成本"账户。
　　　　　　　　　　　　　　　　　　　　　　　　　　　　　　　（　　）

6. 企业固定资产折旧费应全部计入产品成本。　　　　　　　　　　　（　　）

学习笔记

7. 不设"燃料和动力"成本项目的企业，其生产消耗的燃料可计入"直接材料"成本项目。　　　　　　　　　　　　　　　　　　　　　　　　（　　）

8. 凡是发放给企业职工的货币，均作为工资总额的组成部分。　　（　　）

9. 计件工资只能按职工完成的合格品数量乘以计件单价计算发放。（　　）

10. 在品种法下，除了按生产车间或品种开设基本生产成本明细账外，还应开设辅助生产成本明细账和制造费用明细账，账内按成本项目或费用项目设置专栏。　　　　　　　　　　　　　　　　　　　　　　　　　　　　　　　（　　）

11. 约当产量是指月末在产品数量按照完工程度折算的相当于完工产品的数量。　　　　　　　　　　　　　　　　　　　　　　　　　　　　　　（　　）

12. 定额比例法适用于定额管理基础比较好，各项消耗定额或费用定额比较准确、稳定，而且各月末在产品数量变动不大的产品。　　　　　　　（　　）

13. 定额成本法适用于定额管理基础比较好，各项消耗定额或费用定额比较准确、稳定，而且各月末在产品数量变动不大的产品。　　　　　　　（　　）

14. 企业可以以一种成本计算方法为主，结合其他成本计算方法加以综合应用。　　　　　　　　　　　　　　　　　　　　　　　　　　　　　　（　　）

15. 无论采用何种成本计算方法，月末都需将本月归集的生产费用在完工产品和月末在产品之间进行分配。　　　　　　　　　　　　　　　　（　　）

四、业务题

（一）练习材料费用的分配

【资料】海东企业 2022 年 7 月生产的甲、乙两种产品共同耗用 A、B 两种原材料，耗用量无法按产品直接分配。具体资料如下：

1. 甲产品投产 400 件，原材料消耗定额为 A 材料 8 千克，B 材料 3 千克。

2. 乙产品投产 200 件，原材料消耗定额为 A 材料 5 千克，B 材料 4 千克。

3. 甲、乙两种产品实际消耗总量为 A 材料 4 116 千克，B 材料 2 060 千克。

4. 材料实际单价为 A 材料 8 元/千克，B 材料 6 元/千克。

【要求】根据定额消耗量的比例，分配甲、乙两种产品原材料费用，如表 2 - 56 所示。

表 2 - 56　原材料费用分配表

原材料		A 材料	B 材料	原材料实际成本/元
甲产品投产 400 件	消耗定额/千克	8	3	
	定额消耗量/千克	3 200	1 200	
乙产品投产 200 件	消耗定额/千克	5	4	
	定额消耗量/千克	1 000	800	
定额消耗总量/千克		4 200	2 000	
实际消耗总量/千克		4 116	2 060	
消耗量分配率		0.98	1.03	

续表

原材料		A 材料	B 材料	原材料实际成本/元
实际消耗量的分配	甲产品	3 136	1 236	
	乙产品	980	824	
原材料实际单位成本		8	6	
原材料费用/元	甲产品			
	乙产品			
	合计			

（二）练习人工费用的分配

【资料】远大公司为增值税一般纳税人，适用的增值税税率为13%，2022年6月有关职工薪酬业务如下：

当月应发工资188万元，其中：生产部门直接生产人员工资100万元，生产部门管理人员工资20万元；公司管理部门人员工资36万元；公司专设销售机构人员工资10万元；建造厂房人员工资22万元。

按照规定，公司分别按照职工工资总额的10%、12%、2%和10.5%计提医疗保险费、养老保险费、失业保险费和住房公积金，缴纳给当地社会保险经办机构和住房公积金管理机构；分别按照职工工资总额的2%和1.5%计提工会经费和职工教育经费，企业预计2022年应承担的职工福利义务金额为职工工资总额的2%，职工福利的受益对象为上述所有人员。

【要求】根据以上资料编制会计分录。

（三）练习外购电力费用的分配

【资料】某厂2022年10月共耗用外购电力54 100度，每度电的单价0.10元，外购电力费用总额5 410元，其中工艺耗用电力44 000度，费用4 400元，在第一生产车间生产的101号、102号和第二生产车间生产的201号三种产品间按机器工时进行分配。本月机器实际总工时40 000小时，其中：101号产品18 000小时，102号产品14 000小时，201号产品8 000小时。另外，机修车间耗用电力2 000度，蒸汽车间耗用2 600度；车间照明用电2 500度，其中第一生产车间耗用1 500度，第二生产车间耗用1 000度；厂部照明用电3 000度。

【要求】根据资料编制外购动力分配表，编制相应会计分录。（与生产费用无对应关系的分录可免做）

（四）练习约当产量法

【资料】某工厂8月生产的乙产品经过三道工序加工完成，原材料于每道工序开始生产时一次投入，有关资料如表2-57和表2-58所示。

表 2-57　产量及定额资料

工序	完工产量/件	月末在产品数量/件	单位产品材料费用定额/(元·件$^{-1}$)	单位产品工时定额/(小时·件$^{-1}$)
1		50	40	8
2		80	10	6
3		60	6	12
合计	400		56	26

表 2-58　乙产品的月初和本月生产费用资料　　　　　　　元

成本项目	原材料	燃料及动力	工资及福利费	制造费用	成本合计
月初在产品成本	40 000	2 000	2 400	3 600	48 000
本月生产费用	200 000	25 000	30 000	45 000	300 000

【要求】

（1）计算乙产品月末在产品投料程度和完工率；

（2）计算乙产品月末在产品约当产量；

（3）编制乙产品成本计算单，计算其完工产品和月末在产品成本。

（五）练习定额成本法

【资料】某企业生产的甲产品，由两道工序组成，原材料在生产开始时一次投入。7月生产成品1 100件，月末在产品400件。其单位产品的原材料费用定额为200元，每小时费用定额为燃料和动力0.5元、人工费用0.6元、制造费用0.9元。

7月该企业生产甲产品应负担的各项费用如表2-59所示。

表 2-59　7月该企业生产甲产品应负担的各项费用　　　　　　元

成本项目	原材料	燃料及动力	人工费用	制造费用	合计
月初在产品成本	40 000	2 000	2 400	3 600	48 000
本月生产费用	247 000	25 000	30 000	45 000	347 000

甲产品各工序工时定额和7月月末在产品数量如表2-60所示。

表 2-60　甲产品各工序工时定额和7月月末在产品数量

产品名称	工序	工时定额/(小时·件$^{-1}$)	在产品数量/件
甲	1	30	300
	2	10	100
	合计	40	400

【要求】根据上列资料，运用月末在产品定额成本法，计算该企业7月甲产品的完工产品成本和月末在产品成本。

（六）练习定额比例法

【资料】某工厂生产的乙产品，需要经过三道工序加工完成，原材料费用随生产进度分别在每道工序开始生产时一次投入。三月份有关成本计算资料如表 2 - 61 和表 2 - 62 所示。

表 2 - 61　产量、在产品及有关定额资料

工序	完工产品数量/件	月末在产品数量/件	本工序材料费用定额/(元·件⁻¹)	本工序工时定额/(小时·件⁻¹)
1		100	24	4
2		250	8	10
3		150	18	16
合计	900	500	50	30

表 2 - 62　月初在产品成本和本月生产费用成本计算单

产品名称：乙　　　　　　　　2022 年 3 月　　　　　完工产量：900 件　　　　元

成本项目	直接材料	燃料与动力	直接人工	制造费用	合计
月初在产品成本	25 000	9 000	5 400	2 600	42 000
本月发生费用	45 000	18 000	18 400	10 600	92 000
生产费用合计					
完工产品定额					
月末在产品定额					
分配率					
完工产品成本					
月末在产品成本					

【要求】

（1）分别计算以下几项：

①完工产品、月末在产品定额材料费用、定额工时；

②各项费用分配率；

③完工产品、月末在产品应分配的各项费用。

（2）填制产品成本计算单。

（七）品种法案例

1. 某企业采用品种法计算产品成本。该企业生产 A、B 两种产品，月末在产品成本只包括原材料价值，不分摊工人工资和其他费用。A、B 两种产品的共同费用按工人工资比例分配。该企业 2022 年 9 月初 A 产品的在产品实际成本为 2 200 元，B 产品无在产品。9 月末，A 产品应负担的原材料为 3 400 元，B 产品全部完工。9 月发生下列经济业务：

（1）基本生产车间领用原材料，实际成本为 13 200 元，其中，A 产品耗用 10 000 元，B 产品耗用 3 200 元。

（2）基本生产车间领用低值易耗品，实际成本 500 元，该企业低值易耗品采用一次摊销法摊销。

（3）计提固定资产折旧费 1 150 元，其中车间折旧费 980 元，厂部管理部门折旧费 170 元。

（4）应付职工薪酬 5 700 元，其中，生产工人 3 420 元（生产 A 产品工人为 2 052 元，生产 B 产品工人为 1 368 元），车间管理人员 570 元，厂部管理人员 1 710 元。

【要求】根据上述经济业务，按品种法计算 A、B 两种产品成本，并编制验收入库的会计分录。

2. 某工厂生产 B 产品，分三个步骤连续加工，管理上不要分步骤计算成本，采用品种法计算成本。原材料是一次投入，逐步施工。1 月产成品入库 39 485 件，月末在产品盘存量如表 2-63 所示，在产品本工序施工程度均假定为 50%，工资及其他费用采用约当产量法分配，各步骤在产品完工率按累计工时定额比例计算。计算结果如表 2-64 所示。

表 2-63　月末在产品盘存量

步骤	单件工时定额/小时	盘存数量/件
1	2	100
2	8	200
3	10	600
合计	20	900

表 2-64　计算结果　　　　　　　　　　元

成本项目	月初在产品成本	本月发生成本
直接材料	36 025	165 900
燃料和动力	1 500	18 500
直接人工	6 300	33 700
制造费用	3 000	45 000
合计	46 825	263 100

【要求】按品种法计算 B 产品总成本和单位成本，并编制验收入库的会计分录。

项目评价表

项目评价表

知识巩固与技能提高（70 分）			得分：	
计分标准： 　得分 =0.5×单选题正确个数 +0.5×多选题正确个数 +0.5×判断题正确个数 +5×业务题每一问正确个数				
学生自评（10 分）			得分：	
计分标准：得分 =1×A 的个数 +1×B 的个数 +0×C 的个数				
专业能力	评价指标	自测结果		要求 （A 掌握；B 基本掌握；C 未掌握）
要素费用核算	1. 材料费用的核算 2. 工资费用的核算 3. 动力费用的核算	A□ B□ C□ A□ B□ C□ A□ B□ C□		能够掌握要素费用的核算
综合费用核算	1. 辅助生产费用的核算 2. 制造费用的核算	A□ B□ C□ A□ B□ C□		能够掌握综合费用的核算
成本费用的分配	1. 约当产量法 2. 定额成本法 3. 定额比例法	A□ B□ C□ A□ B□ C□ A□ B□ C□		能够掌握成本费用的各种分配方法
品种法的运用	品种法的运用	A□ B□ C□		能够掌握品种法的运用
职业道德思想意识	认真敬业，遵守职业道德	A□ B□ C□		专业素质、思想意识得以提升，德才兼备
小组评价（10 分）			得分：	
计分标准：得分 =5×A 的个数 +3×B 的个数 +2×C 的个数				
团队合作	A□ B□ C□		沟通能力	A□ B□ C□
教师评价（10 分）			得分：	
教师评语				
总成绩		教师签字		

项目三

产品成本计算方法——分批法

学习目标

知识目标
- 掌握分批法的特点、适用范围和计算程序。
- 掌握简化分批法的特点。
- 掌握一般分批法和简化分批法的计算原理。

能力目标
- 能熟练使用分批法的计算程序。
- 能正确进行一般分批法的核算。
- 能正确进行简化分批法的核算。
- 能进行有废品情况下的分批法核算。

素质目标
- 培养爱岗敬业、客观公正、坚持准则的职业道德。
- 培养精准核算、厉行节约、务实高效、团结协作的职业素养。

引导案例

银江重型机械制造有限公司属小批单件生产型企业,采用分批法计算产品成本。该公司按购买单位要求,完成三个订单,2022年6月的生产情况如下:

0501订单为甲产品12台,5月3日投产,本月全部未完工。

0502订单为乙产品6台,5月6日投产,6月25日完工6台。

0601订单为丙产品18台,6月10日投产,本月完工10台,8台未完工。

产品成本中的"直接材料""职工薪酬"及"制造费用"项目均采用与品种法一样的处理方法,批次内如果出现本月既有完工产品又有月末在产品的情况,则需要将完工产品验收入库,因此费用要在两者之间进行分配。

【项目任务】

请根据银江重型机械制造有限公司相关财务资料完成该公司本月成本核算工作。

任务一　理解分批法的特点和计算程序

一、分批法的概念和特点

（一）分批法的概念

分批法是指以产品的批别为成本计算对象归集生产费用，计算产品成本的一种方法。由于产品的批量是根据购买（货）单位的订单组织的，因此，分批法也称订单法。这种方法主要适用于小批单件、管理上不要求分步骤计算成本的多步骤生产企业，如船舶、重型机器、精密工具仪器等的制造，以及服装、印刷工业等。在某些单步骤生产下，无论是企业还是车间，如果生产也按小批单件组织，如某些特殊的铸件，也可以采用分批法单独计算这些铸件的成本。此外，分批法还适用于一般企业内部的新产品试制、自制专用设备、建筑工程及工业性修理作业等。

（二）分批法的特点

1. 分批法以产品批别（单件生产为件别）作为成本计算对象

由于在小批单件生产中，产品的种类和每批产品的批量，大多是根据购买单位的订单确定的，因而按批按件计算产品成本，往往也就是按照订单计算产品成本。但是，如果在一张订单中规定有几种产品，或虽然只有一种产品但其数量较大，而客户又要求分批交货时，可以将上述订单按照产品品种划分批别组织生产，或将同类产品划分数批组织生产，计算成本。如果在一张订单中只规定一件产品，但这件产品是由许多部件装配而成的大型产品，如大型船舶制造，价值较大，生产周期较长，则可以按照产品大的部件或生产进度分成不同批次，分别组织生产，计算成本。如果在同一时期内，企业接到不同购买单位要求生产同一产品的几张订单，为了经济合理地组织生产，企业也可以将其合并为一批组织生产，计算成本。在这种情况下，分批法的成本计算对象，就不是购买单位的订货单，而是企业生产计划部门签发下达的生产任务通知单，生产任务通知单内应对该批生产任务进行编号，称为产品批号或生产令号。会计部门应根据产品批号设立产品成本明细账。生产费用发生后，直接材料和直接人工按产品批别进行归集，制造费用应选择合适的分配标准分配计入各批号产品成本明细账。

2. 分批法一般以产品的生产周期为成本计算期

为了保证各批产品成本计算的正确性，各批产品成本明细账的设立和结算，应与生产任务通知单的签发和结束时间完全一致，各批或各订单产品的成本总额，在其完工以后（完工月份的月末）计算确定。因而完工产品成本计算是不定期的，即在分批法下，成本计算期与产品的生产周期一致，而与会计报告期不一致。

3. 在分批法下一般不存在完工产品与在产品之间分配费用的问题

在分批法下，由于成本计算期与产品的生产周期一致，产品完工前，产品成本明细账所记录的生产费用，都是在产品成本；产品完工时，产品成本明细账所记录的生产费用，就是完工产品的成本，因而在月末计算成本时，不存在完工产品与在产品之间分配费用的问题。

在小批生产中，由于产品批量较小，批内产品一般都能同时完工，或者在相距不久的时间内全部完工。月末计算成本时，或是全部已经完工，或是全都没有完工，因而一般也不存在完工产品与在产品之间分配费用的问题。但如果批内产品有跨月陆续完工并交付购买单位的情况，在月末计算成本时，一部分产品已完工，另一部分产品尚未完工，这时就有必要在完工产品与在产品之间分配生产费用，以便计算完工产品成本和月末在产品成本。在实际工作中，由于小批生产的批量都不大，月末批内产品完工产品数量不多，但根据要求需要将先完工产品交给购买单位时，可以采用简便的方法，即按计划单位成本、定额单位成本或近期相同产品的实际单位成本计算完工产品成本，从产品成本明细账中转出，剩余额即为在产品成本。在批内产品跨月陆续完工情况较多，月末完工产品数量占批量比例较大时，则应采用适当的方法，在完工产品与月末在产品之间分配费用，计算完工产品成本和月末在产品成本。为了避免跨月陆续完工的情况，减少完工产品与月末在产品之间分配费用的工作，应在合理组织生产的前提下，尽量将生产周期接近的产品归为一批，适当划小产品的批量。但要注意批量不能过小，否则成本计算单过多，会加大核算工作量。

二、分批法的计算程序

在分批法下，产品成本的计算程序如下：

1. 按产品批别或订单开设成本计算单

财会部门根据生产计划部门下达的工作号（生产任务通知单），分别开设各批别或订单产品的成本计算单。

2. 归集和分配各项生产费用要素

根据各要素费用发生的原始凭证，编制各种要素费用分配表，分配各项要素费用，登记各有关成本费用明细账。

3. 归集和分配辅助生产费用

根据辅助生产费用明细账，编制辅助生产费用分配表，分配辅助生产费用，登记各有关成本费用明细表。对于计入成本计算单的生产费用。还要同时分别计入按各批别或订单产品开设的成本计算单中。

4. 归集和分配制造费用

根据制造费用明细账，编制制造费用分配表，分配制造费用，并分别计入按各批别或订单产品开设的成本计算单中。

5. 计算完工产品成本

如果该批产品全部完工，产品成本计算单中的生产费用都是完工产品成本。如果该批产品全部未完工，成本计算单中的生产费用都是在产品成本。如果该批产品跨月完工，且月内批次内有完工产品和在产品，则该部分完工产品可暂按计划成本或定额成本等转出。

任务二　运用一般分批法

【同步思考与练习3.2.1】

根据项目引导案例给出的银江重型机械制造有限公司的基本情况，作为一般分批法的典型案例，结合相关财务资料完成该公司的成本核算工作。

一、设置产品成本计算单

该公司应按照订单设置0501批次成本计算单、0502批次成本计算单和0601批次成本计算单，如表3-1~表3-3所示，在成本计算单中按成本项目设置专栏，并根据三种产品上月月末的在产品成本情况，登记月初在产品成本。

表3-1　产品成本明细账

产品批号：0501　　　　　购货单位：大华工厂　　　　投产日期：5月3日
产品名称：甲　　　　　　批量：12台　　　　　　　　完工日期：

元

摘要	直接材料	直接人工	制造费用	合计
月初在产品费用	71 200	12 620	47 310	112 830
本月生产费用				
生产费用合计				

表3-2　产品成本明细账

产品批号：0502　　　　　购货单位：南海公司　　　　投产日期：5月6日
产品名称：乙　　　　　　批量：6台　　　　　　　　完工日期：6月25日

元

摘要	直接材料	直接人工	制造费用	合计
月初在产品费用	15 000	2 500	7 500	25 000
本月生产费用				
生产费用合计				
完工产品总成本				
完工产品单位成本				

表3-3　产品成本明细账

产品批号：0601　　　　　购货单位：大通集团　　　　投产日期：6月10日
产品名称：丙　　　　　　批量：18台（6月完工10台）　完工日期：

元

摘要	直接材料	直接人工	制造费用	合计
本月生产费用	252 000	36 500	51 100	339 600
完工10台产品成本				
完工产品单位成本				
月末在产品费用				

二、归集和分配各项要素费用

这部分内容在品种法中已做了详细介绍，在分批法的案例中不再具体介绍，分配后的金额如表3－4所示。

三、归集和分配综合费用

这部分内容在品种法中已做了详细介绍，在分批法的案例中不再具体介绍，分配后的金额如表3－4所示。

表3－4　要素费用和综合费用的分配情况

元

批号	直接材料	直接人工	制造费用	合计
0501	178 800	17 380	52 690	267 170
0502	51 000	4 700	9 300	65 000
0601	252 000	36 500	51 100	339 600

四、在完工产品与在产品之间分配费用

0501批次甲产品12台本月没有完工产品，0502批次乙产品6台本月全部完工，不需要在本月完工产品与在产品之间分配生产费用。

0601批次丙产品18台，本月投产，本月完工10台，批内产品跨月陆续完工，需要在本月完工产品与在产品之间分配生产费用。直接材料费用按本月完工产品与在产品实际数量分配，其他费用采用约当产量法在完工产品与月末在产品之间进行分配。丙产品由四道工序加工而成，根据各工序月末在产品数量、完工率计算出在产品约当产量，如表3－5所示。

表3－5　约当产量计算表

工序	完工率/%	盘存数/台	约当产量计算
1	15	2	15%×2＝0.3
2	40	1	40%×1＝0.4
3	60	2	60%×2＝1.2
4	90	3	90%×3＝2.7
合计		8	4.6

0601批号丙产品生产费用在完工产品与月末在产品之间的分配如下：

直接材料费用分配率＝252 000÷（10＋8）＝14 000

完工产品直接材料费用＝14 000×10＝140 000（元）

月末在产品直接材料费用＝14 000×8＝112 000（元）

直接人工费用分配率＝36 500÷（10＋4.6）＝2 500

完工产品直接人工费用＝2 500×10＝25 000（元）

$$月末在产品直接人工费用 = 2\ 500 \times 4.6 = 11\ 500（元）$$
$$制造费用分配率 = 51\ 100 \div (10 + 4.6) = 3\ 500$$
$$完工产品制造费用 = 3\ 500 \times 10 = 35\ 000（元）$$
$$月末在产品制造费用 = 3\ 500 \times 4.6 = 16\ 100（元）$$

五、登记各批产品成本明细账

根据上述各项资料，登记各批产品成本明细账，如表3-6~表3-8所示。

表3-6　产品成本明细账

产品批号：0501　　　　　　购货单位：大华工厂　　　　　　投产日期：5月3日
产品名称：甲　　　　　　　批量：12台　　　　　　　　　　完工日期：
元

摘要	直接材料	直接人工	制造费用	合计
月初在产品费用	71 200	12 620	47 310	112 830
本月生产费用	178 800	17 380	52 690	267 170
生产费用合计	250 000	30 000	10 000	380 000

表3-7　产品成本明细账

产品批号：0502　　　　　　购货单位：南海公司　　　　　　投产日期：5月6日
产品名称：乙　　　　　　　批量：6台　　　　　　　　　　完工日期：6月25日
元

摘要	直接材料	直接人工	制造费用	合计
月初在产品费用	15 000	2 500	7 500	25 000
本月生产费用	51 000	4 700	9 300	65 000
生产费用合计	66 000	7 200	16 800	90 000
完工产品总成本	66 000	7 200	16 800	90 000
完工产品单位成本	11 000	1 200	2 800	15 000

表3-8　产品成本明细账

产品批号：0601　　　　　　购货单位：大通集团　　　　　　投产日期：6月10日
产品名称：丙　　　　　　　批量：18台（6月完工10台）　　完工日期：
元

摘要	直接材料	直接人工	制造费用	合计
本月生产费用	252 000	36 500	51 100	339 600
完工10台产品成本	140 000	25 000	35 000	200 000
完工产品单位成本	14 000	2 500	3 500	20 000
月末在产品费用	112 000	11 500	16 100	139 600

六、结转本月完工产品成本

根据各批产品成本明细账，编制银江重型机械制造有限公司产品成本汇总表，如表3-9所示，完成本月完工产品成本结转。

表 3 - 9 银江重型机械制造有限公司产品成本汇总表

2022 年 6 月   元

成本项目	乙产品（产量 6 件）		丙产品（产量 10 件）	
	总成本	单位成本	总成本	单位成本
直接材料	66 000	11 000	140 000	14 000
直接人工	7 200	1 200	25 000	2 500
制造费用	16 800	2 800	35 000	3 500
合计	90 000	15 000	200 000	20 000

编制会计分录如下：

借：库存商品——乙产品   90 000

　　　　　　——丙产品   200 000

　　贷：基本生产成本——0502 批号（乙产品）   90 000

　　　　　　　　　　——0601 批号（丙产品）   200 000

企业导师说成本

在实际操作中，用分批法的数据统计要求较高，比如生产翅片换热器，通常换热器应用于高铁、写字楼、机房等不同场景下的中央空调，因为客户使用的场景截然不同，即便都用在写字楼里，不同写字楼的规格尺寸不同，天然地形成了每个订单数量小、批次多的特点，一个月甚至可以达到百余个订单，而一般订单数量几十个到上百个不等。

主要生产工序分别是折弯、打孔、穿孔，而每一步均是持续进行的，比如，折弯机把 001 订单的铜管折弯后，就会继续折 002 订单的铜管。

这种情况，虽然是订单生产，理论上要计算每个批次的成本，但是，如果严格按照分批法，则需要增加大量的统计工作，比如，统计折弯工人多少时间在折 001 订单，多少时间在折 002 订单，等等，这样可能会额外增加一名统计人员。

任务三　运用简化分批法

一、简化分批法的含义

在小批单件生产的企业或车间中，如果同一月投产的产品批数很多，有的多至几十批甚至上百批，且月末未完工的批数也较多，如机械制造厂或修配厂就属于这种情况。在这种情况下，如果采用前面分批法计算各批产品成本，将当月发生的间接计入费用全部分配给各批产品，而不管各批产品是否已经完工，各种间接费用在各批产品的分配和登记工作将非常繁重。因此，为简化成本核算工作，在这类企业或车间还采用一种简化分批法。

简化分批法，是指只对完工的各批别产品分配结转间接计入费用，对于未完工的各批别产品，不分配间接计入费用，也不计算其在产品成本，而是先将其累计起来，在基本生产成本二级账中以总额反映，因此，这种方法也称为不分批计算在产品成本的分批法。

二、简化分批法的计算程序

（一）按照产品批别设立产品成本明细账

按照产品批别设立产品成本明细账，但在各批产品完工之前，账内只需按月登记直接计入费用（如直接材料费用）和生产工时。

（二）设置基本生产成本二级账

设置基本生产成本二级账，各月发生的间接计入费用，不是按月在各批产品之间进行分配，而是登记在基本生产成本二级账中，按成本项目累计起来，只有在有产品完工的那个月，才对各批完工产品分配间接计入费用，其计算公式如下：

$$全部产品累计间接计入费用分配率 = \frac{全部产品累计间接计入费用}{全部产品累计工时}$$

$$某批完工产品应分配的间接计入费用 = 该批完工产品累计工时 \times 全部产品累计间接计入费用分配率$$

对于未完工的各批产品的间接计入费用，则仍以总数保留在基本生产成本二级账中，反映的是全部月末在产品的成本，而不进行分配，也不计算各批产品的月末在产品成本。

（三）计算各个批次成本计算单

计算各个批次成本计算单，本月有完工产品的，根据二级账计算的结果登记到成本计算单上，本月完工产品成本包括从基本生产成本二级账中分配转入的间接计入费用及产品成本明细账原登记直接计入费用。未完工的各批产品生产成本明细账只反映各批产品的累积直接计入费用和累积生产工时。

（四）编制产品成本汇总表

将完工的批次进行汇总，编制产品成本汇总表。

三、简化分批法的应用举例

【同步思考与练习 3.3.1】

康明电力设备有限公司生产多种产品，由于产品批数多，为了简化成本计算工作，采用简化分批法——不分批计算在产品成本的分批法计算成本。2022 年 9 月生产的批次如下：

（由于考虑到教材篇幅，此例只列举 6 个批次，一般情况下，简化分批法适用于一个月至少生产几十个批次的情况）

CK－0705：磁控电抗器 S 型 6 件，7 月 10 日投产，9 月 7 日完工。

CK－0808：磁控电抗器 M 型 8 件，8 月 13 日投产，尚未完工。

BL－0803：并联电抗器 L 型 12 件，8 月 15 日投产，本月完工 2 件。

学习笔记

简化分批法
（微课）

BL－0804：并联电抗器 S 型 5 件，9 月 27 日投产，尚未完工。
XL－0812：限流电抗器 M 型 4 件，9 月 10 日投产，尚未完工。
XL－0915：限流电抗器 L 型 8 件，9 月 15 日投产，尚未完工。

（一）设置产品成本计算单

该公司应按照订单设置 CK－0705 批次成本计算单（见表 3－10）、CK－0808 批次成本计算单（见表 3－11）、BL－0803 批次成本计算单（见表 3－12）、BL－0804 批次成本计算单（见表 3－13）、XL－0812 批次成本计算单（见表 3－14）、XL－0915 批次成本计算单（见表 3－15），在各批次成本计算单中按成本项目设置专栏，并根据各批次上月月末在产品成本情况，登记本月月初在产品成本。

表 3－10　产品成本明细账

产品批号：CK－0705　　购货单位：申龙公司　　投产日期：7 月 10 日
产品名称：磁控电抗器 S 型　　批量：6 件　　完工日期：9 月 7 日

元

月	日	摘要	直接材料	生产工时	直接人工	制造费用	合计
7	31	本月发生	5 800	5 430			
8	31	本月发生	1 130	8 870			
9	30	本月发生					
9	30	累计数及累计间接计入费用分配率					
9	30	本月完工产品转出					
9	30	完工产品单位成本					

表 3－11　产品成本明细账

产品批号：CK－0808　　购货单位：万里工厂　　投产日期：8 月 13 日
产品名称：磁控电抗器 M 型　　批量：8 件　　完工日期：

元

月	日	摘要	直接材料	生产工时	直接人工	制造费用	合计
8	31	本月发生	9 840	19 070			
9	30	本月发生					

表 3－12　产品成本明细账

产品批号：BL－0803　　购货单位：大恒公司　　投产日期：8 月 15 日
产品名称：并联电抗器 L 型　　批量：12 件　　完工日期：9 月完成 2 件

元

月	日	摘要	直接材料	生产工时	直接人工	制造费用	合计
8	31	本月发生	13 350	28 630			
9	30	本月发生					

学习笔记

月	日	摘要	直接材料	生产工时	直接人工	制造费用	合计
9	30	累计数及累计间接计入费用分配率					
9	30	本月完工产品（2件）转出					
9	30	完工产品单位成本					
9	30	在产品					

表 3－13　产品成本明细账

产品批号：BL－0804　　　购货单位：东方集团　　　投产日期：9 月 27 日
产品名称：并联电抗器 S 型　　批量：5 件　　　　　　完工日期：

元

月	日	摘要	直接材料	生产工时	直接人工	制造费用	合计
9	30	本月发生					

表 3－14　产品成本明细账

产品批号：XL－0812　　　购货单位：红光公司　　　投产日期：9 月 10 日
产品名称：限流电抗器 M 型　批量：4 件　　　　　　完工日期：

元

月	日	摘要	直接材料	生产工时	直接人工	制造费用	合计
9	30	本月发生					

表 3－15　产品成本明细账

产品批号：XL－0915　　　购货单位：思林公司　　　投产日期：9 月 15 日
产品名称：限流电抗器 L 型　批量：8 件　　　　　　完工日期：

元

月	日	摘要	直接材料	生产工时	直接人工	制造费用	合计
9	30	本月发生					

（二）设立基本生产成本二级账

公司设立基本生产成本二级账，如表 3－16 所示。

表 3－16　基本生产成本二级账

元

月	日	摘要	直接材料	生产工时	直接人工	制造费用	合计
8	31	在产品	30 120	62 000	23 850	36 060	90 030
9	30	本月发生	24 100	101 500	41 550	45 690	111 340

续表

月	日	摘要	直接材料	生产工时	直接人工	制造费用	合计
9	30	累计	54 220	163 500	65 400	81 750	201 370
9	30	全部产品累计间接计入费用分配率	—	—	0.4	0.5	—
9	30	本月完工产品转出	10 365	41 460	16 584	20 730	47 679
9	30	在产品（所有批次）	43 855	122 040	48 816	61 020	153 691

　　在表 3 - 16 基本生产成本二级账中，8 月 31 日在产品的生产工时和各项费用是上月末根据上月的生产工时和生产费用资料计算登记的；本月发生的原材料费用和生产工时，应根据本月原材料费用分配表、生产工时记录与各批产品成本明细账平行登记；本月发生的各项间接计入费用，应根据各项费用分配表汇总登记。全部产品累计间接计入费用分配率以直接人工为例，其计算如下：

直接人工累计分配率 = 65 400 ÷ 163 500 = 0.4（元/小时）

制造费用累计分配率 = 81 750 ÷ 163 500 = 0.5（元/小时）

　　本月完工转出产品的原材料费用和生产工时，应根据各批产品成本明细账中完工产品的原材料费用和生产工时汇总登记；各项间接计入费用，可以根据各批产品成本明细账中完工产品工时分别乘以各项费用的累计分配率计算登记，也可以根据各批产品成本明细账中完工产品的各项费用分别汇总登记。以各批产品成本明细账中累计行的各栏数字分别减去本月完工产品转出数，即为 9 月末在产品的原材料费用、生产工时和各项间接计入费用。月末在产品的原材料费用和生产工时，也可以根据后列各批产品成本明细账中月末在产品的原材料费用和生产工时分别汇总登记；各项间接计入费用也可以根据其生产工时分别乘以各项费用累计分配率计算登记。两者计算结果应该相符。

　　该公司设立的各批产品成本明细账如表 3 - 17 ~ 表 3 - 22 所示。

表 3 - 17　产品成本明细账

产品批号：CK - 0705　　　　　购货单位：申龙公司　　　　　投产日期：7 月 10 日
产品名称：磁控电抗器 S 型　　　批量：6 件　　　　　　　　完工日期：9 月 7 日

元

月	日	摘要	直接材料	生产工时	直接人工	制造费用	合计
7	31	本月发生	5 800	5 430			
8	31	本月发生	1 130	8 870			
9	30	本月发生	1 210	16 700			
9	30	累计数及累计间接计入费用分配率	8 140	31 000	0.4	0.5	
9	30	本月完工产品转出	8 140	31 000	12 400	15 500	36 040
9	30	完工产品单位成本	1 356.67		2 066.67	2 583.33	6 006.67

表 3 – 18　产品成本明细账

产品批号：CK – 0808　　　　　购货单位：万里工厂　　　　　投产日期：8 月 13 日
产品名称：磁控电抗器 M 型　　　批量：8 件　　　　　　　　完工日期：

元

月	日	摘要	直接材料	生产工时	直接人工	制造费用	合计
8	31	本月发生	9 840	19 070			
9	30	本月发生	2 980	42 080			

表 3 – 19　产品成本明细账

产品批号：BL – 0803　　　　　购货单位：大恒公司　　　　　投产日期：8 月 15 日
产品名称：并联电抗器 L 型　　　批量：12 件　　　　　　　完工日期：9 月完成 2 件

元

月	日	摘要	直接材料	生产工时	直接人工	制造费用	合计
8	31	本月发生	13 350	28 630			
9	30	本月发生		14 140			
9	30	累计数及累计间接计入费用分配率	13 350	42 770	0.4	0.5	
9	30	本月完工产品（2 件）转出	2 225	10 460	4 184	5 230	11 639
9	30	完工产品单位成本	1 112.5		2 092	2 615	5 819.5
9	30	在产品	11 125	32 310			

表 3 – 20　产品成本明细账

产品批号：BL – 0804　　　　　购货单位：东方集团　　　　　投产日期：9 月 27 日
产品名称：并联电抗器 S 型　　　批量：5 件　　　　　　　　完工日期：

元

月	日	摘要	直接材料	生产工时	直接人工	制造费用	合计
9	30	本月发生	9 910	8 580			

表 3 – 21　产品成本明细账

产品批号：XL – 0812　　　　　购货单位：红光公司　　　　　投产日期：9 月 10 日
产品名称：限流电抗器 M 型　　　批量：4 件　　　　　　　完工日期：

元

月	日	摘要	直接材料	生产工时	直接人工	制造费用	合计
9	30	本月发生	4 510	13 580			

学习笔记

表 3 - 22　产品成本明细账

产品批号：XL - 0915　　　　　购货单位：思林公司　　　　投产日期：9 月 15 日

产品名称：限流电抗器 L 型　　　批量：8 件　　　　　　　完工日期：

元

月	日	摘要	直接材料	生产工时	直接人工	制造费用	合计
9	30	本月发生	5 490	6 420			

在上列各批产品成本明细账中，对于没有完工产品的月份，只登记直接材料费用（直接计入费用）和生产工时，如 CK - 0808、BL - 0804、XL - 0812 和 XL - 0915 四个批次产品；对于有完工产品的月份，包括批内产品全部完工或部分完工，除了登记本月发生的直接材料费用和生产工时及其累计数外，还应根据基本生产成本二级账登记各项累计间接计入费用的分配率。CK - 0705 批次产品，月末全部完工，因而其产品成本明细账中累计的原材料费用和生产工时，就是完工产品的直接材料费用和生产工时，以其生产工时分别乘以各项累计间接计入费用分配率，即为完工产品应分配的各项间接计入费用。BL - 0803 批次产品，月末部分完工、部分在产，因而还应在完工产品与在产品之间分配费用。这种产品所耗原材料在生产开始时一次投入，因而原材料费用按完工产品与在产品的数量比例分配，完工产品直接材料费用 2 225 元（即 13 350/12 × 2），完工产品工时 10 460 小时是按工时定额计算的。

四、简化分批法的特点

综上所述，简化分批法与一般分批法相比较，具有以下特点：

（一）采用简化分批法必须设立基本生产成本二级账

基本生产成本二级账的作用在于以下几点：

（1）按月提供企业或车间全部产品的累计生产费用（包括直接计入费用和间接计入费用）和生产工时资料；

（2）在有产品完工的月份，按照公式计算和登记全部产品累计间接计入费用分配率；

（3）根据完工产品累计生产工时和累计间接计入费用分配率，计算和登记完工产品应负担的累计间接计入费用，并计算完工产品总成本；

（4）以全部产品累计生产费用减去本月完工产品总成本，计算和登记月末各批在产品总成本。

（二）不分批计算在产品成本

每月发生的间接计入费用，不是按月在各批产品之间进行分配，而是先在基本生产成本二级账中累计起来，在有产品完工的月份，才按公式在各批完工产品之间进行分配，计算完工产品成本；对未完工的在产品，则不分配间接计入费用，只以总数反映在基本生产成本二级账中，即不分批计算在产品成本。显然，采用这种分批法，可以简化费用的分配和登记工作；月末未完工产品的批数越多，核算工作就越简化。

（三）利用累计间接计入费用分配率分配间接计入费用

在各批产品之间分配间接计入费用的工作以及在完工产品与月末在产品之间分配间接计入费用的工作，都是利用累计间接计入费用分配率，到产品完工时合并在一起进行的。换言之，各项累计间接计入费用分配率，既是在各批完工产品之间，也是在完工产品批别与月末在产品批别之间，以及某批产品的完工产品与月末在产品之间分配各项费用的依据。基于这一特点，这种简化分批法也称为累计间接计入费用分配法。

简化分批法适用于同一月投产的产品批数很多，且月末未完工批数也较多的企业。如果月末未完工的批数不多，则不宜采用。因为在这种情况下，绝大多数产品的批号仍然要分配登记各项间接计入费用，核算工作减少不多。另外，由于在这种方法下间接计入费用累计计算分配率，因而这种方法在各月间接计入费用水平相差悬殊的情况下也不宜采用。例如，前几个月的间接计入费用水平低，而本月的间接计入费用水平高，某批产品本月投产，当月完工，这时，按累计间接计入费用分配率分配计算该批完工产品成本，就会发生不应有的偏低现象。

思政园地

党的二十大报告提出建设现代化产业体系的要求，明确了产业发展的重点战略和基本方向，并强调指出，坚持把发展经济的着力点放在实体经济上，推进新型工业化，加快建设制造强国、质量强国、航天强国、交通强国、网络强国、数字中国。在实体经济和现代化产业体系中，制造业具有重要地位，其价值链长、关联性强、带动力大，在很大程度上决定着现代农业、现代服务业的发展水平，对建设现代化经济体系具有引领和支撑作用。建设现代化经济体系，首先要推进实体经济特别是制造业高质量发展，依靠创新推动实体经济供给质量提升，促进实体经济、科技创新、现代金融、人力资源协同发展，建设现代化产业体系。推进实体经济特别是制造业高质量发展，要求推进新型工业化和工业现代化进程，加快发展先进制造业和战略性新兴产业，推进产业基础高级化、产业链现代化，提高产业链供应链韧性，推进数字经济和实体经济深度融合发展，构建现代化基础设施体系，不断夯实实体经济根基。

"智能成本核算与管理"这门课立足于制造业企业，制造业是国民经济的主体，是立国之本、兴国之器、强国之基。历史与实践表明，没有强大的制造业，就没有强盛的国家和民族。

任务四　掌握涉及废品情况下的分批法运用

在订单法中需要区分正常废品和非正常废品，正常废品和非正常废品数量的具体计算方法和品种法一样。正常废品的成本如果能和某个订单项目直接联系起来，则该订单项目承担此正常废品成本，即该订单完工的合格产品的成本包括合格产品的成本以及正常废品的成本。但如果有些正常废品的成本是公共的，即不能直接和某个订单项目联系起来，则将正常废品的成本计入（公共的）制造费用，然后向所有相关的订单项目分配。而非正常废品的成本则直接计入当期损益。

【同步思考与练习3.4.1】

MNO 公司下属一子公司是一家专门定制各种用途桌椅的公司。A 客户向其定制一批防静电、防辐射、带轮、可自由调节高度的特殊用途椅子。公司接受此订单后，建立 22105 工单来生产此订单。假设在生产的 500 把椅子中有 5 把是废品。监测点设在生产线的最后。单把椅子的成本是 900 元。检测出是废品后，5 把废品（椅子）放入废品库房，估算处理净收入是 150 元/把。公司设定的正常废品率为 1.6%。

（1）先计算正常废品数量。

正常废品最高允许有 $(500 - 5) \times 1.6\% = 7.92$（把），所以这 5 把废品（椅子）属于正常废品。

（2）合格完工订单成本。

由于这 5 把废品可以完全直接和 22105 订单项目联系起来，因此，完工合格的 495 把椅子的总成本为：

$$495 \times 900 + 5 \times (900 - 150) = 449\,250 \text{（元）}$$

单件合格成品的成本为：

$$449\,250 \div 495 = 907.57 \text{（元）}$$

这是因为正常废品的存在加大了单位产品成本。

【同步思考与练习3.4.2】

沿用上例，A 客户向 MNO 公司定制一批防静电、防辐射、带轮、可自由调节高度的特殊用途椅子。公司接受此订单后，建立了 22106 工单来生产此订单。假设在生产的 500 把椅子中有 5 把是废品。监测点设在生产线的最后。单把椅子的成本是 900 元。检测出是废品后，5 把废品（椅子）放入废品库房，估算处理净收入是 150 元。公司设定的正常废品率为 0。

（1）因为正常废品率为 0，所以 5 把废品（椅子）都属于非正常废品。

（2）发生非正常废品损失为：

$$5 \times (900 - 150) = 3\,750 \text{（元）}$$

此金额直接计入当期损益。

另外，合格产品的金额为：

$$495 \times 900 = 445\,500 \text{（元）}$$

注意，非正常废品成本的会计核算处理就不再分公共的还是与某一个订单项目能联系起来的。

项目总结

分批法是指以产品的批别为成本计算对象归集生产费用，计算产品成本的一种方法。这种方法主要适用于小批单件、管理上不要求分步骤计算成本的多步骤生产企业，如船舶、重型机器、精密工具仪器等的制造，以及服装、印刷工业等。此外，分批法还适用于一般企业内部的新产品试制、自制专用设备、建筑工程及工业性修理作业等。

如果同一月生产的批次不多，则采用一般分批法，核算流程和品种法基本类似，分批次跨月生产时，如既有完工产品又有月末在产品，则这部分完工产品可暂按计划成本或定额成本等转出。

如果同一月投产的批数很多，多至几十批甚至上百批，且月末未完工的批数也较多，在这种情况下，为简化成本核算工作，在这类企业或车间中采用简化分批法。这种方法的核算流程和一般分批法不同，增加了编制基本生产成本二级账环节，减少了间接费用在各批次之间的分配环节，只有批次中有完工产品的，才需要通过基本生产成本二级账计算出分配率，根据分配率计算得出完工产品的间接费用，加上各批次的直接材料费用，最终得出完工产品的总成本。

思考与练习

一、单选题

1. 对于产品成本计算的分批法，下列说法正确的有（　　）。

A. 不存在完工产品与在产品之间分配费用的问题

B. 成本计算期与会计报告期一致

C. 适用于小批单件、管理上不要求分步骤计算成本的多步骤生产

D. 以上说法全正确

2. 分批法适用的生产组织是（　　）。

A. 大量大批生产　　B. 大量小批生产　　C. 单件成批生产　　D. 小批单件生产

3. 下列情况中，不适宜采用简化分批法的是（　　）。

A. 产品的批数较多　　　　　　　　B. 月末未完工产品批数较多

C. 各月间接计入费用水平相差不多　　D. 各月间接计入费用水平相差较多

4. 在简化分批法下，其生产费用的分配，是利用累计间接费用分配率，到（　　）时合并一次完成。

A. 月末　　　　　B. 季末　　　　　C. 年末　　　　　D. 产品完工

5. 在各种产品成本计算方法中，必须设置基本生产成本二级账的方法是（　　）。

A. 分类法　　　　　　　　B. 定额法

C. 简化分批法　　　　　　D. 平行结转分步法

6. 福盛模具厂主要承担各种模具的制作和销售，该厂成本核算方法适宜选择（　　）。

A. 品种法　　　　B. 分步法　　　　C. 分批法　　　　D. 分类法

7. 宏峰造纸厂有两个基本生产车间，即制浆车间、制纸车间，管理上各车间均不实行经济核算，企业成本核算方法适宜选择（　　）。

A. 品种法　　　　B. 分步法　　　　C. 分批法　　　　D. 分类法

8. 某企业采用分批法计算产品成本，其成本计算对象的确定应根据（　　）。

A. 用户订单　　　　　　　　　　　B. 产品品种

C. 客户要求　　　　　　　　　　　D. 生产任务通知单

9. 在简化分批法成本核算原理中规定：产品完工之前，产品成本明细账（　　　）。

A. 不登记任何费用　　　　　　　　B. 只登记直接费用和生产工时

C. 只登记工资费用　　　　　　　　D. 只登记间接费用，不登记直接费用

10. 成本计算的基本方法命名的依据是（　　　）。

A. 成本计算对象　　　　　　　　　B. 成本计算期

C. 生产周期　　　　　　　　　　　D. 生产费用的分配方法

二、多选题

1. 分批法适用于（　　　）。

A. 单件小批类型的生产

B. 小批单步骤生产

C. 小批量、管理上不需要分生产步骤计算产品成本的多步骤

D. 大量大批的单步骤

E. 大量大批的多步骤

2. 分批法的特点是（　　　）。

A. 以生产批次作为成本计算对象

B. 产品成本计算期不固定

C. 按月计算产品成本

D. 一般不需要进行完工产品成本和在产品成本分配

E. 以生产批次或订单设置生产成本明细账

3. 汽车制造、机器制造等生产属于（　　　）。

A. 单步骤生产　　　　　　　　　　B. 大量生产

C. 连续式多步骤生产　　　　　　　D. 装配式多步骤生产

E. 单件生产

4. 在下列企业中，可采用分批法计算产品成本的企业有（　　　）。

A. 重型机械厂　　B. 船舶制造厂　　C. 发电厂　　　　D. 精密仪器厂

E. 纺织厂

5. 下列企业中，适合运用品种法计算产品成本的有（　　　）。

A. 糖果厂　　　　B. 饼干厂　　　　C. 拖拉机厂　　　D. 造船厂

E. 发电厂

三、判断题

1. 分批法一般是根据用户的订单组织生产的，在一份订单中即便存在多种产品，也应合为一批组织生产。（　　　）

2. 由于小批生产的批量不大，批内产品跨月陆续完工的情况不多，因而可以按照计划单位成本、定额单位成本或最近一期相同产品的实际单位成本计算完工产品成本。（　　　）

3. 在小批单件生产的企业或车间中，如果同一月投产的产品批数很多，就可

以采用简化分批法计算产品成本。　　　　　　　　　　　　　　　（　　）

4. 采用简化分批法，必须设立基本生产成本二级账。　　　　　　（　　）

5. 采用简化分批法，各批产品之间分配间接计入费用的工作以及完工产品与月末在产品之间分配费用的工作，是利用累计间接计入费用分配率，到产品完工时合并在一起进行的。　　　　　　　　　　　　　　　　　（　　）

四、业务题

1. 光明工厂按分批法计算产品成本，8 月的产品批号如下：

（1）#101 甲产品 100 件，6 月 25 日投产。

（2）#202 乙产品 80 件，7 月 20 日投产。

（3）#303 丙产品 300 件，8 月 22 日投产。

各批产品的月初在产品成本，均已计入各批产品成本计算单。本月发生的生产费用如表 3 - 23 所示。

表 3 - 23　本月发生的生产费用　　　　　　　　元

产品批号及名称	直接材料	燃料和动力	直接人工	制造费用	合计
#101 甲产品	2 460	315	690	435	3 900
#202 乙产品		180	720	600	1 500
#303 丙产品	3 600	270	480	150	4 500

该厂生产记录情况如下：

（1）#101 甲产品在本月内已全部完工。

（2）#202 乙产品本月全部尚未完工。

（3）#303 丙产品本月内完工 150 件，因部分需要对外销售，本月完工的先行入库，故生产费用要在完工产品和在产品之间进行分配，月末在产品约当产量 50 件，原材料在生产开始时一次投入，按实际产量比例分配，其他费用按完工产品数量和在产品约当产量比例分配。完成各批产品成本计算单，如表 3 - 24 ~ 表 3 - 26 所示。

表 3 - 24　产品成本计算单

批号：#101　　　　　　　　　　　　开工日期：6/25
产品：甲产品　　　　批量：100 件　　完工日期：8/31　　元

年		摘要	直接材料	燃料动力	直接人工	制造费用	合计
月	日						
6	30	6 月发生成本	12 000	480	540	480	13 500
7	31	7 月发生成本	540	600	540	420	2 100
8	31	本月生产费用					
		合计					
		完工产品成本					
		完工产品单位成本					

学习笔记

表 3 – 25　产品成本计算单

批号：#202　　　　　　　　　　　　　　　　　开工日期：7/20

产品：乙产品　　　　　　批量：80 件　　　　完工日期：　　　　　元

年		摘要	直接材料	燃料动力	直接人工	制造费用	合计
月	日						
7	30	7 月发生成本	6 000	450	660	390	7 500
8	31	本月生产费用					
		合计					

表 3 – 26　产品成本计算单

批号：#303　　　　　　　　　　　　　　　　　开工日期：8/22

产品：丙产品　　　　　　批量：300 件　　　　完工日期：　　　　　元

年		摘要	直接材料	燃料动力	直接人工	制造费用	合计
月	日						
8	31	本月生产费用					
		分配率					
		完工产品成本					
		在产品成本					
		完工产品单位成本					

2. 某企业采用简化分批法计算甲产品各批产品成本。3 月各批产品成本明细账中有关资料如下：

（1）1023 批号：1 月投产 22 件。本月全部完工，累计原材料费用 79 750 元，累计耗用工时 8 750 小时。

（2）2011 批号：2 月投产 30 件。本月完工 20 件，累计原材料费用 108 750 元，累计耗用工时 12 152 小时；原材料在生产开始时一次投入；月末在产品完工程度为 80%，采用约当产量法分配所耗工时。

（3）3015 批号：本月投产 15 件。全部未完工，累计原材料费用 18 125 元，累计耗用工时 2 028 小时。基本生产成本二级账归集的累计间接计入费用为工资及福利费 36 688 元，制造费用 55 032 元。

要求：

（1）根据以上资料计算累计间接计入费用分配率和甲产品各批完工产品成本。（列出计算过程）

（2）编制完工产品入库的会计分录。

项目评价表

项目评价表

知识巩固与技能提高（55 分）	得分：
计分标准： 得分 = 1 × 单选题正确个数 + 2 × 多选题正确个数 + 1 × 判断题正确个数 + 15 × 业务题每一问正确个数	

学生自评（16 分）	得分：
计分标准：得分 = 2 × A 的个数 + 1 × B 的个数 + 0 × C 的个数	

专业能力	评价指标	自测结果	要求 （A 掌握；B 基本掌握； C 未掌握）
一般 分批法	1. 分批法的计算程序 2. 分批法的运用	A□　B□　C□ A□　B□　C□	能够掌握一般分批法的核算
简化 分批法	1. 简化分批法的程序 2. 基本生产成本二级账的制作 3. 简化分批法的运用	A□　B□　C□ A□　B□　C□ A□　B□　C□	能够掌握简化分批法的核算
废品下的 分批法	有废品情况下的成本计算方法处理	A□　B□　C□	能够掌握有废品情况下的成本计算方法
职业道德 思想意识	认真敬业，遵守职业道德	A□　B□　C□	专业素质、思想意识得以提升，德才兼备

小组评价（14 分）		得分：
计分标准：得分 = 7 × A 的个数 + 3 × B 的个数 + 2 × C 的个数		
团队合作　A□　B□　C□	沟通能力	A□　B□　C□

教师评价（15 分）	得分：
教师评语	

总成绩		教师签字	

项目四

产品成本计算方法——分步法

学习目标

知识目标
- 掌握分步法的特点、适用范围和计算程序。
- 掌握逐步结转分步法。
- 掌握分项结转分步法。
- 掌握平行结转分步法。
- 掌握成本还原法的计算原理。

能力目标
- 能熟练使用分步法的计算程序。
- 能正确运用逐步结转分步法。
- 能正确运用分项结转分步法。
- 能正确运用平行结转分步法。

素质目标
- 培养爱岗敬业、客观公正、坚持准则的职业道德。
- 培养精准核算、厉行节约、务实高效、团结协作的职业素养。

引导案例

伊尔萨纺织有限公司（以下简称伊尔萨公司）是一家集纺纱、制造、印染、营销于一体的企业，以生产毛巾、毛坯布为主，还可以根据订单生产多种花布，生产过程依次经过纺纱、织布和染整三个步骤；在纺纱步骤中，原料（原棉）投入生产后，经过清花、梳棉、并条、粗纺、细纱等工序，纺成各种棉纱；然后送往半成品仓库或织布步骤，经过络经、整经、浆纱、穿筘、织造等工序，织成各种棉布，再经过各种漂染制成各种花布，最后整理、打包、入库待售。在这类生产中，从原料投入到产品制成，中间要经过几个生产步骤的逐步加工，前面各步骤生产的都是半成品，只有最后一步生产的才是产成品。

宏哒科技有限公司是一家生产计算机整机的企业，主要生产不同型号的台式计算机和笔记本计算机，它的生产过程是将各种原材料分别在各个加工车间平行加工为各种元器件或零部件（有些零部件可以外购），然后再将各种元器件或零部件装配成最终产品——台式计算机和笔记本计算机。

【项目任务】

1. 以上两个公司有着不相同的生产工艺过程，请根据各自的情况设计出合适的产品成本计算方法。

2. 如果上述两个公司生产的产品是按照订单生产的，又将采用什么成本计算方法？

3. 如果资料给定，请计算出伊尔萨公司的产品成本。

任务一　理解逐步结转分步法的特点和计算程序

一、分步法的概念和特点

（一）分步法的概念

在大量大批的多步骤生产企业，为了加强对各加工步骤的成本管理，不仅要求按产品品种归集生产费用，计算产品成本，而且要求按照产品加工步骤归集生产费用，计算各步骤产品成本，提供反映各种产品及其各生产步骤成本计划执行情况的资料。

分步法，是指按照产品的品种和每个产品所经过的生产步骤归集生产费用，计算产品成本的一种方法。它主要适用于大量大批在管理上要求分步骤计算产品成本的多步骤生产，如纺织、冶金等连续加工式多步骤生产和机器制造等装配式多步骤生产。

（二）分步法的特点

1. 分步法的成本计算对象是产品品种及其所经过的生产步骤（或车间）

采用分步法计算产品成本时，应按照产品的生产步骤设立产品成本明细账。如果只生产一种产品，成本计算对象就是这种产成品及其所经过的各生产步骤，产品成本明细账应该按照产品的生产步骤开立。如果生产多种产品，成本计算对象则是各种产成品及其所经过的各生产步骤，产品成本明细账应该按照每种产品的各个步骤开立。但应该注意的是，在实际工作中，产品成本计算划分的步骤与实际生产步骤的划分不一定完全一致。例如，在按生产步骤设立车间的企业中，一般来讲，分步计算成本也就是分车间计算成本。如果企业生产规模很大，车间内又分成几个生产步骤，而管理上又要求分步计算成本时，也可以在车间内再分步计算成本。相反，如果企业规模很小，管理上也不要求分车间计算成本，也可将几个车间合并为一个步骤计算成本。总之，应根据管理的要求，本着简化计算工作的原则，确定成本计算对象。

2. 分步法的成本计算期与会计报告期一致

在大量大批的多步骤生产中，由于原材料连续投入，产品生产连续不断地进行，生产过程中始终有一定数量的在产品，成本计算只能在月底进行，所以成本计算一般都是定期的。成本计算与会计报告期一致，而与产品的生产周期不相一致。

3. 月末一般需要将生产费用在完工产品与在产品之间进行分配

在大量大批多步骤生产的情况下，产品生产周期比单步骤生产长，而且往往是跨月陆续完工，月末各步骤一般都存在一定数量的在产品。因此，在计算成本时，还需要采用适当的分配方法，将汇集在各种产品、各生产步骤的产品成本明细账中的生产费用，在完工产品与在产品之间进行分配。计算各产品、各生产步骤的完工产品成本和在产品成本。

4. 各步骤之间成本的结转

在分步法下，由于产品生产是分步骤进行的，上一步骤生产的半成品是下一步骤的加工对象。因此，为了计算各种产品的产成品成本，还需要按照产品品种，结转各步骤成本。也就是说，与其他成本计算方法不同，在采用分步法计算产品成本时，在各步骤之间还有个成本结转问题。这是分步法的一个重要特点。

由于各个企业生产工艺过程的特点和成本管理对各步骤成本资料的要求（要不要计算半成品成本）不同，以及对简化成本计算工作的考虑，各生产步骤成本的计算和结转采用两种不同的方法：逐步结转和平行结转。因而，产品成本计算的分步法也就相应地分为逐步结转分步法和平行结转分步法两种。

企业导师说成本

分步法在工业企业实际生产中，应用较为广泛。分步法在初始设置的时候，需要了解工艺工序，确认实际步骤。分得太细，管理成本太高，分得太粗，有些步骤无法核算清楚。目前，大部分企业的成本会计都引入了 ERP 软件，有了 ERP 软件的成本模块以后，大部分计算过程都是电脑实现的，但是，人们依然要详细了解计算的过程和原理。

二、逐步结转分步法的特点和计算程序

（一）逐步结转分步法的定义

逐步结转分步法是指根据产品的加工顺序计算各步骤半成品成本，并按加工顺序将半成品成本结转到下一个步骤，直到最终计算完工产品成本的一种成本计算方法。

（二）逐步结转分步法的特点

逐步结转分步法又称为计算半成品成本法或顺序结转分步法。在采用分步法计算成本的大量大批多步骤生产中，制造过程是由一系列循序渐进的性质不同的加工步骤组成的，表现出以下几个特点：

1. 成本计算对象是各步骤半成品和最后步骤的产成品

以伊尔萨公司为例，为了计算棉布的成本，先要计算棉纱的成本。

2. 各步骤所耗用的上一步骤半成品的成本，要随着半成品实物的转移而在各生产步骤之间顺序结转

半成品实物的转移有两种方式：一是上一步骤完工的半成品，直接转入下一

步骤继续加工。这时，半成品成本就在各步骤的产品成本明细账之间直接结转；二是半成品完工后，通过半成品仓库收发。

3. 在产品按在产品实物所在地反映

各步骤产品成本明细账中的余额是狭义在产品，反映结存在该步骤在产品的成本。

（三）逐步结转分步法的计算程序

逐步结转分步法的计算程序取决于半成品的实物流转程序。

1. 半成品通过仓库收发

在这种分步法下，应设置自制半成品明细账进行核算。其计算程序如图4-1所示。

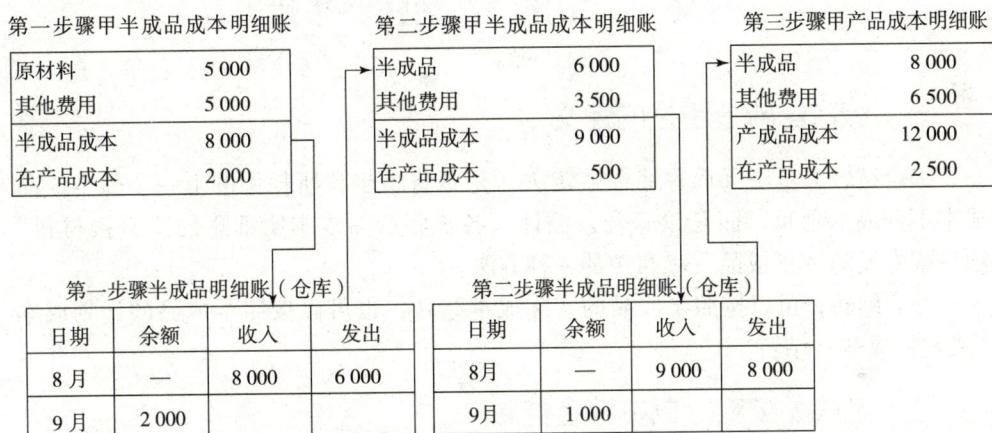

第一步骤甲半成品成本明细账

原材料	5 000
其他费用	5 000
半成品成本	8 000
在产品成本	2 000

第二步骤甲半成品成本明细账

半成品	6 000
其他费用	3 500
半成品成本	9 000
在产品成本	500

第三步骤甲产品成本明细账

半成品	8 000
其他费用	6 500
产成品成本	12 000
在产品成本	2 500

第一步骤半成品明细账（仓库）

日期	余额	收入	发出
8月	—	8 000	6 000
9月	2 000		

第二步骤半成品明细账（仓库）

日期	余额	收入	发出
8月	—	9 000	8 000
9月	1 000		

图4-1　逐步结转分步法的计算程序（半成品通过仓库收发）

从图4-1的计算程序中可以看出，采用这种分步法，每月月末，各项生产费用（包括所耗上一步骤半成品成本）在各步骤产品成本明细账中归集以后，如果该步骤既有完工的半成品（最后步骤为产成品），又有正在加工中的在产品，为了计算完工的半成品（最后步骤为产成品）和正在加工中的在产品的成本，还应将各步骤产品成本明细账中归集的生产费用，采用适当的分配方法，在完工半成品（最后步骤为产成品）与正在加工中的在产品之间进行分配，然后半成品成本通过"自制半成品"明细账结转到下一个步骤，直到最后一个步骤计算出完工产成品成本。在图4-1中，第一步骤完工半成品在验收入库时，应根据完工转出的半成品成本编制借记"自制半成品"科目，贷记"基本生产成本"科目的会计分录；第二步骤领用时，再编制相反的会计分录。

2. 半成品不通过仓库收发

如果半成品完工后不通过半成品库收发，而直接转入下一步骤，各步骤所耗用的上一步骤半成品的成本，要随着半成品实物的转移，从上一步骤的产品成本明细账转入下一步骤相同产品的产品成本明细账中，以便逐步计算各步骤的半成品成本和最后步骤的产成品成本。计算程序如图4-2所示。

由上述逐步结转分步法的计算程序可以看出，逐步结转分步法实际上是品种法的多次连接应用。

第一步骤甲产品成本明细账	
原材料	5 000
其他费用	5 000
半成品成本	8 000
在产品成本	2 000

第二步骤甲产品成本明细账	
半成品	8 000
其他费用	3 500
半成品成本	11 000
在产品成本	500

第三步骤甲产品成本明细账	
半成品	11 000
其他费用	3 500
产成品成本	12 000
在产品成本	2 500

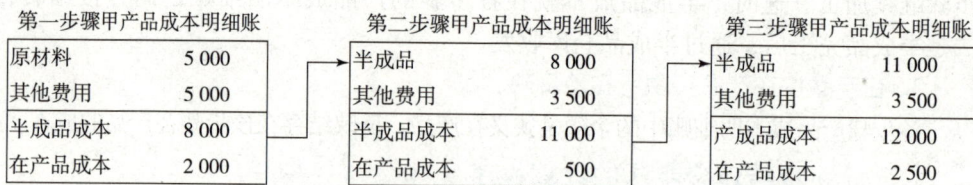

图 4 – 2　逐步结转分步法的计算程序（半成品不通过仓库收发）

逐步结转分步法按照结转的半成品成本在下一步骤产品成本明细账中的反映方法，分为综合结转分步法和分项结转分步法两种方法。

任务二　运用综合结转分步法

一、综合结转分步法的定义

综合结转分步法（简称综合结转法）是指将各步骤所耗用的上一步骤半成品成本不分成本项目，而是以综合余额计入各步骤产品成本明细账的"直接材料"项目或专设的"半成品"项目中的一种方法。

综合结转，可以按照半成品的实际成本结转，也可以按照半成品的计划成本（或定额成本）结转。

二、半成品按实际成本综合结转

采用这种结转方法，各步骤所耗上一步骤的半成品费用，应根据所耗半成品的实际数量乘以半成品的实际单位成本计算。由于各月所产半成品的实际单位成本不同，因而所耗半成品实际单位成本的计算，可根据企业的实际情况，选择使用以下方法确定：

（一）先进先出法

以先入库的半成品先发出这一假定为前提，并根据这种假定的成本流转顺序对发出和结存的半成品进行计价。

（二）全月一次加权平均法

这是用月初结存半成品数量和本月入库半成品数量作为权数计算半成品平均单位成本的计价方法。其计算公式如下：

$$加权平均单位成本 = \frac{月初结存半成品的实际成本 + 本月入库半成品的实际成本}{月初结存半成品的数量 + 本月入库半成品的数量}$$

$$发出半成品的成本 = 本月发出半成品的数量 \times 加权平均单位成本$$

$$月末结存半成品的成本 = 月末结存半成品的数量 \times 加权平均单位成本$$

此外，还有个别计价法和移动加权平均法等。

为了提高各步骤半成品成本计算的及时性，在半成品月初余额较大，本月所耗半成品全部或者大部分是上月所产的情况，下月所耗半成品费用也可按上月末半成品的加权平均单位成本计算。

【同步思考与练习4.2.1】

根据项目引导案例，伊尔萨纺织有限公司生产毛胚棉布，分两个步骤，分别由纺纱、织布两个车间进行。第一车间生产各种棉纱，交半成品库验收；第二车间按所需数量从棉纱半成品库领用，所耗半成品费用按全月一次加权平均单位成本计算。两个车间的月末在产品均按定额成本计价。由于要素费用、综合费用的归集和分配均与品种法的计算程序一样，在此案例中省略以上费用的分配。该公司2022年10月半成品成本计算程序如下：

1. 登记第一车间棉纱半成品成本明细账

根据各种生产费用分配表、半成品交库单和第一车间在产品定额成本资料，登记第一车间棉纱半成品成本明细账，如表4-1所示。

表4-1　半成品成本明细账

第一车间　棉纱　　　　　　　　　2022年10月

摘要	产量/支	直接材料/元	直接人工/元	制造费用/元	成本合计/元
月初在产品（定额成本）		5 400	660	1 140	7 200
本月费用		33 600	6 960	11 772	52 332
合计		39 000	7 620	12 912	59 532
完工转出半成品	288	27 120	6 168	10 404	43 692
月末在产品（定额成本）		11 880	1 452	2 508	15 840

根据第一车间的半成品交库单所列交库数量和半成品成本明细账中定额转出的半成品成本，编制下列会计分录：

　　借：自制半成品——棉纱　　　　　　　　　　　　　　　43 692

　　　　贷：基本生产成本——棉纱　　　　　　　　　　　　　　43 692

2. 登记自制半成品明细账

根据计价后的半成品交库单和第二车间领用半成品的领用单，登记自制半成品明细账，如表4-2所示。

表4-2　自制半成品明细账

棉纱半成品　　　　　　　　　　2022年10月

月份	月初余额		本月增加		合计			本月减少	
	数量/支	实际成本/元	数量/支	实际成本/元	数量/支	实际成本/元	单位成本/元	数量/支	实际成本/元
10	72	10 440	288	43 692	360	54 132	150.37	300	45 110
11	60	9 022							

$$加权平均单位成本 = \frac{10\,440 + 43\,692}{72 + 288} = 150.366\,7（元）$$

$$本月减少：300 \times 150.366\,7 = 45\,110（元）$$

根据第二车间半成品领用单（领用单中按所列领用数量和自制半成品明细账中单位成本计价），编制下列会计分录：

借：基本生产成本——毛胚棉布 45 110

　　贷：自制半成品——毛胚棉布 45 110

3. 登记第二车间毛胚棉布成本明细账

根据各种生产费用分配表、半成品领用单、产成品交库单以及第二车间在产品定额成本资料，登记第二车间毛胚棉布成本明细账，如表4-3所示。

表4-3　产品成本明细账

第二车间　毛胚棉布　　　　　　2022年10月

摘要	产量/匹	半成品/元	直接人工/元	制造费用/元	成本合计/元
月初在产品（定额成本）		5 328	846	900	7 074
本月费用		45 110	13 020	12 744	70 874
合计		50 438	13 866	13 644	77 948
完工转出产成品	240	36 230	11 610	11 244	59 084
单位成本		150.96	48.37	46.85	246.18
月末在产品（定额成本）		14 208	2 256	2 400	18 864

明细账中增设了"半成品"成本项目，其中本月半成品费用就是第二车间本月耗用第一车间半成品费用，是根据计价后的半成品领用单登记的，明显地反映了半成品费用综合结转的特点。

根据第二车间的产成品交库单和第二车间产品成本明细账中完工转出产成品成本，编制下列会计分录：

借：库存商品——毛胚棉布 59 084

　　贷：基本生产成本——毛胚棉布 59 084

4. 进行半成品的成本还原

成本还原，就是根据企业管理的要求，从成本计算的最后一个步骤起，把本月产成品成本中所耗上一步骤半成品的综合成本还原成直接材料、直接人工、制造费用等原始成本项目，从而求得按原始成本项目反映的产成品成本资料。

采用综合结转法的结果，表现在产成品成本中的绝大部分费用是第二车间所耗半成品的费用，而直接人工、制造费用只是第二车间发生的费用，在产品成本中所占比例很小。显然，这不符合产品成本构成的实际情况，因而不能据以从整个企业角度分析和考核产品成本的构成和水平。因此，在管理上要求从整个企业角度考核和分析产品成本的构成和水平时，还应将综合结转算出的产成品成本进行成本还原。

（1）还原分配率法。

步骤如下：

①计算还原分配率。还原分配率就是每一元本月所产半成品成本相当于产成

学习笔记

品所耗半成品费用若干元，计算公式为：

$$还原分配率 = \frac{本月产成品所耗上一步骤半成品成本合计}{本月所产这种半成品成本合计}$$

$$还原分配率 = 36\,230 \div 43\,692 = 0.829\,2$$

②用还原分配率分别乘以本月所产这种半成品各个成本项目的费用，即可将本月产成品所耗半成品的综合成本，按照本月所产这种半成品的成本构成进行分解、还原，求得按原始成本项目反映的还原对象成本。

$$所耗半成品还原为直接材料 = 27\,120 \times 0.829\,2 = 22\,487.90（元）$$

$$所耗半成品还原为直接人工 = 6\,168 \times 0.829\,2 = 5\,114.51（元）$$

$$所耗半成品还原为制造费用 = 36\,230 - 22\,487.90 - 5\,114.51 = 8\,627.59（元）$$

③将各项目分别相加，即为按原始成本项目反映的还原后的产成品总成本。

（2）项目构成比例还原法。

项目构成比例还原法是指计算出上一步骤的半成品成本的成本项目构成比例，然后再用本步骤的半成品项目去分别相乘，从而还原出各个成本项目的方法。

①先计算上一步骤的成本项目构成。

$$直接材料所占比例 = 27\,120 \div 43\,692 \times 100\% = 62.07\%$$

$$直接人工所占比例 = 6\,168 \div 43\,692 \times 100\% = 14.12\%$$

$$制造费用所占比例 = 1 - 62.07\% - 14.12\% = 23.81\%$$

②将本步骤的半成品项目进行还原。

$$还原成直接材料 = 36\,230 \times 62.07\% = 22\,487.96（元）$$

$$还原成直接人工 = 36\,230 \times 14.12\% = 5\,115.68（元）$$

$$还原成制造费用 = 36\,230 - 22\,487.96 - 5\,115.68 = 8\,626.36（元）$$

③将各项目分别相加，即为按原始成本项目反映的还原后的产成品总成本。

在实际工作中，成本还原一般是通过编制产成品成本还原计算表进行的，产成品成本还原计算表如表4-4所示（以还原分配率法为例）。

表4-4 产成品成本还原计算表 　　　　　　　　　　　　　　　元

项目	还原分配率	半成品	直接材料	直接人工	制造费用	成本合计
还原前产成品总成本	—	36 230	—	11 610	11 244	59 084
本月所产半成品总成本			27 120	6 168	10 404	43 692
按半成品成本结构还原	0.829 2	-36 230	22 487.90	5 114.51	8 627.59	—
还原后产成品总成本			22 487.90	16 722.51	19 031.59	59 084

如果产品的生产步骤不是两步，而是三步，按照上述方法应先从第三步起，将其所耗第二步骤生产的半成品综合成本，按本月第二步骤生产的这种半成品的成本构成进行分解、还原。但还原后"半成品"项目还会有未还原尽的综合费用，即第二步骤生产的半成品成本中消耗的第一步骤半成品的综合成本，因此还应将其按照本月第一步骤生产的这种半成品成本构成再进行一次还原，直至"半成品"

项目的综合成本全部分解、还原为原始成本项目时为止。

三、半成品按计划成本综合结转

采用这种结转方法，半成品日常收发的明细核算均按计划成本计价；在半成品实际成本计算出来后，再计算半成品成本差异额和成本差异率，调整领用半成品的计划成本。而半成品收发的总分类核算则按实际成本计价。

仍以上例企业资料为例，计算程序如下：

1. 登记第一车间产品成本明细账

根据各种费用分配表及有关资料，登记第一车间产品成本明细账。如表4–5所示。

表4–5　产品成本明细账

第一车间　棉纱　　　　　　　　　2022年10月

摘要	产量/支	半成品/元			直接材料/元	直接人工/元	制造费用/元	成本合计/元
		计划成本	成本差异	实际成本				
月初在产品（定额成本）					5 400	660	1 140	7 200
完工转出半成品	288	42 624	1 068	43 692	27 120	6 168	10 404	43 692

根据第一车间产品成本明细账和半成品入库单（半成品计划单位成本：148元）编制下列会计分录：

借：自制半成品——棉纱　　　　　　　　　　　　　42 624
　　自制半成品成本差异　　　　　　　　　　　　　　1 068
　　　贷：基本生产成本——棉纱　　　　　　　　　　　　43 692

2. 登记自制半成品明细账

根据上面会计分录，登记自制半成品明细账。自制半成品明细账不仅要反映半成品收发和结存的数量和实际成本，而且要反映半成品计划成本，以及半成品成本差异额和成本差异率。如表4–6所示。

表4–6　自制半成品明细账

第一车间：棉纱　　　　　　　2022年10月　　　　　计划单位成本：148元

	月份		10	11
月初余额	数量/支	①	72	60
	计划成本/元	②	10 656	8 880
	实际成本/元	③	10 440	9 022
本月增加	数量/支	④	288	
	计划成本/元	⑤	42 624	
	实际成本/元	⑥	43 692	

续表

月份			10	11
合计	数量/支	⑦=①+④	360	
	计划成本/元	⑧=②+⑤	53 280	
	实际成本/元	⑨=③+⑥	54 132	
	成本差异/元	⑩=⑨-⑧	852	
	成本差异率	⑪=⑩/⑧×100%	1.6%	
本月减少	数量/支	⑫	300	
	计划成本/元	⑬	44 400	
	实际成本/元	⑭=⑬+⑬×⑪	45 110	

3. 登记第二车间产品成本明细账

对于所耗用半成品的成本，可以直接按照调整成本差异后的实际成本登记；也可以按照计划成本和成本差异分别登记，以便于分析上一步骤半成品成本差异对本步骤成本的影响。如采用后一种做法，产品成本明细账中的"半成品"项目，应分设"计划成本""成本差异""实际成本"三栏。其格式如表4-7所示。

表4-7　产品成本明细账

第二车间　棉布　　　　　　　2022年10月

摘要	产量/匹	半成品/元			直接人工/元	制造费用/元	成本合计/元
		计划成本	成本差异	实际成本			
月初在产品（定额成本）		5 328	—	5 328	846	900	7 074
本月费用		44 400	710	45 110	13 020	12 744	70 874
合计		49 728	710	50 438	13 866	13 644	77 948
完工转出产成品	240	35 520	710	36 230	11 610	11 244	59 084
单位成本		148	2.36	150.96	48.37	46.85	246.18
月末在产品（定额成本）		14 208	—	14 208	2 256	2 400	18 864

综上所述，可以看出，采用综合结转分步法逐步结转半成品成本，从各步骤的产品成本明细账中可以看出各步骤产品所耗上一步骤半成品费用的水平和本步骤加工费用的水平，从而有利于各生产步骤的管理。但如果管理上要求提供按原始成本项目反映的产成品成本资料，就需要进行成本还原。如果生产多种产品，成本还原工作会比较繁重。因此，这种结转方法只在管理上要求计算各步骤完工产品所耗半成品费用，而不要求进行成本还原的情况下采用。

任务三 运用分项结转分步法

一、分项结转分步法的定义

分项结转分步法（简称分项结转法）是指各步骤所耗用的上一步骤半成品成本，按照成本项目分项转入各步骤产品成本明细账的各个成本项目中进行分项反映的一种方法。如果半成品通过半成品库收发，在自制半成品明细账中登记半成品成本时，也要按照成本项目分别登记。

分项结转，可以按照半成品的实际成本分项结转，也可以按照半成品的计划成本分项结转，然后按成本项目分项调整成本差异。由于后一种做法计算工作量较大，因而一般多采用按实际成本分项结转的方法。

【同步思考与练习4.3.1】

仍以项目引导案例伊尔萨纺织有限公司为例，但是与前例不同的是，第一车间生产完工的棉纱直接进入第二车间生产，不通过半成品库结转，在产品按定额成本计算，原材料在生产开始时一次投入，采用分项结转分步法计算产品成本，如表4-8所示。

表4-8 产品成本明细账

第一车间 棉纱   2022年10月

摘要	产量/支	直接材料/元	直接人工/元	制造费用/元	成本合计/元
月初在产品（定额成本）		5 400	660	1 140	7 200
本月费用		33 600	6 960	11 772	52 332
合计		39 000	7 620	12 912	59 532
完工转出半成品	288	27 120	6 168	10 404	43 692
月末在产品（定额成本）		11 880	1 452	2 508	15 840

根据第一车间转出完工半成品，分成本项目转入第二车间成本计算单的相同成本项目中，就可编制第二车间产品成本计算单，如表4-9所示。

表4-9 第二车间产品成本计算单

第二车间 棉布   2022年10月   元

项目	直接材料	直接人工	制造费用	合计
月初在产品成本（定额成本）	5 328	846	900	7 074
本月发生费用	—	13 020	12 744	23 000
第一车间转入	27 120	6 168	10 404	43 692
合计	32 448	20 034	24 048	73 766
完工产品成本	18 240	17 778	21 648	54 902
月末在产品成本（定额成本）	14 208	2 256	2 400	18 864

根据第二车间产成品交库单和第二车间产品成本明细账中完工转出成品成本，编制下列会计分录：

借：库存商品——棉布　　　　　　　　　　　　54 902
　　贷：基本生产成本——棉布　　　　　　　　　　54 902

二、逐步结转分步法的优缺点

（一）逐步结转分步法的优点

（1）逐步结转分步法的成本计算对象是企业产成品及其各步骤的半成品，这就为分析和考核企业产品成本计划和各步骤半成品成本计划的执行情况，以及正确计算半成品销售成本提供了资料。

（2）不论是综合结转分步法还是分项结转分步法，半成品成本都是随着半成品实物的转移而结转的，各步骤产品成本明细账中的生产费用余额，反映了留存在各步骤的在产品成本，因而还能为在产品的实物管理和生产资金管理提供资料。

（3）采用综合结转分步法结转半成品成本时，由于各步骤产品成本中包括所耗上一步骤半成品成本，从而能全面反映各步骤完工产品中所耗上一步骤半成品费用水平和本步骤加工费用水平，有利于各步骤的成本管理。采用分项结转分步法结转半成品成本时，可以直接提供按原始成本项目反映的产品成本，满足企业分析和考核产品构成和水平的需要，而不必进行成本还原。

（二）逐步结转分步法的缺点

（1）后一步骤的半成品（或产成品）成本包括前一步骤的成本，各步骤的半成品（或产成品）成本受前一步骤成本水平波动的影响，不利于考核各步骤的成本管理工作，也不利于进行成本分析。

（2）成本核算工作比较复杂，核算工作的及时性也较差。如果采用综合结转分步法，需要进行成本还原；如果采用分项结转分步法，结转的核算工作量大；如果半成品按计划成本结转，还要核算和调整半成品成本差异；如果半成品按实际成本结转，各步骤则不能同时核算成本，成本核算的及时性差。

因此，应用这一方法时，必须从实际出发，根据管理要求，权衡利弊，做到既满足管理要求，提供所需的各种资料，又能简化核算工作。

思政园地

工业企业为了多快好省地生产出满足社会需要的产品，提高经济效益，必须把废品率降到最低限度。降低废品率的途径主要有以下几个：

（1）做好废品的统计分析工作，建立健全原始记录，定期召开有关废品的分析会议，通过分析研究找出造成废品的原因，从中吸取教训，采取措施，减少废品。

（2）按照各道工序的质量标准，严格实行工序质量控制，以防止废品的发生。

（3）经常对各类人员进行培训，使他们树立起严格的质量意识，提高工作水平和技术水平。

（4）认真做好原材料的采购、检验工作，保证投入生产的原材料的产品质量合格。

思政点：制造业是国民经济的主体，是立国之本、兴国之器、强国之基。历史与实践表明，没有强大的制造业，就没有强盛的国家和民族。习近平总书记高度重视推动我国制造业转型升级、建设制造强国，强调"制造业特别是装备制造业高质量发展是我国经济高质量发展的重中之重"，提出"把推动制造业高质量发展作为构建现代化经济体系的重要一环"，要求"把实体经济特别是制造业做实做优做强""打造有国际竞争力的先进制造业集群，打造自主可控、安全高效并为全国服务的产业链供应链"。要让国家真正强大起来，就必须打牢大国制造的坚实基础、激发科技创新的强劲动力。

任务四　运用平行结转分步法

一、平行结转分步法的定义和特点

（一）平行结转分步法的定义

平行结转分步法是指各步骤只计算本步骤所发生的各项生产费用以及这些费用中应计入产成品成本的份额，然后，将各步骤应计入完工产品成本的份额进行平行结转、汇总，计算出完工产品成本的一种方法。

平行结转分步法也称不计算半成品成本的分步法。在采用分步法计算成本的大量大批多步骤生产中，有的产品生产过程，首先是对各种原材料平行地进行连续加工，使之成为各种半成品——零件和部件，然后再装配成各种产成品。例如，机械制造企业的车间一般按生产工艺过程设置，设有铸工、锻工、加工、装配等车间。铸工车间利用生铁、钢、铜等各种原料熔铸各种铸件；锻工车间利用各种外购钢材锻造各种锻件。铸件和锻件都是用来进一步加工的毛坯。加工车间对各种铸件、锻件、外购半成品和外购材料进行加工，制造各种产品的零件和部件；然后转入装配车间进行装配，生产各种机械产品。由于在这类生产企业中，各步骤所产半成品的种类很多，但半成品外售的情况却较少，在管理上不要求计算半成品成本，因而为了简化和加速成本计算工作，在计算产品成本时，可以不计算各步骤所产半成品成本，也不计算各步骤所耗上一步骤的半成品成本（即各步骤之间不结转所耗半成品成本），而只计算本步骤所发生的各项生产费用以及这些费用中应计入产成品的份额。然后，将各步骤应计入同一产成品成本的份额平行结转、汇总，即可计算出这种产品的产成品成本。

（二）平行结转分步法的特点

平行结转分步法与逐步结转分步法相比，表现出如下几个特点：

1. 成本计算对象是各生产步骤和最终完工产品

在平行结转分步法下，各步骤的半成品均不作为成本计算对象，各步骤的成本计算都是为了算出最终产品的成本。因此，各步骤产品成本明细账中转出的只是该步骤应计入最终产品的份额，各步骤产品成本明细账不能提供其产出半成品的成本资料。

2. 半成品成本不随实物转移而结转

在平行结转分步法下，由于各步骤不计算半成品的成本，只归集本步骤所发生的生产费用，计算结转应计入产成品成本的份额，因此，各步骤半成品的成本资料只保留在该步骤的成本明细账中，并不随实物转移而结转。这时，不论半成品是通过仓库收发，还是在各步骤间转移，都不通过"自制半成品"账户核算。

3. 月末，各步骤生产费用要在计入产成品的份额和广义在产品之间分配

在平行结转分步法下，各步骤的生产费用要选择适当的方法在完工产品和广义在产品之间分配，常用的方法有约当产量法、广义在产品按定额成本计算法和定额比例法。这里各步骤应计入产成品成本的份额是该步骤应计入产品成本的费用。这里的广义在产品包括以下几种：

（1）尚在本步骤加工中的在产品；

（2）本步骤已完工转入半成品库的半成品；

（3）已从半成品库转到以后各步骤进一步加工、尚未最后制成的半成品。

二、平行结转分步法的计算程序

（1）按加工步骤和产品品种开设生产成本明细账，各步骤成本明细账按成本项目归集本步骤发生的生产费用（但不包括耗用上一步骤半成品的成本）。

（2）月末将各步骤归集的生产费用在产成品与广义在产品之间进行分配，计算各步骤费用中应计入产成品成本的份额。

（3）将各步骤费用中应计入产成品成本的份额按成本项目平行结转，汇总计算产成品的总成本及单位成本。

平行结转分步法的计算程序如图4-3所示。

三、各步骤应计入产成品成本的份额的计算

采用平行结转分步法计算产品成本时，月末各步骤需要将本月累计的生产费用在最终产成品和广义在产品之间分配。从而确定本步骤费用中应计入产成品成本的份额。常用的分配方法有约当产量法、广义在产品按定额成本计算法和定额比例法。

（一）约当产量法

采用约当产量法，各步骤计入产成品成本份额的计算公式如下：

某步骤应计入产成品成本的份额 = 产成品数量 × 单位产成品耗用该步骤半成品数量 × 该步骤单位半成品费用

$$该步骤单位半成品费用 = \frac{该步骤月初在产品费用 + 该步骤本月生产费用}{该步骤约当产量}$$

学习笔记

平行结转分步法（微课）

学习笔记

$$某步骤约当产量 = 完工产品数量 + 广义在产品约当产量$$
$$= 产成品所耗用半成品数量 + 存放于半成品仓库的$$
半成品数量 + 其他步骤领用半成品的数量 + 本步
骤月末狭义在产品约当产量

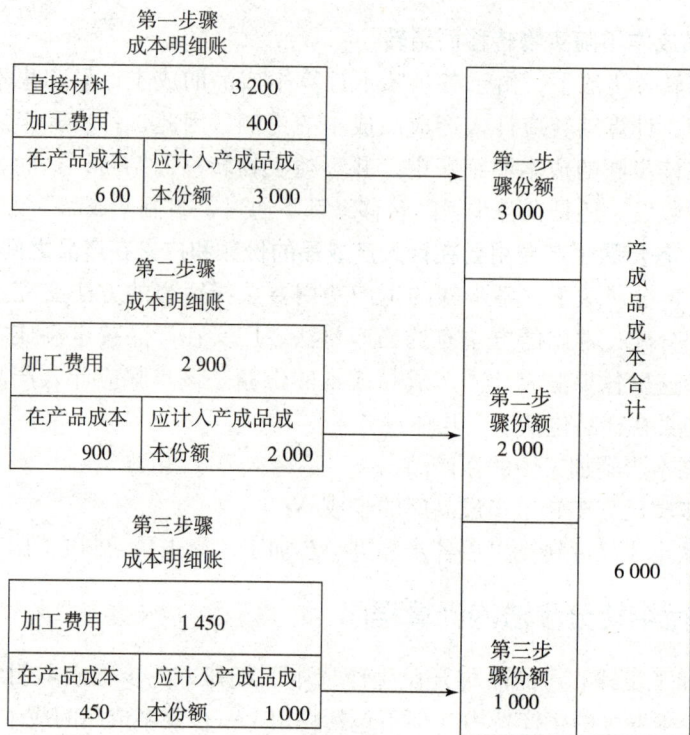

第一步骤
成本明细账

| 直接材料 | 3 200 |
| 加工费用 | 400 |

| 在产品成本 | 应计入产成品成 |
| 6 00 | 本份额   3 000 |

第一步
骤份额
3 000

第二步骤
成本明细账

| 加工费用 | 2 900 |

| 在产品成本 | 应计入产成品成 |
| 900 | 本份额   2 000 |

第二步
骤份额
2 000

产成品成本合计

第三步骤
成本明细账

| 加工费用 | 1 450 |

| 在产品成本 | 应计入产成品成 |
| 450 | 本份额   1 000 |

6 000

第三步
骤份额
1 000

图 4 - 3   平行结转分步法的计算程序

【同步思考与练习 4.4.1】

重英小五金机械有限公司生产 AB 产品，第一车间生产 A 零件、第二车间生产 B 零件，第二车间将 A 零件、B 零件装配成 AB 产品。每件 AB 产品由 A 零件、B 零件各一个组成。A 零件耗用的原材料在生产开始时一次投入，B 零件耗用的原材料随着加工进度逐步投入。各车间在产品完工率为 50%。该公司 2022 年 9 月有关资料如下：

（1）2022 年 9 月各车间生产情况如表 4 - 10 所示。

表 4 - 10   各车间生产情况

件

项目	A 零件	B 零件	AB 产品
月初在产品	80	120	200
本月投产	800	720	760

续表

项目	A 零件	B 零件	AB 产品
完工转出	760	760	800
月末在产品	120	80	160
产量和约当产量	直接材料：1 080 其他费用：1 020	1 000 1 000	880 880

（2）各车间月初在产品成本如表 4-11 所示。

表 4-11　各车间月初在产品成本　　　　　　　　元

车间	直接材料	直接人工	制造费用	合计
第一车间	4 700	760	690	6 150
第二车间	2 100	550	390	3 040
第三车间		100	160	260

（3）各车间本月生产费用如表 4-12 所示。

表 4-12　各车间本月生产费用　　　　　　　　元

车间	原材料	直接人工	制造费用	合计
第一车间	14 740	3 320	2 472	20 532
第二车间	6 400	1 550	1 110	9 060
第三车间		912	1 248	2 160

（4）各车间产品成本明细账如表 4-13～表 4-15 所示。

表 4-13　第一车间产品成本明细账　　　　　　　　元

摘要	直接材料	直接人工	制造费用	合计
月初在产品成本	4 700	760	690	6 150
本月生产费用	14 740	3 320	2 472	20 532
费用合计	19 440	4 080	3 162	26 682
单位成本	18	4	3.1	25.1
计入产成品的份额	14 400	3 200	2 480	20 080
月末在产品成本	5 040	880	682	6 602

表 4-14　第二车间产品成本明细账　　　　　　　　元

摘要	直接材料	直接人工	制造费用	合计
月初在产品成本	2 100	550	390	3 040
本月生产费用	6 400	1 550	1 110	9 060
费用合计	8 500	2 100	1 500	12 100

学习笔记

续表

摘要	直接材料	直接人工	制造费用	合计
单位成本	8.5	2.1	1.5	12.1
计入产成品的份额	6 800	1 680	1 200	9 680
月末在产品成本	1 700	420	300	2 420

表 4-15　第三车间产品成本明细账　　　　　　　元

摘要	直接人工	制造费用	合计
月初在产品成本	100	160	260
本月生产费用	912	1 248	2 160
费用合计	1 012	1 408	2 420
单位成本	1.15	1.6	2.75
计入产成品的份额	920	1 280	2 200
月末在产品成本	92	128	220

在表 4-13～表 4-15 中，单位成本和计入产成品成本的份额计算如下：

（1）第一步计入完工产品成本的份额：

$$单位半成品直接材料费用 = 19\ 440 \div (800 + 160 + 120) = 18（元）$$
$$完工产品份额 = 800 \times 18 = 14\ 400（元）$$
$$在产品成本 = (160 + 120) \times 18 = 5\ 040（元）$$
$$单位半成品人工费用 = 4\ 080 \div (800 + 160 + 120 \times 50\%) = 4（元）$$
$$完工产品份额 = 800 \times 4 = 3\ 200（元）$$
$$在产品成本 = (160 + 120 \times 50\%) \times 4 = 880（元）$$
$$单位半成品制造费用 = 3\ 162 \div (800 + 160 + 120 \times 50\%) = 3.1（元）$$
$$完工产品份额 = 800 \times 3.1 = 2\ 480（元）$$
$$在产品成本 = (160 + 120 \times 50\%) \times 3.1 = 682（元）$$

（2）第二步计入完工产品成本的份额：

$$单位半成品直接材料费用 = 8\ 500 \div (800 + 160 + 80 \times 50\%) = 8.5（元）$$
$$完工产品份额 = 800 \times 8.5 = 6\ 800（元）$$
$$在产品成本 = (160 + 80 \times 50\%) \times 8.5 = 1\ 700（元）$$
$$单位半成品人工费用 = 2\ 100 \div (800 + 160 + 80 \times 50\%) = 2.1（元）$$
$$完工产品份额 = 800 \times 2.1 = 1\ 680（元）$$
$$在产品成本 = (160 + 80 \times 50\%) \times 2.1 = 420（元）$$
$$单位半成品制造费用 = 1\ 500 \div (800 + 160 + 80 \times 50\%) = 1.5（元）$$
$$完工产品份额 = 800 \times 1.5 = 1\ 200（元）$$
$$在产品成本 = (160 + 80 \times 50\%) \times 1.5 = 300（元）$$

（3）第三步计入完工产品成本的份额：

$$单位半成品人工费用 = 1\ 012 \div (800 + 160 \times 50\%) = 1.15（元）$$

$$完工产品份额 = 800 \times 1.15 = 920（元）$$
$$在产品成本 = (160 \times 50\%) \times 1.15 = 92（元）$$
$$单位半成品制造费用 = 1\ 408 \div (800 + 160 \times 50\%) = 1.6（元）$$
$$完工产品份额 = 800 \times 1.6 = 1\ 280（元）$$
$$在产品成本 = (160 \times 50\%) \times 1.6 = 128（元）$$

根据上述分配结果，将各步骤应计入产品成本的份额平行汇总，计算出产品成本，编制产品成本汇总计算表，如表 4-16 所示。

表 4-16　产品成本汇总计算表

产品名称：AB 产品　　　　　　　　　2022 年 9 月　　　　　　　　　　　元

项目	第一车间	第二车间	第三车间	总成本	单位成本
直接材料	14 400	6 800		21 200	26.5
直接人工	3 200	1 680	920	5 800	7.25
制造费用	2 480	1 200	1 280	4 960	6.2
合计	20 080	9 680	2 200	31 960	39.95

（二）广义在产品按定额成本计算法

广义在产品是指尚未最后加工成产成品的在产品、存在仓库中的半成品和存在以后各步骤中的在产品。

广义在产品按定额成本计算法是指根据各步骤月末广义在产品数量和产品定额成本计算出该步骤月末广义在产品的成本，然后用该步骤生产费用合计减去该步骤月末广义在产品的成本，得出该步骤应计入完工产品的份额，各步骤计入完工产品的份额相加即为完工产品成本。各步骤广义在产品定额成本计算公式如下：

$$广义在产品定额成本 = 广义在产品直接材料定额成本 + 广义在产品直接$$
$$人工定额成本 + 广义在产品制造费用定额成本$$
$$广义在产品直接材料定额成本 = 材料消耗定额 \times 材料计划单价 \times$$
$$广义在产品数量 \times 投料程度$$
$$广义在产品直接人工定额成本 = 工时定额 \times 计划小时工资率 \times$$
$$广义在产品约当产量$$
$$广义在产品制造费用定额成本 = 工时定额 \times 计划小时费用率 \times$$
$$广义在产品约当产量$$

【同步思考与练习 4.4.2】

万盛钢铁厂生产钢材，分三个步骤连续加工，第一步骤生产半成品生铁铸块，第二步骤生产半成品轧钢，第三步骤生产产成品钢筋。第一步骤开始生产时一次投料，各步骤在产品的施工程度均为 50%，该厂 2022 年 7 月有关产量资料如表 4-17 所示。

学习笔记

表 4 – 17　产量资料　　　　　　　　件

项目	生铁铸块	半成品轧钢	产成品钢筋
月初在产品	2 000	2 500	1 500
本月投产	36 000	34 000	33 500
完工转出	34 000	33 500	25 000
月末在产品	4 000	3 000	10 000

假如第一步骤本月费用合计直接材料 231 000 元，直接人工 48 000 元，制造费用 24 000 元。单位产品直接材料定额 5.5 元、直接人工定额 1.2 元、制造费用定额 0.6 元。

第一步骤月末在产品定额成本计算如下：

广义在产品直接材料定额成本：

$$(10\ 000 + 3\ 000 + 4\ 000) \times 5.5 = 93\ 500\ （元）$$

广义在产品直接人工定额成本：

$$(10\ 000 + 3\ 000 + 4\ 000 \times 50\%) \times 1.2 = 18\ 000\ （元）$$

广义在产品制造费用定额成本：

$$(10\ 000 + 3\ 000 + 4\ 000 \times 50\%) \times 0.6 = 9\ 000\ （元）$$

第一步骤应计入完工产品钢筋中的份额为 182 500 元。

其中，直接材料份额为：

$$231\ 000 - 93\ 500 = 137\ 500\ （元）$$

直接人工份额为：

$$48\ 000 - 18\ 000 = 30\ 000\ （元）$$

制造费用份额为：

$$24\ 000 - 9\ 000 = 15\ 000\ （元）$$

第二步骤广义在产品数量（逐步投料）为：

$$10\ 000 + 3\ 000 \times 50\% = 11\ 500\ （件）$$

第三步骤广义在产品数量为：

$$10\ 000 \times 50\% = 5\ 000\ （件）$$

（三）定额比例法

定额比例法，是指将各步骤的费用，按定额比例在份额与广义在产品之间分配的一种方法。其中，原材料费用按定额消耗量或定额费用比例分配，直接人工和其他费用按定额工时或定额费用比例分配。计算公式如下：

某步骤某项费用的分配率 =（该步骤该项目月初费用 + 该步骤该项目本月发生费用）÷［产成品定额消耗量（工时）或定额费用 + 月末广义在产品定额消耗量（工时）或定额费用］

某步骤某项费用应计入产成品成本的份额 = 产成品定额消耗量（工时）或定额费用 × 该步骤该项费用分配率

【同步思考与练习4.4.3】

仍以万盛钢铁厂为例，分两步骤生产型钢。生产费用在完工产品与在产品之间的分配采用定额比例法，其中原材料费用按定额费用比例分配；其他各项费用均按定额工时比例分配。有关型钢的数据如表4-18所示。

表4-18　有关型钢的数据

车间（步骤）份额	月初在产品		本月投入		本月产成品					
	定额原材料费用/元	定额工时/小时	定额原材料费用/元	定额工时/小时	单件定额		产量/件	定额原材料费用/元	定额工时/小时
					原材料费用/元	工时/小时			
第一步骤份额	10 560	4 880	6 400	2 800	50	30	200	10 000	6 000
第二步骤份额		2 600		6 910		40	200		8 000
合计	10 560	7 480	6 400	9 710	50	70	200	10 000	14 000

根据表4-18、各种生产费用分配表和产成品交库单，登记第一、第二车间的产品成本明细账，如表4-19和表4-20所示。

表4-19　产品成本明细账

第一车间　轧钢　　　　　　　　　　　2022年7月

摘要	产量/件	直接材料/元		定额工时	直接人工/元	制造费用/元	成本合计/千元
		定额	实际				
月初在产品成本		10 560	11 210	4 880	5 020	9 810	26 040
本月生产费用		6 400	7 446	2 800	4 196	6 318	17 960
生产费用合计		16 960	18 656	7 680	9 216	16 128	44 000
费用分配率			1.1		1.2	2.1	
完工产品中本步骤的份额	200	10 000	11 000	6 000	7 200	12 600	30 800
月末在产品		6 960	7 656	1 680	2 016	3 528	13 200

表4-20　产品成本明细账

第二车间　型钢　　　　　　　　　　　2022年7月

摘要	产量/件	直接材料/元		定额工时/小时	直接人工/元	制造费用/元	成本合计/元
		定额	实际				
月初在产品				2 600	2 910	4 870	7 780
本月生产费用				6 910	7 551	7 493	15 044
合计				9 510	10 461	12 363	22 824
费用分配率					1.1	1.3	
完工产品中本步骤的份额	200			8 000	8 800	10 400	19 200
月末在产品				1 510	1 661	1 963	3 624

上述产品成本明细账中的数字计算、登记方法如下：

（1）定额原材料费用或定额工时，根据表4-18计算登记。月末在产品定额材料费用（或定额工时），是根据月初在产品定额材料费用（或定额工时）、本月投入产品定额材料费用（或定额工时）和本月实工产品定额材料费用（或定额工时），采用倒挤的方法计算求得的。计算公式如下：

月末在产品定额材料费用（或定额工时）＝月初在产品定额材料费用（或定额工时）＋本月投入产品定额材料费用（或定额工时）－本月完工产品定额材料费用（或定额工时）

以第一车间定额原材料费用（或定额工时）计算为例：

月末在产品定额原材料费用＝10 560＋6 400－10 000＝6 960（元）

月末在产品定额工时＝4 880＋2 800－6 000＝1 680（小时）

（2）本月生产费用即本月各步骤生产产品所发生的各项生产费用，应根据各种生产费用分配表登记。由于原材料在生产开始时一次性投入，采用平行结转分步法在各步骤间不结转半成品成本，因而只有第一车间有原材料费用（定额和实际），第二车间没有本月耗用的半成品费用。

（3）费用分配率的计算。采用定额比例法在完工产品与在产品之间分配费用，应首先计算费用分配率，其中原材料费用按定额原材料费用比例分配，其他各项费用均按定额工时比例分配。本例各项费用分配率及产成品成本中各步骤份额计算如下：

以第一车间为例：

直接材料费用分配率＝（11 210＋7 446）/（10 000＋6 960）＝1.1

完工产品中第一车间材料费用份额＝10 000×1.1＝11 000（元）

月末在产品原材料费用＝6 960×1.1＝7 656（元）

或   ＝11 210＋7 446－11 000＝7 656（元）

直接人工费用分配率＝（5 020＋4 196）/（6 000＋1 680）＝1.2

完工产品中第一车间直接人工费用份额＝6 000×1.2＝7 200（元）

月末在产品直接人工费用＝1 680×1.2＝2016（元）

或   ＝5 020＋4 196－7 200＝2 016（元）

制造费用分配率＝（9 810＋6 318）/（6 000＋1 680）＝2.1

完工产品中第一车间制造费用份额＝6 000×2.1＝12 600（元）

月末在产品制造费用＝1 680×2.1＝3 528（元）

或   ＝9 810＋6 318－12 600＝3 528（元）

第二车间各成本项目费用的分配计算可类推，从略。

将第一、第二车间产品成本明细账中应计入产成品成本的份额，平行结转、汇总计入产品成本汇总表，如表4-21所示。

表4-21 型钢成本汇总表

2022年7月

车间份额	产量/件	原材料费用/元	工资及福利费/元	制造费用/元	成本合计/元
第一车间份额	200	11 000	7 200	12 600	30 800
第二车间份额	200		8 800	10 400	19 200

续表

车间份额	产量/件	原材料费用/元	工资及福利费/元	制造费用/元	成本合计/元
合计	200	11 000	16 000	23 000	50 000
单位成本	200	55	80	115	250

四、平行结转分步法的优缺点

（一）平行结转分步法的优点

总结以上所述，平行结转分步法与逐步结转分步法相比较，具有以下优点：

（1）采用这一方法，各步骤可以同时计算产品成本，然后将应计入完工产品成本的份额平行结转、汇总计入产成品成本，不必逐步结转半成品成本，从而可以简化和加速成本计算工作。

（2）采用这一方法，一般是按成本项目平行结转、汇总各步骤成本中应计入产成品成本的份额，因而能够直接提供按原始成本项目反映的产成品成本资料，不必进行成本还原，省去了大量烦琐的计算工作。

（二）平行结转分步法的缺点

由于采用这一方法各步骤不计算也不结转半成品成本，因而存在以下缺点：

（1）不能提供各步骤半成品成本资料及各步骤所耗上一步骤半成品费用资料，因而不能全面地反映各步骤生产耗费的水平，不利于各步骤的成本管理。

（2）由于各步骤间不结转半成品成本，使半成品实物转移与费用结转脱节，因而不能为各步骤在产品的实物管理和资金管理提供资料。

从以上对比分析中可以看出，平行结转分步法的优缺点正好与逐步结转分步法的优缺点相反。因此，平行结转分步法只宜在半成品种类较多、逐步结转半成品成本工作量较大、管理上又不要求提供各步骤半成品成本资料的情况下采用；并在采用时加强各步骤在产品收发结存的数量核算，以便为在产品的实物管理和资金管理提供资料，从而弥补这一方法的不足。

项目总结

分步法，是按照产品的品种和每个产品所经过的生产步骤归集生产费用，计算产品成本的一种方法。它主要适用于大量大批管理上要求分步骤计算产品成本的多步骤生产，如，纺织、冶金等连续加工式多步骤生产和机器制造等装配式多步骤生产。

由于各个企业生产工艺过程的特点和成本管理对各步骤成本资料的要求（要不要计算半成品成本）不同，以及对简化成本计算工作的考虑，各步骤成本的计算和结转采用两种不同的方法：逐步结转和平行结转。因而，产品成本计算的分步法也就相应地分为逐步结转分步法和平行结转分步法两种。

学习笔记

学习笔记

逐步结转分步法是指根据产品的加工顺序计算各步骤半成品成本，并按加工顺序将半成品成本结转到下一个步骤，直到最终计算完工产品成本的一种成本计算方法。逐步结转分步法按照结转的半成品成本在下一步骤产品成本明细账中的反映方法，分为综合结转分步法和分项结转分步法两种方法。

综合结转分步法是指将各步骤所耗用的上一步骤半成品成本不分成本项目，而是以综合余额计入各步骤产品成本明细账的"直接材料"项目或专设的"半成品"项目中的一种方法。采用综合结转分步法的结果，表现在产成品成本中的绝大部分费用是第二车间所耗半成品的费用，而直接人工、制造费用只是第二车间发生的费用，在产品成本中所占比例很小。显然，这不符合产品成本构成的实际情况，因此，在管理上要求从整个企业角度考核和分析产品成本的构成和水平时，还应将综合结转算出的产成品成本进行成本还原。成本还原可以采用还原分配率法和项目构成比例还原法。

分项结转分步法是指将各步骤所耗用的上一步骤半成品成本，按照成本项目分项转入各步骤产品成本明细账的各个成本项目中进行分项反映的一种方法。此方法和综合结转分步法相比，不需要进行成本还原，但是如果半成品通过半成品库收发，在自制半成品明细账中登记半成品成本时，也要按照成本项目分别登记。

平行结转分步法是指各加工步骤只计算本步骤所发生的各项生产费用以及这些费用中应计入产成品成本的份额，然后，将各步骤应计入完工产品成本的份额进行平行结转、汇总，计算出完工产品成本的一种方法。

思考与练习

一、单选题

1. 在分步法中，半成品已经转移，但半成品成本不结转的成本结转方法是（　　）。

A. 逐步结转分步法　　　　　　　B. 综合结转分步法

C. 平行结转分步法　　　　　　　D. 分项结转分步法

2. 在逐步结转分步法下，在产品的含义是指（　　）。

A. 自制半成品　　B. 返修品　　C. 狭义在产品　　D. 广义在产品

3. 成本还原对象是（　　）。

A. 各步骤半成品成本

B. 产成品成本

C. 最后步骤产成品成本

D. 产成品成本中所耗上一步骤半成品费用

4. 成本还原分配率的计算公式是（　　）。

A. 本月所产半成品成本合计÷本月产品成本所耗这种半成品费用

B. 本月产成品所耗上一步骤半成品成本合计÷本月所产这种半成品成本合计

C. 本月产品成本合计÷本月产成品所耗半成品费用

D. 本月产品所耗半成品费用÷本月产成品成本合计

5. 在平行结转分步法下，月初和本月生产费用总额是在（　　）之间进行分配的。

    A. 各步骤完工半成品与月末加工中的在产品

    B. 各步骤完工半成品与广义在产品

    C. 产成品与月末广义在产品

    D. 产成品与月末狭义在产品

6. 平行结转分步法中在产品的含义是指（　　　）。

    A. 本步骤在制品　　　　　　　　B. 最终产成品

    C. 狭义在产品　　　　　　　　　D. 广义在产品

7. 采用逐步结转分步法时，前一步骤生产的半成品直接转入后一步骤，半成品成本应借记的科目是（　　　）。

    A. 自制半成品　　　　　　　　　B. 基本生产成本

    C. 原材料　　　　　　　　　　　D. 制造费用

8. 采用综合结转分步法计算产品成本时，若有四个生产步骤，则需进行成本还原的次数是（　　　）。

    A. 一次　　　　　B. 二次　　　　　C. 三次　　　　　D. 四次

9. 金隆机械制造厂设有三个基本生产车间，即铸造车间、机械加工车间、装配车间，管理上各车间均实行经济核算，企业成本核算方法应选择（　　　）。

    A. 品种法　　　　B. 分批法　　　　C. 分步法　　　　D. 定额法

10. 采用（　　　）分步法，为了反映原始成本项目，必须进行成本还原。

    A. 综合结转　　　B. 分项结转　　　C. 逐步结转　　　D. 平行结转

二、多选题

1. 采用逐步结转分步法，（　　　）。

    A. 半成品成本结转同其实物的转移完全一致

    B. 成本核算手续简便

    C. 能够提供半成品成本资料

    D. 有利于加强生产资金管理

    E. 为外售半成品和展开成本指标评比提供成本资料

2. 平行结转分步法的特点有（　　　）。

    A. 不计算各步骤半成品成本

    B. 半成品实物转移，但成本不结转

    C. 在产品指广义在产品

    D. 需要进行成本还原

3. 逐步结转分步法主要是用于（　　　）。

    A. 自制半成品可以加工为多种产品的企业

    B. 自制半成品可以对外销售的企业

    C. 生产多种产品的企业

    D. 需要单独核算半成品的企业

    E. 纺织、钢铁、家用电器等企业

4. 采用平行结转分步法计算产品成本时，其主要优点在于（　　　）。

A. 各步骤可以同时计算产品成本

B. 能够提供各步骤的半成品资料

C. 能够直接提供按原始成本项目反映的产品成本资料，不必进行成本还原

D. 能为各步骤在产品的实物管理和资金管理提供资料

E. 能够全面反映各步骤产品的生产耗费水平

5. 计算成本还原分配率时所用的指标是（   ）。

A. 本月产成品所耗上一步骤半成品成本合计

B. 本月产成品所耗本步骤半成品成本合计

C. 本月上一步骤所产这种半成品成本合计

D. 上月所产这种半成品成本合计

E. 上月产成品所耗本步骤半成品成本合计

三、判断题

1. 分步法，是指按照产品的生产步骤归集生产费用，计算产品成本的一种方法，它主要适用于大量大批的单步骤生产企业。（   ）

2. 分步法的成本计算对象是各种产品的生产步骤和产品品种。（   ）

3. 在分步法下，如果生产多种产品，产品成本明细账应该按照每种产品的各步骤开立。（   ）

4. 由于各个企业生产工艺过程的特点和成本管理对各步骤成本资料的要求不同，分步法可分为综合结转分步法和平行结转分步法两种。（   ）

5. 在分步法下，如果半成品完工后，通过半成品库收发，则应编制结转半成品成本的会计分录。（   ）

6. 逐步结转分步法实际上就是品种法的多次连续应用。（   ）

7. 不论是综合结转分步法还是分项结转分步法，半成品成本都是随着半成品实物的转移而结转的。（   ）

8. 采用平行结转分步法，半成品成本不随半成品实物转移而结转。（   ）

9. 在平行结转分步法下，在产品是指尚在本步骤加工中的在产品以及本步骤已完工转入半成品库的半成品。（   ）

10. 采用平行结转分步法计算产品成本时，不需要进行成本还原。（   ）

四、业务题

1. 某厂生产甲产品，分两个步骤分别在两个车间进行生产。采用综合结转分步法计算产品成本。第一车间为第二车间提供半成品甲，第二车间将半成品甲加工为产成品甲。半成品甲通过仓库收发（半成品成本用加权平均法计算）。

2022 年 6 月第一车间和第二车间发生的生产费用（不包括所耗半成品的费用）如表 4 - 22 所示。

表 4 - 22 生产费用   元

车间名称	直接材料	直接人工	制造费用	合计
第一车间	12 500	7 000	12 300	31 800
第二车间		5 500	12 200	17 700

各车间月初及月末在产品，均按定额成本计算，相关资料如表 4-23 和表 4-24 所示。

表 4-23　月初在产品定额成本　　　　　　　　　　元

车间名称	直接材料	半成品	直接人工	制造费用	合计
第一车间	3 800		2 000	4 600	10 400
第二车间		6 200	1 300	2 500	10 000

表 4-24　月末在产品定额成本　　　　　　　　　　元

车间名称	直接材料	半成品	直接人工	制造费用	合计
第一车间	3 420		1 800	4 140	9 360
第二车间		3 100	650	1 250	5 000

半成品仓库半成品甲月初余额 120 件，实际成本 8 080 元。本月第一车间加工完半成品甲 500 件送交半成品仓库。第二车间从半成品仓库领用半成品甲 550 件。本月完工入库产成品甲 400 件。

要求：

（1）采用综合结转分步法计算自制半成品甲和产成品甲的成本。

（2）编制半成品入库、领用和产成品入库的会计分录。

（3）进行成本还原。

2. 某企业某月的产品成本如表 4-25 所示，该企业采用逐步结转分步法中的综合结转分步法结转半成品成本。

表 4-25　产品成本　　　　　　　　　　元

项目	半成品	直接材料	直接人工	制造费用	合计
还原前产成品成本	15 200		6 420	5 880	27 500
本月所产半成品成本		18 240	6 980	5 180	30 400

要求：根据资料进行半成品成本还原，计算还原后产品各成本项目的成本及总成本。

3. 某厂生产乙产品，分两个步骤连续加工。第一步骤生产的半成品乙直接转入第二步骤继续生产。采用分项结转分步法计算成本。

2022 年 3 月有关资料如下：

（1）第一步骤月初在产品成本：直接材料 6 240 元，直接人工 2 040 元，制造费用 2 220 元；本月发生的生产费用：直接材料 15 010 元，直接人工 5 160 元。本月完工半成品乙 375 千克，月末在产品 50 千克，在产品原材料在生产开始时一次投入，完工程度 50%。完工产品和月末在产品之间的费用，按产量和约当产量比例分配。

（2）第二步骤月初在产品定额成本：直接材料 3 200 元，直接人工 2 000 元，制造费用 2 100 元；本月发生的生产费用（不包括上一步骤转入的半成品成本）：直接人工 4 200 元，制造费用 6 400 元。月末在产品按定额成本计算，直接材料 2 000 元，直接人工 1 500 元，制造费用 1 000 元。本月完工入库乙产品数量 400 千克。

要求：

（1）采用分项结转分步法计算乙产品的总成本和单位成本。

（2）编制乙产品入库的会计分录。

4. 某企业生产 A 产品，分为三个步骤经过三个车间进行加工。原材料加工开始时一次投入，经第一车间加工后直接送入第二车间继续加工，第二车间加工后直接送入第三车间加工成产成品。假定各在产品的加工程度均为 50%。各车间月初在产品成本和本月生产费用资料已知，各车间产量资料如表 4 - 26 所示，生产成本明细账如表 4 - 27 ~ 表 4 - 29 所示。

表 4 - 26　各车间产量资料　　　　　　　　　　　　　　件

项目	第一车间	第二车间	第三车间
月初在产品	100	200	150
本月投入	600	400	450
本月完工	400	450	400
月末在产品	300	150	200

表 4 - 27　第一车间生产成本明细账　　　　　　　　　元

项目	直接材料	直接人工	制造费用	合计
月初在产品成本	90 000	17 600	8 000	
本月发生费用	120 000	22 000	10 000	
合计				
约当产量				
单位成本				
计入产成品成本的份额				
月末在产品成本				

表 4 - 28　第二车间生产成本明细账　　　　　　　　　元

项目	直接材料	直接人工	制造费用	合计
月初在产品成本		7 500	4 000	
本月发生费用		12 750	6 800	
合计				
约当产量				
单位成本				
计入产成品成本的份额				
月末在产品成本				

表4-29 第三车间生产成本明细账 元

项目	直接材料	直接人工	制造费用	合计
月初在产品成本		1 350	750	
本月发生费用		7 650	4 250	
合计				
约当产量				
单位成本				
计入产成品成本的份额				
月末在产品成本				

要求：采用平行结转分步法计算产品成本，完成生产成本明细账及完工产品成本汇总表，如表4-30所示。

表4-30 完工产品成本汇总表 元

项目	第一步骤转入	第二步骤转入	第三步骤转入	总成本	单位成本
直接材料					
直接人工					
制造费用					
合计					

学习笔记

项目评价表

项目评价表

知识巩固与技能提高（55分）			得分：
计分标准： 得分 =1×单选题正确个数 +2×多选题正确个数 +1×判断题正确个数 +5×业务题每一问正确个数			
学生自评（16分）			得分：
计分标准：得分 =2×A 的个数 +1×B 的个数 +0×C 的个数			

专业能力	评价指标	自测结果	要求 （A 掌握；B 基本掌握；C 未掌握）
综合结转分步法	1. 逐步结转分步法的内涵 2. 成本还原率的计算 3. 综合结转分步法的运用	A□　B□　C□ A□　B□　C□ A□　B□　C□	能够掌握综合结转分步法的核算
分项结转分步法	分项结转分步法的运用	A□　B□　C□	能够掌握分项结转分批法的核算
平行结转分步法	1. 平行结转分步法的程序 2. 广义在产品应计入产成品成本的份额 3. 平行结转分步法的运用	A□　B□　C□ A□　B□　C□ A□　B□　C□	能够掌握平行结转分步法的成本计算
职业道德思想意识	认真敬业，遵守职业道德	A□　B□　C□	专业素质、思想意识得以提升，德才兼备

小组评价（14分）			得分：
计分标准：得分 =7×A 的个数 +3×B 的个数 +2×C 的个数			
团队合作	A□　B□　C□	沟通能力	A□　B□　C□
教师评价（15分）			得分：
教师评语			
总成绩		教师签字	

项目五

编制和分析成本报表

学习目标

知识目标
- 了解企业成本报表的概念、作用、种类。
- 了解编制成本报表的要求。
- 掌握各种成本报表的格式和编制方法。
- 掌握分析各种成本报表的方法。

能力目标
- 能根据有关资料编制和分析全部产品生产成本表（按产品种类反映）。
- 能根据有关资料编制和分析全部产品生产成本表（按成本项目反映）。
- 能根据有关资料编制和分析主要产品单位成本表。
- 能根据有关资料分析成本报表。

素质目标
- 培养爱岗敬业、客观公正、坚持原则的职业道德。
- 培养自主、创新、团结协作的职业品质。

引导案例

萧山炜博服饰有限公司成立于 2013 年，主要从事以休闲西服、休闲裤的设计、生产及销售为一体的业务，产品覆盖国内 20 个省（市、自治区）。休闲西服、休闲裤作为公司两个成熟的产品已经生产销售多年，积累了丰富的实际和计划成本资料。公司为了寻求新的利润增长点，2022 年又新开发上市了时尚女装产品，现在已经接近年末，公司发现时尚女装产品的生产销售情况也非常好。

【项目任务】

在本年度结束后，公司需要怎样编制成本报表？如何对各类产品进行成本分析？

本项目的学习将为你提供编制和分析成本报表的基本知识，帮你在未来的财务岗位上做好成本分析工作。

任务一　认知成本报表

一、成本报表的概念与作用

（一）成本报表的概念

成本报表是指根据日常成本核算资料及其他有关资料定期编制，用以综合反映一定期间的产品成本构成水平及构成情况，以分析和考核成本费用计划执行结果的会计报表。所以，成本报表是向企业管理部门、全体员工提供成本信息的载体，也是进行成本分析和考核企业在一定时期内成本计划执行情况的主要依据。

（二）成本报表的作用

编制成本报表对于加强和改善成本管理，进行成本预测、决策都有重要意义，其作用如下：

（1）成本报表能综合反映企业报告期内的成本费用水平。企业各项生产耗费发生在企业产品的生产过程中，产品成本和费用综合反映生产耗费的指标。通过分析成本报表，能及时发现企业在生产、技术、质量和管理等方面的成绩与不足。

（2）成本报表可为企业评价和考核各部门成本管理绩效提供依据。通过成本报表提供的数据，经过相关指标的计算、对比，可定期评价和考核相关部门和人员执行成本计划、费用预算的实际情况，实行奖罚分明的制度，以调动职工的积极性。

（3）企业经理层通过分析成本报表，可以了解企业产品成本指标和费用项目变动的因素和原因，考核各部门完成成本计划的进度和结果，进一步从生产技术、生产组织和经营管理等各个方面挖掘和动员节约费用支出和降低产品成本的潜力，提高企业的经济效益。

（4）成本报表不仅可以满足企业、车间和部门加强日常成本、费用管理的需要，而且是企业进行成本、利润预测、决策，编制产品成本和各项费用计划，制定产品价格的重要依据。

二、成本报表的种类和特点

（一）成本报表的种类

成本报表主要是服务于企业内部经营管理的内部成本会计报表。因此，成本报表从格式、编报时间到报送程序、报送对象都由企业来定。由于内部成本会计报表具有种类多、短期及时、与生产工艺联系紧密等特点。所以，不仅企业之间的成本报表各不相同，就是同一企业在不同发展时期也可能设置不同的成本报表。就企业而言，其所编制的成本报表可按以下标准划分：

1. 按成本报表编制的行业分类

企业成本报表按编制的行业不同，可分为工业企业的成本报表、房地产企业的成本报表、施工企业的成本报表等。

2. 按成本报表编制的时间分类

企业成本报表按编制的时间不同，一般可分为日报、周报、旬报、月报、季报和年报等。若内部管理有特殊需要，甚至可按工作班来编报，目的在于满足日常、特殊任务的需要，使成本报表资料及时服务于生产经营的全过程。

3. 按成本报表反映的内容分类

企业成本报表按内容不同，可分为反映成本情况的报表和反映费用情况的报表两部分。反映成本情况的报表有全部产品生产成本表、主要产品单位成本表、主要成本消耗指标和技术指标表、各种责任成本表和质量成本表等；反映费用情况的报表有制造费用明细表、管理费用明细表、销售费用明细表等。

4. 按成本报表编制的范围分类

企业成本报表按编制的范围不同，可分为全厂成本报表、车间成本报表、班组成本报表等。主要是为了加强成本管理，便于管理者考核成本工作的绩效，对成本工作进行合理评价。

（二）成本报表的特点

成本报表为内部报表，因此其信息属于企业的商业秘密，不需要对外报送公开，完全可由企业自行设计和编制。成本报表与对外报送的财务报表相比，具有自身的特点。

1. 成本报表是服务于企业内部管理的报表

成本报表揭示产品成本现状的信息，为企业内部管理者提供经营管理和成本决策的有用信息。企业可以根据管理的需要，设置成本报表的种类、格式、编报时间等。

2. 成本报表是会计核算资料和技术经济资料相结合的产物

成本报表反映企业技术与经济状况的技术经济指标，为了揭示成本管理中存在的问题，不仅需要列示会计核算结果，而且必须反映技术经济资料，为企业成本控制和经营管理提供依据。

3. 成本报表具有准确性与近似性、定期性与及时性相结合的特点

准确性与近似性相结合，是指有关成本报表的编制不要求绝对精确，有一些专题分析报告，其目的是指出问题，故取近似值即可。定期性与及时性相结合，主要是指对日常成本管理需要的信息应定期报告，对于生产经营中出现的重要或例外的成本信息，则应立即编制报表。

【同步思考与练习 5.1.1】

萧山炜博服饰有限公司 2022 年主要生产休闲西服、衬衫等产品，生产过程也相对复杂，布料经过裁剪、验片、缝纫等多个生产车间才能形成服装产品。公司会计人员根据各部门的相关原始资料，生成各类车间成本报表、全部产品成本报表、制造费用明细表等，接着据以编制单件服装生产成本等成本报表，将公司各类成本报表向公司管理人员报告，用来分析产品的成本变动情况，便于管理者改进生产工艺，努力降低产品的成本。

阅读上述资料，分析讨论以下问题：

学习笔记

（1）简要说明该公司的车间成本报表、全厂成本报表分别属于什么类型的报表？

（2）这些成本报表的格式、内容及编制方法由谁决定？

（3）简要分析这些成本报表的特点。

答：

（1）成本报表属于企业内部报表，该公司按编制的范围不同把成本报表划分为车间成本报表、全厂成本报表等，还按反映的内容不同分为单位产品成本报表、制造费用报表等。

（2）成本报表主要是服务于企业内部经营管理的内部会计报表，从格式、编报时间到报送程序、报送对象都由企业来定。

（3）这些成本报表的特点如下：

①成本报表是服务于企业内部管理的报表；

②成本报表是会计核算资料和技术经济资料相结合的产物；

③成本报表具有准确性与近似性、定期性与及时性相结合的特点。

三、编制成本报表的要求

（一）编制成本报表的依据

（1）报告期的成本账簿资料；

（2）本期成本计划及费用预算等资料；

（3）以前年度的会计报表资料；

（4）企业有关的统计资料和其他资料。

（二）编制成本报表的要求

作为企业内部报表的成本报表，在编制时除应遵守会计报表数字准确、内容完整、编制及时的一般要求外，还要结合企业生产的特点和管理要求。

1. 真实性

即成本报表的指标数字必须真实可靠，能如实地反映企业实际发生的成本费用，为企业管理层服务。

2. 完整性

即编制成本报表的种类必须齐全；应填列的报表指标结合文字说明必须全面；必须有表内项目和表外补充资料。对定期报送的主要成本报表，还应有分析说明产生成本费用升降的原因及措施等资料。

3. 正确性

即成本报表的指标数字要计算正确。各种成本报表之间、主表与附表之间、各项目之间，凡是有勾稽关系的数字，应相互一致；本期报表与上期报表之间有关的数字应相互衔接。

4. 及时性

即按照规定期限及时报送成本报表，以便有关方面及时利用成本资料的信息进行检查、分析等工作。成本报表为了满足企业经营管理的需要，必须及时提供相关的成本信息，过时的成本信息不能满足管理者的要求。这就要求会计部门与有关部门密切配合，做好日常成本核算工作，尤其要快速整理收集有关历史成本、历史成本计划、费用预算等资料。

因此，财务人员要做好编制成本报表的准备工作，并且要加强与各有关部门的协作和配合工作，以按期报送各种报表，满足企业管理与成本分析的要求。

思政园地

情景描述：小俞最近换了工作单位，到一家企业做成本分析工作。小俞虽然有多年的会计工作经历，但由于以前都做的是有关会计核算的工作，对如何编制成本报表、进行成本分析还不太熟悉。他想起了大学同学大林，大林在一家有名的公司从事成本分析工作有两三年了，对成本分析工作应该非常熟悉。于是小俞就跟大林取得了联系，就成本分析工作向大林请教。大林认为成本分析工作应该结合单位的产品成本与费用的具体情况来编制相应的成本报表，并要求小俞把企业一些产品成本费用的资料给他，他可以帮助设计一下具体的成本分析报表。小俞按大林的要求，给了大林资料，过了几天，小俞收到了大林帮他设计好的成本分析报表，小俞看了觉得非常不错，感觉大林真是帮了他一个大忙。

思政点：

企业的成本报表属于内部报表，成本报表涉及的资料也属于企业的商业秘密，任何员工都不得外泄，小俞作为企业财务人员，更应该做到诚实守信、保守秘密，他轻易地将资料交给外部人员，虽然他的目的在于把工作做好，没有用商业秘密换取个人利益的动机，但这个行为是严重的失职，如果由于他的轻信，他发出去的资料出了问题，给企业造成了损失，他就要承担法律责任。

作为大林，当小俞向他请教成本分析工作的问题时，可以就成本分析工作的方式、方法做一些介绍，也可以举一些虚拟的例子来说明。但他向小俞索取企业成本资料的行为明显是不恰当的，尽管他可能是好意，以便可以方便直接地帮小俞设计好需要的报表，但如果小俞所在的企业出现了类似泄密的问题，一定会使大林卷入其中，给自己造成麻烦。

任务二 编制成本报表

全部产品生产成本表、主要产品单位成本表、制造费用明细表等是当前制造企业常用的几种成本报表。下面就逐一介绍这几种成本报表的编制方法。

一、编制全部产品生产成本表（按产品种类反映）

全部产品生产成本表（按产品种类反映）是反映企业在报告期内生产的全部产品（包括可比产品和不可比产品）的总成本，以及各种主要产品的单位成本和总成本的报表。企业编制全部产品生产成本表（按产品种类反映）的目的是利用该表所反映的资料，考核全部产品和主要产品成本计划的执行和各种可比产品成本降低计划的完成情况，进一步分析成本增减变化的原因。

（一）全部产品生产成本表（按产品种类反映）的结构

利用全部产品生产成本表（按产品种类反映），可以考核和分析企业全部产品

学习笔记

和各种主要产品成本计划的执行情况，以及可比产品成本降低计划的执行情况。全部产品生产成本表（按产品种类反映）分为基本报表和补充资料两部分，基本报表又包括可比产品成本和不可比产品成本。其格式如表 5 – 1 所示。

表 5 – 1   全部产品生产成本表（按产品种类反映）

编制单位：某厂   2022 年 10 月   元

产品名称		可比产品			不可比产品			全部产品生产成本合计
		甲	乙	合计	丙	丁	合计	
规格								
计量单位		件	件		件	件		
实际产量	本月	40	30		12	10		
	本年累计	420	320		230	98		
单位成本	上年实际平均	80	70					
	本年计划	76	66		195	168		
	本月实际	74	64		185	158		
	本年累计实际平均	75	65		190	160		
本月总成本	按上年实际平均单位成本计算	3 200	2 100	5 300				
	按本年计划平均单位成本计算	3 040	1 980	5 020	2 340	1 680	4 020	9 040
	本月实际	2 960	1 920	4 880	2 220	1 580	3 800	8 680
本年累计总成本	按上年实际平均单位成本计算	33 600	22 400	56 000				
	按本年计划平均单位成本计算	31 920	21 120	53 040	44 850	16 464	61 314	114 354
	本年实际	31 500	20 800	52 300	43 700	15 680	59 380	111 680

补充资料（按本年累计实际数）：
①可比产品成本降低额 3 700 元（本年计划降低额为 2 960 元）；
②可比产品成本降低率 6.61%（本年计划降低率为 5.29%）

可比产品是指以前年度正式生产过，具有以往实际成本资料可供比较的产品；不可比产品是指以前年度没有正式生产过，没有以往实际成本资料可供比较的产品。对于去年试制成功，今年正式投产的产品，也应作为不可比产品。

基本报表按可比产品和不可比产品的品种来设置，按照实际产量、单位成本、本月总成本等设置专栏，分别反映上年实际平均、本年计划、本月实际和本年累计实际平均单位成本，以及按上年实际平均单位成本计算和按本年计划平均单位成本计算的本月（或本年累计）计划总成本和本月（或本年累计）实际总成本。补充资料包括可比产品成本降低额、可比产品成本降低率等。

（二）编制全部产品生产成本表（按产品种类反映）的方法

1. 全部产品生产成本表的填列方法

（1）"产品名称"栏填写的依据是企业生产的可比产品和不可比产品（分别列示），并列明规格和计量单位。

（2）"上年实际平均单位成本"栏根据上年度本表所列示可比产品的全年实际平均单位成本填列。

（3）"本年计划单位成本"栏应根据本年度成本计划中各产品单位成本的计划数填列。

（4）"本月实际产量"栏和"本月实际总成本"栏应根据成本计算单或产品成本明细表中的有关记录填列。

（5）"本年累计实际产量"栏根据本月实际产量加上上月本表的累计实际产量计算填列。"本年累计实际总成本"栏应根据本月实际总成本加上上月本表的本年累计实际总成本计算填列。

（6）"本月实际单位成本"栏、"本年累计实际平均单位成本"栏、"按上年实际平均单位成本计算的本月总成本"栏、"按本年计划单位成本计算的本月总成本"栏、"按上年实际平均单位成本计算的本年累计总成本"栏、"按本年计划单位成本计算的本年累计总成本"栏应根据报表中指示的计算方法填列。

2. 补充资料的填列方法

补充资料是全部产品生产成本表（按产品种类反映）的一个重要组成部分，它能提供完整的反映企业成本管理状况的补充信息，只填列本年累计实际数，主要包括可比产品成本降低额和可比产品成本降低率，其计算公式如下：

（1）可比产品成本降低额，是指可比产品累计实际总成本比按上年实际单位成本计算的累计总成本降低的数额。计算公式如下：

$$可比产品成本降低额 = \sum[（上年平均单位成本 - 本年平均单位成本）\times 本年实际产量]$$

（2）可比产品成本降低率，是指可比产品成本降低额占本年累计实际成本比率。计算公式如下：

$$可比产品成本降低率 = 可比产品成本降低额 \div \sum（上年单位成本 \times 本年实际产量）\times 100\%$$

以表5-1的资料为例，计算如下：

可比产品成本降低额 = 56 000 - 52 300 = 3 700（元）

可比产品成本降低率 = 3 700 ÷ 56 000 × 100% = 6.61%

当本年实际总成本大于上年总成本时，在补充资料中成本降低额和成本降低率均以"-"号来填列。

【同步思考与练习5.2.1】

某企业2022年12月的产品产量及生产成本有关资料如表5-2所示。

学习笔记

表 5 - 2　产品产量及生产成本有关资料

产品名称		产量/件			单位成本/(元·件$^{-1}$)			
		本年计划	本月实际	本年累计	上年实际平均	本年计划	本月实际	本年累计实际平均
可比产品	A 产品	900	100	1 000	20	19	21	19.5
	B 产品	360	30	400	100	98	98	99
不可比产品	C 产品	180	200	3 000		50	51	49

要求：

根据上述资料，编制全部产品生产成本表（按产品种类反映），如表 5 - 3 所示，计算可比产品成本降低额和可比产品成本降低率。

可比产品成本降低额 = (20 - 19.5) × 1 000 + (100 - 99) × 400 = 900（元）

可比产品成本降低率 = 900 ÷ 60 000 × 100% = 1.5%

表 5 - 3　全部产品生产成本表（按产品种类反映）

编制单位：某企业　　　　　　　2022 年 10 月　　　　　　　元

产品名称		可比产品			不可比产品		全部产品生产成本合计
		A 产品	B 产品	合计	C 产品	合计	
规格							
计量单位		件	件		件		
实际产量	本月	100	30		200		
	本年累计	1 000	400		3 000		
单位成本	上年实际平均	20	100				
	本年计划	19	98		50		
	本月实际	21	98		51		
	本年累计实际平均	19.5	99		49		
本月总成本	按上年实际平均单位成本计算	2 000	3 000	5 000			
	按本年计划平均单位成本计算	1 900	2 940	4 840	10 000	10 000	14 840
	本月实际	2 100	2 940	5 040	10 200	10 200	15 240
本年累计总成本	按上年实际平均单位成本计算	20 000	40 000	60 000			
	按本年计划单位成本计算	19 000	39 200	58 200	150 000	150 000	208 200
	本年实际	19 500	39 600	59 100	147 000	147 000	206 100

补充资料（按本年累计实际数）：

①可比产品成本降低额 900；

②可比产品成本降低率 1.5%。

二、编制全部产品生产成本表（按成本项目反映）

全部产品生产成本表（按成本项目反映）是反映企业在报告期内发生的全部生产费用和全部产品成本以及各项生产费用的构成情况的报表。

1. 全部产品生产成本表（按成本项目反映）的结构

该表主要包含生产费用和产品生产成本合计两部分，列示上年实际数、本月实际数、本年累计实际数和本年计划数。该表中生产费用是按成本项目反映报告期内的各项生产费用合计数。产品生产成本合计是以报告期内生产费用合计数为基础，加上在产品、自制半成品期初余额，减去在产品、自制半成品期末余额倒挤出来的。

全部产品生产成本表（按成本项目反映）的格式和内容如表5-4所示。

表5-4　全部产品生产成本表（按成本项目反映）

编制单位：某厂　　　　　　　　2022年12月　　　　　　　　元

成本项目	上年实际数	本月实际数	本年累计实际数	本年计划数
生产费用：				
直接材料	29 850	27 880	253 708	28 480
直接人工	15 522	12 546	119 187	12 816
制造费用	14 029	11 152	105 944	12 816
生产费用合计	59 401	51 578	478 839	54 112
加：在产品、自制半成品期初余额	4 860	4 471	4 548	5 832
减：在产品、自制半成品期末余额	6 268	5 954	6 487	9 402
产品生产成本合计	57 993	50 095	476 900	50 542

2. 编制全部产品生产成本表（按成本项目反映）的方法

该表中上年实际数，应根据上年12月本表的本年累计实际数来填列；本年计划数则根据本年度计划的有关数据填列；本月实际数，应根据本月各种产品成本明细账中记录的生产费用合计数，按成本项目分别汇总填列；本年累计实际数，应根据本月实际数加上上月本表的本年累计实际数计算填列。在此基础上，加上在产品、自制半成品的期初余额，减去在产品、自制半成品期末余额，根据各种产品成本明细账和自制半成品的期初和期末余额分别汇总填列。

三、编制主要产品单位成本表

主要产品单位成本表是反映企业在月份和年度内生产各种主要产品的单位成本的构成及其变动情况的会计报表。由于在全部产品生产成本表中各种主要产品的成本只列示总数，无法详细分析成本的组成情况，因此通过主要产品单位成本表作为补充报表，可以对全部产品生产成本表的各种产品的单位成本做进一步说明。

（一）主要产品单位成本表的结构

编制主要产品单位成本表的作用是为企业提供主要产品单位成本的详细成本信息，为成本考核及分析成本增减变动所用，因此，主要产品单位成本表包括表首、按成本项目反映的单位成本和主要经济技术指标三个部分。表首部分列示主要产品名称、产品规格、计量单位、销售单价、本月计划产量、本月实际产量、本年累计计划产量和本年累计实际产量等。单位成本部分，分别按成本项目反映历史先进水平、上年实际平均单位成本、本年计划产品单位成本、本月实际产品单位成本和本年累计实际平均单位成本，主要经济技术指标部分主要反映原材料、燃料和动力的耗量。

主要产品单位成本表可以具体说明"产品生产成本"中"单位成本"项目的具体构成。所以它是对产品成本表所列各种主要产品成本的补充说明。利用该表，可以考核各种主要产品单位生产成本计划的执行情况；按照成本项目来分析产品单位生产成本的超支或者节约的原因；了解各种主要产品的主要技术经济指标执行情况，以发现问题，挖掘潜力，降低产品成本。

主要产品单位成本表的格式和内容如表 5-5 所示。

表5-5　主要产品单位成本表

编制单位：某厂　　　　　　　　　2022 年 12 月　　　　　　　　　　　元

产品名称：甲产品　　　　　　　计量单位：件　　　　　　本月计划产量：180

产品规格：MPR41-2　　　　　　销售单价：1 200 元　　　本月实际产量：185

本年累计计划产量：2 100　　　本年累计实际产量：2 150

成本项目	历史先进水平	上年实际平均单位成本	本年计划产品单位成本	本月实际产品单位成本	本年累计实际平均单位成本
直接材料/元	358	390	380	377	378
直接人工/元	166	178	170	169	169
制造费用/元	136	159	155	157	158
产品单位成本/元	660	727	705	703	705
主要经济技术指标	用量	用量	用量	用量	用量
甲材料/(公斤①·件$^{-1}$)	5.6	6.5	6.3	6.2	6.3
乙材料/(公斤·件$^{-1}$)	4	4.6	4.4	4.5	4.4
生产工人工时/小时	14	17	16	15	15
机器工时/小时	21	25	23	23	23.5

（二）编制主要产品单位成本表的方法

主要产品单位成本表各项数字填列方法如下：

（1）表首部分：本月计划产量及本年累计计划产量根据生产计划资料获得；本月实际产量及本年累计实际产量根据全部产品生产成本汇总表的产量资料获得；销售单价根据产品定价表获得；

（2）"历史先进水平"栏根据历史上这种产品成本最低年度本表的实际平均单

---

① 1公斤 =1 千克。

位成本填列；

(3)"上年实际平均单位成本"栏根据上年度本表实际平均单位成本填列；

(4)"本年计划产品单位成本"栏根据本年度成本计划填列；

(5)"本月实际产品单位成本"栏根据产品成本明细账或产品成本汇总表填列；

(6)"本年累计实际平均单位成本"栏根据这种产品成本明细账自本年年初至年末完工产品的实际累计总成本除以本年累计实际产量计算填列；

(7)"主要经济技术指标"栏的计划数应根据业务技术核算资料填列，各有关年度实际数应根据当年有关统计资料填列。

四、编制制造费用明细表

(一)制造费用明细表的结构

制造费用明细表是反映企业在报告期内发生的制造费用总额及其构成情况的成本报表。该表除按照费用项目反映制造费用的组成外，还应按照生产单位进行反映。该表的制造费用只反映基本生产车间的制造费用，不包括辅助部门的制造费用。制造费用明细表的各部分按制造费用项目来设置，按"本年计划数""上年同期实际数""本月实际数""本年累计实际数"设置专栏，反映费用的发生情况。

编制此表的目的是利用本表提供的资料，分析各项费用的构成和增减变动情况，考核计划的执行结果，以便采取相关措施压缩开支，降低费用，最终降低产品的制造成本。

企业为反映各生产单位各期制造费用的发生情况，可将制造费用明细表分车间按月进行编制。

制造费用明细表的格式如表5-6所示。

表5-6　制造费用明细表

编制单位：某厂　　　　　　　　　2022年12月　　　　　　　　　元

项目	本月计划数	上年同期实际数	本月实际数	本年累计实际数
工资及福利费	61 000	65 800	63 440	680 000
折旧费	10 600	11 500	11 130	101 500
修理费	47 800	51 500	44 932	454 100
办公费	22 100	23 800	20 995	210 000
水电费	16 500	17 800	16 995	156 800
机物料消耗	6 100	6 290	5 978	58 000
低值易耗品摊销	630	650	693	6 000
劳动保护费	1 880	2 030	1 974	19 800
租赁费	2 100	2 270	1 953	20 000
运输费	5 400	5 850	5 562	52 000
保险费	1 600	1 800	1 680	16 000
设计制图费	4 100	5 000	4 346	40 000
其他	600	650	588	5 600
制造费用合计	180 410	194 940	180 266	1 819 800

学习笔记

（二）编制制造费用明细表的方法

制造费用明细表的填列方法如下：

（1）"本月计划数"根据成本计划中的本月制造费用计划数来填列；

（2）"上年同期实际数"根据上年同期本表的本月实际数来填列；

（3）"本月实际数"根据制造费用明细账中各费用项目的本月发生数填列；

（4）"本年累计实际数"根据制造费用明细账中各费用项目本年累计发生数填列，也可以由本月实际数加上上月本表中本年累计实际数后填列。

此外，企业除了应及时编制以上各种成本、费用报表以外，还应按照自身特点和成本管理要求，编制其他一些成本费用报表，如管理费用明细表、产品销售费用明细表、财务费用明细表和其他成本报表。由于这些报表具有较大的灵活性、多样性和及时性，这里就不逐一介绍了。

任务三　分析成本报表

一、分析成本报表的意义

分析成本报表是成本会计的重要组成部分，属于事后分析。它以成本报表所提供的、反映企业一定时期成本水平和构成情况的资料和有关的计划、核算资料为依据，运用科学的分析方法，对各项指标的变动及其相互关系进行分析研究，揭示企业各项成本指标计划的完成情况和原因，以促进企业节约成本开支，改善成本管理。

（一）分析成本报表的意义

分析成本报表在企业决策方面具有重要的作用，同时也是现代管理一项重要的环节。企业领导可以通过分析成本，对有关改进生产、提高质量、促进节约的各种备选方案进行比较，从中选择最佳方案。因此，分析成本报表的意义主要有以下几点：

（1）了解企业的成本费用情况，评价成本计划及其执行情况，揭示成本管理中存在的问题，为改善成本管理、降低成本奠定基础；

（2）有利于加强成本控制，及时采取措施解决企业存在的问题；

（3）预测企业未来的成本、经济效益，为经营管理决策提供支持；

（4）检查企业成本计划的完成情况，考核经营管理员的业绩。

（二）分析成本报表的形式

（1）日常分析指企业在成本计划过程中的经常性分析，目的在于及时揭示各种费用预算的执行情况，查明产生差异的原因并及时采取应对措施；

（2）预测分析指企业不仅事后总结，而且进行事先预测，尤其是决策性分析；

（3）定期分析指企业定期对成本报表进行分析，查明成本增减变动的影响因素，并在此基础上对成本计划的完成情况进行全面评价；

（4）不定期分析指企业根据需要，在更大范围内找差距，查原因，定措施，进一步挖掘降低成本的潜力和方法。

二、分析成本报表的基本方法

分析成本报表的方法是多种多样的。采用何种方法是根据分析的目的、分析的对象及掌握的核算资料来决定的。但在实际工作中，应用最广泛的主要有比较分析法、比率分析法、因素分析法。

（一）比较分析法

比较分析法又称对比分析法，它是最常用的一种分析方法，是指通过分析对象在目前的实际状况与相关标准的数据相比，确定差异的一种分析方法。通过对比分析，可以发现寻找差距，并为进一步的分析指明方向。根据比较基数的不同，对成本报表的比较分析可采取以下三种：

1. 实际指标与计划指标对比

以实际成本指标与计划成本指标或定额指标对比，分析计划或定额的完成情况，揭示差异的性质。

2. 实际指标与前期指标对比

以本期实际成本指标与前期（上期、上年同期或历史先进水平）的实际成本指标对比，了解成本指标的变动情况和变动趋势，揭示企业生产经营工作改进情况。

3. 实际指标与同行业先进指标对比

以本企业实际成本指标与国内外同行业先进成本指标对比，可以了解在大范围内成本管理所处的状况和水平，有利于推动企业改善经营管理。

采用比较分析法，应注意对比指标之间的可比性。比较分析法只适用于同质指标的数量对比，对比指标双方的指标内容、计算方法、时间单位及有关前提条件等应当一致。进行同类行业的比较时，要注意主要经济技术指标的可比性。

（二）比率分析法

比率分析法是指通过计算和对比经济指标的比率进行数量分析的方法。采用这种方法，先把对比的数值变成相对数，求出比率，然后进行分析。在实际应用中，常用的比率分析法主要有以下几种：

1. 相关比率分析

相关比率分析是指将两个性质不同但又相关的指标对比求出比率，再以该项实际数比率与计划数比率（或前期实际数比率）进行比较分析，以便从经济活动的客观联系中，进一步了解企业的成本管理和经营状况。例如，在成本效益分析中，与成本指标性质不同而又相关的指标有反映企业生产成果的产值指标，反映企业销售成果的营业收入指标和反映财务成果的利润指标等。

产值成本率是指产品成本与工业总产值的比率，反映的是企业在一定时期内生产耗费与生产成果的关系，其公式为：

$$产值成本率 = \frac{产品成本}{商品产值} \times 100\%$$

营业收入成本率是指销售成本与销售收入的比率，反映企业在一定时期内生

学习笔记

产耗费与销售成果的关系，其公式为：

$$营业收入成本率 = \frac{产品成本}{营业收入} \times 100\%$$

成本利润率是指企业利润与成本费用的比率，反映企业在一定时期内的财务成果与生产耗费的关系，其公式为：

$$成本利润率 = \frac{利润总额}{产品成本} \times 100\%$$

2. 构成比率分析

构成比率分析是指通过计算企业某项经济指标的各个组成部分占总体的比例进行分析的一种方法。例如，在成本分析中，通过计算产品成本中各个项目的比例、费用总额中各个项目的比例，可以反映产品成本或费用总额的构成是否合理，为努力降低成本奠定基础。例如：

$$原材料费用比率 = \frac{原材料费用}{产品成本} \times 100\%$$

$$工资费用比率 = \frac{工资及福利费}{产品成本} \times 100\%$$

$$制造费用比率 = \frac{制造费用}{产品成本} \times 100\%$$

3. 趋势比率分析

趋势比率分析是指将不同时期同类指标的数值对比求出比率，进行动态比较，分析该项指标的增减速度和变动趋势，可分为定比趋势百分比和环比趋势百分比两种。

（1）定比趋势百分比是指以某一时期为基数，其他各期均以该期的基数进行比较，得到的指数叫作基期指数。其计算公式如下：

$$基期指数 = \frac{报告期指标数}{固定期指标数} \times 100\%$$

（2）环比趋势百分比是指以上一时期为基数，把下一时期与上一时期的基数进行比较，得到的指数叫作环比指数。其计算公式如下：

$$环比指数 = \frac{报告期指标数}{前一期指标数} \times 100\%$$

比率分析法的优点是计算简单，通俗易懂，而且对计算结果也很容易判断，可以使某些指标在不同企业间进行比较。但其缺点也明显，当企业采用不同的会计处理方法时，简单的企业间比率的可比性就严重受影响。此外，用比率分析法能发现指标的实际数与标准数的差异，但无法查明变动的具体原因及影响程度。

（三）因素分析法

因素分析法也称连环替代法，是指将综合性经济指标分解为各个因素后，以组成该指标的各个因素的实际数，按顺序替代比较的标准，来计算各个因素变动对该指标的影响程度的方法。运用连环替代法进行分析计算，应当遵循以下计算顺序：

1. 分解经济指标

根据综合性经济指标的特征和分析的目的，确定构成该指标的因素。例如，在分析单位产品成本中的直接材料费用的变动原因时，可以确定分析材料消耗的数量和单价两个因素的影响。

2. 确定各因素替代的先后顺序

采用连环替代法，改变因素的顺序，计算结果会有所不同。在实际工作中，一般将反映数量的因素排列在前，反映质量的因素排列在后；反映实物量和劳动量的因素排列在前，反映价值量的因素排列在后；先替代主要指标，后替代次要指标。

3. 计算各因素变动的影响程度

即在确定比较的标准后，依次以各因素的本期实际数替代该因素的标准数，每次替代都计算出新的数据，有几个因素就需要替代几次，直至最后计算出该指标的实际数。以每次替代后计算出的数据，减去前一个数据，其差额就是该因素变动对经济指标的影响程度。

4. 综合各个因素的影响程度，其总和就是该经济指标的实际数与标准数的差异

假设某一经济指标 M 是由相互联系的 X、Y、Z 三个因素组成的。其计划指标 M_0 是 X_0、Y_0、Z_0 三个因素相乘的结果；实际指标 M_1 是 X_1、Y_1、Z_1 三个因素相乘的结果；该计划指标与实际指标的差异为 $K = M_1 - M_0$。要计算各因素的变动对 K 的影响值，其计算过程如下：

计划指标：　　　　　　$M_0 = X_0 \times Y_0 \times Z_0$　　　　　　①

第一次替代：　　　　　$M_2 = X_1 \times Y_0 \times Z_0$　　　　　　②

第二次替代：　　　　　$M_3 = X_1 \times Y_1 \times Z_0$　　　　　　③

第三次替代：　$M_1 = X_1 \times Y_1 \times Z_1$（结果即为实际指标）　④

因此，可判断各因素的影响程度为：

②－③ $= M_2 - M_0$　即为 X_1 替代 X_0 的影响

③－② $= M_3 - M_2$　即为 Y_1 替代 Y_0 的影响

④－③ $= M_1 - M_3$　即为 Z_1 替代 Z_0 的影响

综合各因素变动的影响值为：

$$K = (M_2 - M_0) + (M_3 - M_2) + (M_1 - M_3) = M_1 - M_0$$

【同步思考与练习5.3.1】

某企业原材料费用的有关资料如表5－7所示。

表5－7　原材料费用的有关资料

项目	单位	计划数	实际数
产品产量	件	300	320
单位产品材料消耗量	千克	9	8
材料单价	元	18	20
材料费用总额	元	48 600	51 200

根据表5－7中的资料，原材料费用的实际数与计划数比较，成本增加了2 600

学习笔记

（51 200 – 48 600）元。试用因素分析法来计算产品产量、单位产品材料消耗量和材料单价各因素变动对产品的影响情况。

计划指标：　　　　　　　$300 \times 9 \times 18 = 48\,600$（元）　　　　　①

第一次替代：　　　　　　$320 \times 9 \times 18 = 51\,840$（元）　　　　　②

第二次替代：　　　　　　$320 \times 8 \times 18 = 46\,080$（元）　　　　　③

第三次替代：　　　　　　$320 \times 8 \times 20 = 51\,200$（元）　　　　　④

可判断各因素的影响程度为：

②－① = 51 840 – 48 600 = 3 240（元），即产品产量增加对原材料成本的影响；

③－② = 46 080 – 51 840 = –5 760（元），即单位产品材料消耗量对成本的影响；

④－③ = 51 200 – 46 080 = 5 120（元），即材料单价变动对成本的影响。

因此综合各因素变动的影响值为：

三个因素综合影响原材料成本 = 3 240 +（ –5 760）+ 5 120 = 2 600（元）

从上面计算可知，虽然单位产品材料消耗量降低使材料费用节约了 5 760 元，但由于产量增加和材料单价升高，使得费用增加了 8 360（3 240 + 5 120）元，因而总体来说，费用增加了 2 600 元。

三、成本计划完成情况分析

成本计划完成情况分析是成本分析的第一步，也是很重要的一步。制造企业的全部产品可以分为可比产品和不可比产品两大类。可比产品，是指本企业在以前年度正式生产过的，有历史成本资料的产品；不可比产品，则指本企业以前年度从未生产过的，在本年新投产的产品。在进行成本分析时，对这两类产品的成本分析采用不同的方法。成本计划完成情况的分析是重要的组成部分，包括全部产品成本计划完成情况分析和可比产品成本降低计划完成情况分析。

（一）全部产品成本计划完成情况分析

全部产品成本计划完成情况分析，是指将全部产品本年实际总成本与上年总成本或计划总成本进行比较，计算降低额和降低率，分析企业全部产品成本的变化情况。在实务工作中，全部产品成本计划是按产品种类和成本项目分别编制的，全部产品成本计划完成情况分析，也可按照产品种类和成本项目分别进行。

1. 按产品种类进行的全部产品成本计划完成情况分析

按产品种类进行的全部产品成本计划完成情况分析，是指依据分析期内的全部产品生产成本表（按产品种类反映）将全部产品的本年累计计划总成本和实际总成本进行比较，计算确定实际成本比计划成本的降低额和降低率，并按产品种类编制全部产品成本计划完成情况分析表。该分析既从总体出发，分析全部产品成本计划完成的总括情况，也分析每种产品成本计划的完成情况，为进一步分析指明方向和重点。

全部产品成本及各产品成本降低额和降低率的计算如下：

本年实际总成本比计划总成本降低额 = 实际总成本 – 计划总成本

本年实际总成本比计划总成本降低率 =（实际总成本 – 计划总成本）÷

计划总成本 × 100%

学习笔记

【同步思考与练习5.3.2】

某公司全部产品成本（按产品种类反映）资料如表5-8所示，计算有关成本完成情况指标，填写完成该分析表，并就全部产品成本（按产品种类反映）计划完成情况进行分析。

表5-8　本年累计全部产品成本（按产品种类反映）计划完成情况分析表

编制单位：某公司　　　　　　　　　2022年度

产品名称	实际产量的总成本/元		实际与计划成本比	
	按本年计划单位成本计算	本年实际数	成本降低额/元	成本降低率/%
一、可比产品	64 950	64 350	-600	-0.92
其中：甲产品	38 500	36 800	-1 700	-4.42
乙产品	26 450	27 550	1 100	4.16
二、不可比产品	43 000	41 750	-1 250	-2.91
其中：丙产品	24 400	23 500	-900	-3.69
丁产品	18 600	18 250	-350	-1.88
合计	107 950	106 100	-1 850	-1.71

计算表明，本年累计实际总成本比计划总成本节约1 850元，降低1.71%。可比产品实际成本比计划成本节约600元，其中甲产品节约1 700元，乙产品超支1 100元；不可比产品实际成本比计划成本节约1 250元，其中丙产品节约900元，丁产品节约350元。因此，该公司要重点分析乙产品成本上升的原因并采取相应措施以降低成本。

2. 按成本项目进行的全部产品成本计划完成情况分析

按成本项目进行的全部产品成本计划完成情况分析，可根据全部产品生产成本表（按成本项目反映）所提供的资料以及其他有关计划、核算资料，采用比较分析法、比率分析法等方法进行。一般需要计算各成本项目的升降额和升降率，以及各成本项目升降率的构成（即目的是了解成本变动的原因，挖掘成本降低的潜力，以及比较产品成本项目明细支出情况对总成本的影响程度，为降低成本提供支持）。

有关指标计算如下：

某成本项目成本降低额 = 该成本项目实际成本 - 该成本项目计划成本

某成本项目成本降低率 = 该成本项目节约或超支绝对数 ÷ 该成本项目计划成本 × 100%

某成本项目降低率的构成 = 该成本项目节约或超支绝对数 ÷ 计划成本总额 × 100%

【同步思考与练习5.3.3】

某公司的成本计划和成本核算资料如表5-9所示，计算有关成本完成情况指标，填写完成该分析表，并进行全部产品成本（按成本项目反映）计划完成情况分析分析。

表5-9　全部产品成本（按成本项目反映）计划完成情况分析表

编制单位：某公司　　　　　　　　　　2022年度

成本项目	实际产量的总成本/元		实际与计划成本比		
	按本年计划单位成本计算	本年实际数	成本降低额/元	成本降低率/%	降低率的构成/%
直接材料	28 480	27 880	-600	-2.11	-1.11
直接人工	12 816	12 546	-270	-2.11	-0.50
制造费用	12 816	11 152	-1 664	-12.98	-3.08
合计	54 112	51 578	-2 534	-4.68	-4.68

从表5-9可见，该公司产品成本比计划有所下降，原因是原材料、直接人工和制造费用三个因素共同影响所致，尤其是制造费用的大幅降低，带动总成本降低。但是结合当前原材料、用工成本等因素分析可以发现，还有下降空间，应及时采取有效措施以达到进一步降低产品成本。

（二）可比产品成本降低计划完成情况分析

在制造企业正常生产经营的情况下，可比产品一般占了全部产品的绝大多数。因此，作为企业主要产品，是产品成本分析的重点。因此，控制好了可比产品成本，对完成或超额完成全部产品成本降低计划任务至关重要。

可比产品降低计划指标主要是用本年计划成本与上年成本的差异来表示的。分析可比产品成本降低计划完成情况，首先确定需要分析的对象，其次是确定影响可比产品成本降低计划完成的主要因素，最后要计算出各个因素变动对可比产品成本降低计划完成情况的影响程度。

1. 可比产品成本降低计划及其完成情况

可比产品成本降低计划是用计划产量、计划单位成本计算的计划总成本与用计划产量、上年单位成本计算的上年总成本相比较的结果。可比产品成本实际降低情况是用计划产量、计划单位成本计算的计划总成本与用计划产量、本年实际单位成本计算的本年实际总成本相比较得到的结果。

实际中，可编制可比产品成本降低计划表（见表5-10）和可比产品成本实际降低情况表（见表5-11），来反映可比产品成本降低计划及其完成情况。

表5-10　可比产品成本降低计划表

编制单位：某厂　　　　　　　　　　2022年度　　　　　　　　　　元

可比产品名称	本年计划产量/件	单位成本/元		本年计划产量的总成本/元		计划降低	
		上年实际数	本年计划数	按上年实际单位成本计算	按本年计划单位成本计算	成本降低额/元	成本降低率/%
甲产品	520	80	76	41 600	39 520	2 080	5.000 0
乙产品	400	70	66	28 000	26 400	1 600	5.714 3
合计				69 600	65 920	3 680	5.287 4

表 5 – 11 可比产品成本实际降低情况

编制单位：某厂　　　　　　　　　　2022 年度　　　　　　　　　　　　元

可比产品名称	本年实际产量/件	本年实际单位成本/元	本年实际产量的总成本/元		实际完成情况		
			按上年实际单位成本计算	按本年计划单位成本计算	本年实际数	成本降低额/元	成本降低率/%
甲产品	520	75	41 600	39 520	39 000	2 600	6.25
乙产品	440	65	30 800	29 040	28 600	2 200	7.142 9
合计			72 400	68 560	676 000	4 800	6.629 8

该厂可比产品实际成本降低额比计划多降低了 1 120（4 800 – 3 680）元，实际成本降低率比计划多降低了 1.342%（6.629 8% – 5.287 4%），并且甲、乙产品成本降低计划均超额完成。

2. 影响可比产品成本降低计划完成情况的因素分析

影响可比产品成本降低计划完成情况的因素主要有三个，即产品产量因素、产品品种构成因素和产品单位成本因素。因此，影响可比产品成本降低指标完成的因素分析可以从这三个方面入手进行分析。

（1）产品产量变动的影响。

在产品品种构成、单位成本等因素不变的情况下，单纯产品产量的变动，只会引起成本降低额发生变化，而不会影响成本降低率的变化。产品产量变动对成本降低额影响的计算公式如下：

产品产量变动对成本降低额的影响 =（实际产量按上年实际单位成本计算的总成本 – 计划产量按上年实际单位成本计算的总成本）× 计划成本降低率

【同步思考与练习5.3.4】

根据表 5 – 10 和表 5 – 11 的资料，计算产品产量变动影响的成本降低额。

根据表 5 – 10 和表 5 – 11 的资料，实际产量按上年实际单位成本计算的总成本为 72 400 元，计划产量按上年实际单位成本计算的总成本为 69 600 元，计划成本降低率为 5.29%，所以计算结果为：

产品产量变动影响的成本降低额 =（72 400 – 69 600）× 5.287 4% = 148.05（元）

（2）产品品种构成变动的影响。

产品品种构成本是指各种产品在全部产品中所占的比例。由于各种产品的成本降低程度有高有低，因而产品产量变动比例不是相同时，就会使成本降低额和降低率发生变化。产品品种构成变化对成本降低额和降低率的影响计算公式如下：

产品品种构成变动对成本降低额的影响 =（实际产量按上年实际单位成本计算的总成本 – 实际产量按计划单位成本计算的总成本）– 实际产量按上年

实际单位成本计算的总成本×
计划成本降低率

产品品种构成变动对成本降低率的影响=（产品品种构成变动对成本降低额的
影响÷实际产量按上年实际单位成本
计算的总成本）×100%

【同步思考与练习5.3.5】

根据表5-10和表5-11的资料，计算产品品种构成变动对成本降低额和降低率的影响。

根据表5-10和表5-11的资料，实际产量按上年实际单位成本计算的总成本为72 400元，实际产量按计划单位成本计算的总成本为68 560元，计划成本降低率为5.29%，所以，计算结果为：

产品品种构成变动对成本降低额的影响=（72 400-68 560）-72 400×5.287 4%
=11.92（元）

产品品种构成变动对成本降低率的影响=11.92÷72 400×100%=0.016%

（3）单位成本变动的影响。

可比产品成本计划降低额，是根据本年计划单位成本和上年实际单位成本相比较来计算的，而可比产品成本实际降低额则是根据本年实际单位成本和上年实际单位成本相比较来计算的。因此，当本年实际单位成本比计划单位成本有升降变化时，必然会引起可比产品成本降低额和降低率相应变化。其计算公式为：

产品单位成本变动对成本降低额的影响=实际产量按计划单位成本计算的
总成本-本年实际成本总额

产品单位成本变动对成本降低率的影响=（产品单位成本变动对成本降低额的
影响÷实际产量按上年实际单位成本
计算的总成本）×100%

【同步思考与练习5.3.6】

根据表5-10和表5-11的资料，计算产品单位成本变动对成本降低额和降低率的影响。并结合上述【同步思考练习5.3.4、5.3.5】分析产品产量、产品品种构成以及产品单位成本三个因素中，哪个因素是主要因素？

根据表5-10和表5-11的资料，实际产量按上年实际单位成本计算的总成本为72 400元，实际产量按计划单位成本计算的总成本为68 560元，本年实际成本总额为67 600元，所以，计算结果为：

产品单位成本变动对成本降低额的影响=68 560-67 600=960（元）

产品单位成本变动对成本降低率的影响=960÷72 400×100%=1.326%

结合【同步思考练习5.3.4、5.3.5】，可知：

产品产量变动对成本降低额的影响（148.05元）+产品品种构成变动对成本降

低额的影响（11.92元）＋产品单位成本变动对成本降低额的影响（960元）＝可比产品实际降低额比计划降低额增加（1 120元）

产品品种构成变化对成本降低率的影响（0.016%）＋产品单位成本变动对成本降低率的影响（1.326%）＝可比产品实际降低率比计划降低率增加（1.342%）

从上述分析可知，成本降低的主要因素是产品单位成本以及产量。企业应从材料的购进成本、从生产环节去分析原因，努力增加产量、降低单位成本，才是完成成本降低计划的有力措施。

四、产品单位成本分析

在制造企业里，由于产品种类较多，不可能对所有的单位成本都进行详细分析，一般情况下，选择一个或几个主要的产品进行单位成本分析。在进行产品单位成本分析时，重点分析两类产品：一是单位成本升降幅度较大的产品；二是在企业全部产品中所占比例较大的产品。在这两类产品中，又重点分析单位成本升降幅度较大和所占比例较大的成本项目。在进行产品单位成本分析时，依据的是有关成本报表和成本计划资料，分析的方法是先运用比较分析法查明产品单位成本计划完成情况，再运用因素分析法查明各成本项目升降的具体原因。

（一）产品单位成本计划完成情况分析

主要产品单位成本的比较分析是根据"主要产品单位成本表"来计算，确定产品单位成本的各成本项目的本期实际数比计划数、比上年实际数差异额和比历史最好水平差异率，以及各成本项目变动时对单位成本计划的影响程度。有关指标的计算跟全部产品成本（按成本项目）计划完成情况分析类似。

【同步思考与练习5.3.7】

某厂在2022年度生产的主要产品乙产品的单位成本资料如表5－12所示。计算产品单位成本计划完成情况分析表（见表5－13）的有关成本完成情况指标，填写完成该分析表，并进行该产品单位成本完成情况分析。

表5－12　主要产品单位成本表

编制单位：某厂　　　　　　　　2022年度

产品名称	乙产品	计量单位	件	计划产量400
				实际产量440
成本项目	上年实际平均单位成本	本年计划单位成本		本年实际平均单位成本
直接材料/元	38	36		35
直接人工/元	18	17		15

续表

成本项目	上年实际平均单位成本	本年计划单位成本	本年实际平均单位成本
制造费用/元	14	13	15
合计/元	70	66	65

明细项目	单位	上年数		计划数		实际数	
		单位用量/千克	金额/元	单位用量/千克	金额/元	单位用量/千克	金额/元
原材料 M1 M2	千克 千克	2.3 1.1	28 13	2.2 1.0	26.4 9.6	2.1 1.2	23.1 11.9
工时	小时	1.8		1.7		1.5	

表 5-13　产品单位成本计划完成情况分析表

编制单位：某厂　　　　　　　　　　2022 年度
产品名称：乙产品

成本项目	计划成本/元	实际成本/元	实际与计划成本比		
			成本降低额/元	成本降低率/%	降低率的构成/%
直接材料	36	35	-1	-2.78	-1.5
直接人工	17	15	-2	-11.76	-3.03
制造费用	13	15	+2	+15.38	+3.03
合计	66	65	-1	-1.5	-1.5

　　由表 5-12 和表 5-13 可看出，乙产品的本年实际平均单位成本比计划单位成本降低 1（65-66）元，降低率 1.5%，其主要原因是直接材料的成本降低 1 元，直接人工费用降低 2 元和制造费用增加 2 元共同影响的结果。

　　在进行产品单位成本分析时，发现乙产品的实际成本比计划成本有所降低，但是制造费用却大幅增加，这就应该引起管理人员的重视，及时找出增加的原因，并采取措施予以控制。

（二）产品单位成本各主要项目分析

下面介绍产品单位成本按主要项目进行分析的方法。

1. 直接材料成本项目分析

　　直接材料费用在产品成本构成中占有较大比例，其超降对产品成本水平有着重大影响，所以进行直接材料成本项目分析是分析的重点。直接材料费用变动主要受单位产品材料耗用量和材料价格两个变动因素的影响，其计算方法如下：

$$单位产品材料耗用量的影响 = \sum（单位产品实际耗用量 - 单位产品计划耗用量）\times 计划单价$$

$$单位产品材料单价的影响 = \sum（实际单价 - 计划单价）\times 实际耗用量$$

$$直接材料单位成本 = 单位耗用量 \times 单价$$

【同步思考与练习 5.3.8】

某厂生产乙产品的直接材料成本，经相关资料计算得出，如表5-14所示。

表5-14 乙产品直接材料成本

材料名称	计量单位	耗用量		材料单价		材料成本		差异分析	
		计划	实际	计划	实际	计划	实际	数量	金额
M1	千克	2.2	2.1	12	11	26.4	23.1	-0.1	-3.30
M2	千克	1	1.2	9.6	9.92	9.6	11.9	0.2	2.30
合计						36	35	0.1	-1

要求：根据表5-14，计算材料耗用量变动和材料价格变动对乙产品单位成本的影响。

根据表5-14，可以计算出乙产品原材料成本变动的原因。

由于耗用量变动如下：

M1材料　　　　　$(2.1-2.2) \times 12 = -1.2$（元）

M2材料　　　　　$(1.2-1) \times 9.6 = 1.92$（元）

合计　　　　　　　　0.72（元）

由于价格变动如下：

M1材料　　　　　$(11-12) \times 2.1 = -2.1$（元）

M2材料　　　　　$(9.92-9.6) \times 1.2 = 0.384$（元）

合计　　　　　　　-1.72（元）

因此，两种因素的共同作用使得产品的材料费用节约1元。其中由于材料耗用量变动使材料成本上升0.72元，由于材料价格变动使材料成本降低1.72元。

2. 直接人工成本项目分析

直接人工成本包括企业直接从事产品生产的工人工资及福利费。在制造企业中，产品的工资费用一般按照生产工时消耗分配计入各产品成本。因此单位产品成本中直接人工费用，取决于单位产品中生产工时和小时工资额两个因素，其计算公式为：

$$单位产品直接人工成本 = 单位产品小时工资额 \times 小时工资额$$

其中：

$$小时工资额 = \frac{生产工人工资总额}{生产工时总数}$$

运用因素分析法，分析单位产品生产工时和小时工资额两个因素变动对单位产品成本的影响，其计算公式如下：

$$单位产品生产工时差异的影响 =（单位产品实际生产工时 - 单位产品计划$$
$$生产工时）\times 计划小时工资额$$

小时工资额差异的影响 = (实际小时工资额 − 计划小时工资额) ×
单位产品实际生产工时

学习笔记

【同步思考与练习5.3.9】

某厂生产乙产品，其直接人工成本如表5−15所示。

表5−15   乙产品直接人工成本

项目	计划数	实际数	差异
单位产品生产工时/小时	1.7	1.5	−0.2
小时工资额/元	80	88	8
单位产品直接人工成本/元	136	132	−4

要求：计算分析单位产品生产工时和小时工资额两个因素变动对单位产品成本的影响。

单位人工成本 = 生产工时 × 小时工资率

生产工时产生的影响 = (实际生产工时 − 计划生产工时) × 小时工资率

小时工资率产生的影响 = (实际小时工资率 − 计划小时工资率) × 生产工时

由表5−15可知，单位产品直接人工成本降低了4元，其中：

单位产品生产工时差异的影响 = (1.5 − 1.7) × 80 = −16（元）

小时工资额差异的影响 = (88 − 80) × 1.5 = 12（元）

3. 制造费用成本项目分析

制造费用是企业各生产单位为组织和管理生产所发生的各项费用，比如固定资产折旧、维护费、车间办公费、水电费等。制造费用主要取决于单位产品生产工时和小时费用率两个因素，其公式为：

单位产品制造费用 = 单位产品工时 × 小时费用分配率

其中：

$$小时费用分配率 = \frac{制造费用总额}{生产工时总数}$$

用因素分析法来分析效率和分配率两个因素变动对单位产品成本的影响，其计算公式为：

效率差异的影响 = (实际单位产品生产工时 − 计划单位产品生产工时) ×
计划小时费用率

分配率差异的影响 = (实际小时费用率 − 计划小时费用率) ×
实际单位产品生产工时

【同步思考与练习5.3.10】

某厂生产的乙产品，其有关制造费用成本如表5−16所示。

表 5 – 16 乙产品制造费用成本

项目	计划数	实际数	差异
费用总额/元	5 200	6 600	1 400
产品数量/件	400	440	40
单位产品制造费用/元	13	15	2
单位产品生产工时/小时	1.7	1.5	–0.2
小时费用率	7.65	10	2.35

要求：根据表 5–16 的数据资料，分析乙产品单位产品制造费用成本变化的原因。

由表 5–16 可以看出，制造费用实际数比计划数超支了 1 400 元，主要是由产品产量增加和单位产品的费用增加共同影响造成的。

其中：单位产品制造费用上升了 2 元，可以分析如下：

单位产品生产工时差异的影响 = $(1.5 - 1.7) \times 7.65 = -1.53$ （元）

小时费用率差异的影响 = $(10 - 7.65) \times 1.5 = 3.53$ （元）

两个因素共同影响 = $(-1.53) + 3.53 = 2$ （元）

由此可见，单位产品生产工时和小时费用率的变化共同导致单位产品的制造费用上升了 2 元。下一步应查找费用上升的原因并采取相应的措施。

五、制造费用明细表分析

在进行制造费用明细表分析时，主要采用对比分析法和构成比率法。

（一）对比分析法

对比分析法，通常是先将本月实际数与本月计划数进行比较，分析制造费用月度计划的执行情况，同时将本月实际数与上年同期实际数进行比较，揭示出本月实际数与上年同期实际数之间的增减变化。如果是 12 月报表，则可以通过计算比较本年累计实际数与本年计划数的差异，反映全年制造费用计划的执行结果。

（二）构成比率法

构成比率法是计算某个项目占制造费用总额的构成比率，通过计算构成比率，可以发现哪些项目占的比例大，哪些项目就应该是重点分析的项目。也可以将本月实际数和本年累计实际数的构成比率与本年计划数和上年同期的构成比率进行对比，揭示其差异与增减变化，分析产生差异的原因是否合理。

【同步思考与练习 5.3.11】

根据制造费用明细表，即前面表 5–6 的资料，计算填写表 5–17 所示的制造费用明细分析表，并进行制造费用明细表分析。

学习笔记

表5-17　制造费用明细分析表

编制单位：某厂　　　　　　　　　　2022年12月

项目	本月实际数		上年同期实际数		本月计划数		与计划比		与上年同期比	
	金额/元	比重/%	金额/元	比重/%	金额/元	比重/%	差异额/元	差异率/%	差异额/元	差异率/%
工资及福利费	63 440	35.19	65 800	33.75	61 000	33.81	2 440	4.00	-2 360	-3.59
折旧费	11 130	6.17	11 500	5.90	10 600	5.88	530	5.00	-370	-3.22
修理费	44 932	24.93	51 500	26.42	47 800	26.50	-2 868	-6.00	-6 568	-12.75
办公费	20 995	11.65	23 800	12.21	22 100	12.25	-1 105	-5.00	-2 805	-11.79
水电费	16 995	9.43	17 800	9.13	16 500	9.15	495	3.00	-805	-4.52
机物料消耗	5 978	3.32	6 290	3.23	6 100	3.38	-122	-2.00	-312	-4.96
低值易耗品摊销	693	0.38	650	0.33	630	0.35	63	10.00	43	6.62
劳动保护费	1 974	1.10	2 030	1.04	1 880	1.04	94	5.00	-56	-2.76
租赁费	1 953	1.08	2 270	1.16	2 100	1.16	-147	-7.00	-317	-13.96
运输费	5 562	3.09	5 850	3.00	5 400	2.99	162	3.00	-288	-4.92
保险费	1 680	0.93	1 800	0.92	1 600	0.89	80	5.00	-120	-6.67
设计制图费	4 346	2.41	5 000	2.56	4 100	2.27	246	6.00	-654	-13.08
其他	588	0.33	650	0.33	600	0.33	-12	-2.00	-62	-9.54
制造费用合计	180 266	100.00	194 940	100.00	180 410	100.00	-144	-0.08	-14 674	-7.53

从制造费用构成比率来看，工资及福利费、修理费和办公费占比例较大，这几个重要的费用项目从计划执行结果看，工资及福利费超过计划较大（2 440元、4%），但修理费和办公费有较大的节约（分别是-2 868元、-6%和-1 105元、-5%），所以制造费用总体上看基本完成了成本计划（差异-144元，-0.08%）。与上年同期比较，工资及福利费有一定程度减少（-2 360元、-3.59%），修理费和办公费则有较大的减少（分别是-6 568元、12.75%和-2 805元、-11.79%），使制造费用总体上比上年同期有较大的节约（-14 674元、-7.53%）。当然，其他制造费用项目与计划比和上年同期比也有不同程度的超支或节约，但由于所占比例不高，对制造费用总体上影响较小。

项目总结

编制和分析成本报表是成本会计核算的最后一个环节，也是企业评价和考核企业成本管理绩效的主要依据。需要把握的重点和要点是：（1）成本报表是企业为满足经营决策的需要而编制的内部会计报表，其格式和内容一般由企业自行确定，主要向企业的各级管理部门、企业经理层、全体员工提供成本信息。（2）成本报表包括全部产品生产成本表、主要产品单位成本表、制造费用明细表等成本报表。(3) 分析成本报表的基本方法，常用的有比较分析法、比率分析法、因素分析法等几种，在实践中是多种多样的，具体采用何种方法，要根据企业分析的目的、分析对象的特点以及掌握的计划资料和核算资料的性质和内容来决定。(4) 企业在进行成本分析时，既可以将本期有关实际成本与计划成本进行比较，也可以与上年同期进行比较，从而分析成本增减变化，并从中找出原因，提高成本控制水平。

思考与练习

一、单选题

1. 下列不属于成本报表的是（　　　）。

A. 商品产品成本表　　　　　　　B. 主要产品单位成本表

C. 制造费用明细表　　　　　　　D. 现金流量表

2. 成本报表属于（　　　）。

A. 对外报表　　　　　　　　　　B. 对内报表

C. 既是对内报表也是对外报表　　D. 由财政部门统一决定

3. 编制成本报表的要求不包括（　　　）。

A. 数字准确　　　B. 内容完整　　　C. 可比性　　　　D. 编制及时

4. 将两个性质不同但又相关的指标相对比计算的比率指标，称为（　　　）指标。

A. 定基比率　　　B. 环比比率　　　C. 相关比率　　　D. 结构比率

5. 反映某项指标各个组成部分占其总体比重的分析方法，属于（　　　）。

A. 趋势分析法　　　B. 结构分析法　　　C. 比率分析法　　　D. 连环替代法

6. 编制全部产品生产成本表时，（　　　）。

A. 可比、不可比产品要合并填列

B. 可比、不可比产品要分别填列

C. 不需要划分可比、不可比产品

D. 可比、不可比产品既可以合并填列，也可以分别填列

7. 可比产品降低额与可比产品降低率之间的关系是（　　　）。

A. 成正比　　　B. 成反比　　　C. 无直接关系　　　D. 成反方向变动

8. 比较分析法是指通过相同指标的对比，从（　　　）上确定差异的一种分析方法。

A. 劳动量　　　B. 价值量　　　C. 数量　　　　D. 质量

9. 成本报表是一种（　　　）。

A. 内部管理会计报表　　　　　　B. 对外财务会计报告

C. 静态报表　　　　　　　　　　D. 汇总报表

10. 全部产品生产成本表是反映企业在报告期内生产的（　　　）和单位成本的会计报表。

A. 全部产品总成本　　　　　　　B. 可比产品总成本

学习笔记

C. 不可比产品总成本   D. 主要产品总成本

二、多选题

1. 企业编制成本费用报表的资料来源有（   ）。

A. 当期成本费用会计核算资料   B. 以前年度成本费用资料

C. 本期成本计划和费用预算   D. 有关统计核算资料

2. 比率分析法主要包括（   ）。

A. 构成比率分析   B. 连环替代分析

C. 趋势比率分析   D. 相关比率分析

3. 下列指标中属于相关比率的有（   ）。

A. 产值成本率   B. 成本利润率

C. 成本降低率   D. 销售收入成本率

4. 全部产品成本表可以反映可比产品和不可比产品的（   ）。

A. 实际产量   B. 单位成本

C. 本月总成本   D. 本年累计总成本

5. 采用连环替代法确定各因素先后顺序的一般原则是（   ）。

A. 先计算数量因素，后计算质量因素

B. 先计算质量因素，后计算数量因素

C. 先计算实物因素，后计算价值因素

D. 先计算主要因素，后计算次要因素

三、判断题

1. 编制成本报表的格式、内容，由企业自由规定。   （   ）

2. 在使用因素分析法时，改变各因素的排列顺序会影响最后的计算结果。
   （   ）

3. 会计报表按其报送对象可以分为对外报表和对内报表两类，但对外报表比对内报表更重要，因为报表的使用者不同。   （   ）

4. 不可比产品在企业以前年度没有生产过，当然不是产品成本分析的重点。
   （   ）

5. 成本报表分析既属于事中分析，也属于事后分析。   （   ）

6. 比率分析法只有对比分析法这一种分析方法。   （   ）

7. 单一产品成本降低率变动会受产品结构变动的影响。   （   ）

8. 所有的企业成本报表，无论是对内、对外，都要求绝对准确。   （   ）

9. 成本报表是一种内部管理会计报表，一般不对外报送和公开。   （   ）

10. 可比产品成本降低额是指可比产品本年实际总成本比上年实际总成本降低的数额。   （   ）

四、业务题

1. 运用连环替代法分析确定各个因素变动对成本的影响。

杭州九堡服装公司的产品材料资料如表 5 - 18 所示，运用连环替代法分析确定各个因素变动对产品成本的影响。

表 5 – 18　产品材料费用资料

项目	计量单位	计划指标	实际指标
产品产量	吨	200	180
单位产品材料消耗量	千克/吨	300	310
材料单价	元/千克	16	20

2. 编制全部产品生产成本表（按产品种类反映）。

杭州华丽工厂按产品种类编制全部产品生产成本表，相关信息如表 5 – 19 所示。

表 5 – 19　全部产品生产成本表（按产品种类反映）

编制单位：杭州华丽工厂　　　　　　2022 年 10 月　　　　　　　　元

产品名称	计量	实际产量	单位成本			总成本		
			上年实际平均	本年计划	本期实际数	按上年实际平均单位成本计算	按本年计划单位成本计算	本期实际数
可比产品合计								
其中：甲	台	300	500	480	490			
乙	台	200	300	280	285			
不可比产品合计								
其中：丙	台	20	—	100	92			
丁	台	40	—	800	760	—		
全部商品产品	—	—	—	—	—	—		

要求：计算填列全部产品生产成本表（按产品种类反映）中总成本各栏数据。

学习笔记

项目评价表

项目评价表

知识巩固与技能提高（50分）	得分：

计分标准：

得分 =1×单选题正确个数 +2×多选题正确个数 +1×判断题正确个数 +10×业务题每一问正确个数

学生自评（16分）	得分：

计分标准：得分 =2×A的个数 +1×B的个数 +0×C的个数

专业能力	评价指标	自测结果	要求 （A 掌握；B 基本掌握； C 未掌握）
认知 成本报表	成本报表的种类和特点	A□　B□　C□	能够掌握成本报表的种类、特点和编制要求
编制 成本报表	1. 编制全部产品生产成本表 2. 编制主要产品单位成本表 3. 编制制造费用明细表	A□　B□　C□ A□　B□　C□ A□　B□　C□	能够编制全部产品生产成本表 能够编制主要产品单位成本表 能够编制制造费用明细表
分析 成本报表	1. 因素分析法 2. 影响可比产品成本降低计划及其完成情况的因素分析 3. 制造费用明细表分析	A□　B□　C□ A□　B□　C□ A□　B□　C□	能够分析成本报表
职业道德 思想意识	认真敬业，遵守职业道德	A□　B□　C□	专业素质、思想意识得以提升，德才兼备

小组评价（14分）	得分：

计分标准：得分 =7×A的个数 +3×B的个数 +2×C的个数

团队合作	A□　B□　C□	沟通能力	A□　B□　C□

教师评价（20分）	得分：

教师评语	
总成绩	教师签字

成本管理方法

学习目标

知识目标

- 理解成本控制的意义。
- 理解成本控制的原则。
- 熟悉成本控制的相关概念。
- 熟悉成本控制的常用方法。

能力目标

- 能正确运用成本控制的相关概念。
- 能在既有框架体系下进行成本控制操作。
- 能根据成本控制常用方法、原则与理念做出正确选择。

素质目标

- 培养以企为家、控制成本的职业素养。
- 培养节约资源、保护环境的道德品质。
- 培养全局意识，提高大局观。

引导案例

名创优品的低成本管理

名创优品相信大家并不陌生，也许你每次逛大型商场之后，都会进入名创优品，兜一圈后买些大大小小的物件，你会发现名创优品的商品性价比高，质量过硬，价格合理，仔细想想，利润好像比网店还要少，然后你就买买买，那么名创优品是怎么做到"10元"店的呢？它的成本优势从何而来？又是怎么做到如此便宜的呢？

1. 从消费者身上寻找降低成本的灵感

名创优品善于从消费者身上寻找降低成本的灵感，对顾客有特殊的战略观。首先，名创优品的目标用户定位于 18~28 岁的年轻人，与 SPA（自有品牌专业零售经营）模式类似，名创优品紧密围绕目标用户的日常需求采购产品。200 余名买手全天候跟踪全球最新消费动态，从各个国家捕捉设计元素，产品涵盖十大门类，由自己的设计团队监制。商品中心每周召开选样会，企业高层等相关人员列席；其次，坚持以人为本，对买手的提案进行评审，首要的问题是："这个产品到底有没有市场？"初步选定待开发的新产品后，第二个问题是："有没有好的供应链配合？"这时候，买手开始搜索并联系供应商资源，制定具体的产品开发方案。随后，需要解决第三个问题："到底能不能在市场上成为爆款？"根据市场需求先制定产品价格，后进行研究开发工作。这种方法保证了名创优品产品拥有市场低价优势，产品一经推出，便能较快占领市场，具有较强的市场竞争优势，从而进行大批量生产，推动相对成本的降低，促使销售总额增长。

2. 价格制定策略的成本控制

价格制定策略是名创优品最为出色的成本控制方式，从生产上来说，名创优品撕掉了"最后的一层纸"，即零售终端价格的虚高，一是渠道的陈旧与沉重；二是品牌商对价格的贪婪控制，把这两个打掉，价格的空间就突然出现了。竞争的要点也许真的不在线上或线下，而是工厂到店铺的距离。名创优品的策略是在世界范围内选择原料，不断优化供应商组合，严格把控生产过程和商品质量，统计那些卖得好、需求量大的产品，通过大规模采购控制成本，使得供应商有动力进行工业化、机械化生产改造，这是一个良性循环。名创优品充分利用这个灵感，帮助供货商进行信息系统改造，以便他们能根据名创优品商城每天的卖货动态，规划他们的发货计划和生产计划。名创优品销售部门还会参考所有名创优品商店的销售记录，进行价格分析，从而制定有利于产品销售的价格。

3. 从成本反推储运

仓储对于零售企业的重要性，体现在物流的顺畅度和承载力上，而名创优品投入大量的资金，建设自己的配送中心和仓储物流系统，从而实现从工厂直达店铺的目的。名创优品采用大数据平台为定量分析消费者需求创造了可能。哪一家门店销量多少、什么样的产品卖得好，第二天马上就有数据反馈，就马上做出调整，使店铺可以高效周转。名创优品还配有高频率的配送，平均两天配送一次，生意好的店铺需要每日配货。因为商品畅销，店铺外仓很小，平均库存只有两天，或者不设外仓，完全依靠供应链运转。名创优品这种更精准的开发，意味着更少的偏差、更少的投资失误，以及更高效的盈利水平。不仅节省了成本，还保持了产品的低价格优势。

【项目任务】

1. 你能从名创优品的案例中得到什么启示？
2. 你认为名创优品的核心竞争力是什么？
3. 请试着总结名创优品的成本控制战略。

任务一   理解成本控制的内涵

成本控制是现代成本管理的核心内容，是降低成本、提高经济效益的重要手段，是加强整个宏观经济控制的重要基础。

成本控制是根据预定的成本目标，对企业生产经营过程中的劳动耗费进行约束和调节，发现偏差，纠正偏差，以实现预定的成本目标，促使成本不断降低。

一、成本控制的作用

（一）成本控制是现代成本管理的核心

现代成本管理包括成本预测、成本决策、成本计划、成本核算、成本控制、成本分析和成本考核等环节。从管理的时序看，成本预测、成本决策和成本计划属于事前成本管理，成本核算和成本控制属于事中成本管理，而成本分析和成本考核属于事后成本管理。在这里，成本预测、成本决策和成本计划为成本控制提供依据，成本核算为成本控制提供反馈信息，成本分析和成本考核则反映了成本控制的结果。由此可见，成本控制是成本管理的核心内容。

（二）成本控制是降低成本、提高经济效益的重要手段

所谓经济效益，就是企业生产经营过程中劳动消耗与劳动成果之间的对比。只有以最小的劳动消耗实现最大的劳动成果，才能获得最佳的经济效益。成本是劳动消耗的具体表现形式，降低成本是实现经济效益的重要基础。要降低成本，必须加强成本管理，其中的一项重要内容就是强化成本控制。因为成本控制实际上是对生产经营活动过程中的一切耗费进行约束和调节，使其朝着预定的成本目标发展，促使企业不断降低成本。

（三）成本控制是加强整个宏观经济控制的重要基础

成本控制的效果在很大程度上影响到宏观经济控制的效果。长期以来，我国企业成本普遍存在着失控现象。由于成本失控，一方面造成企业损失，浪费日趋严重，成本不断上升，经济效益下降，投入与产出的比例失调；另一方面也导致了物价失控，虽现出"成本上升—物价上涨—成本再度上升"的恶性循环，进而影响整个宏观经济的控制。面对严峻的现实，必须清楚地意识到成本控制在整个宏观经济控制中的地位和作用，树立系统的成本控制意识，强化成本控制，才能为加强整个宏观经济控制奠定重要的基础。

二、成本控制的原则

（一）成本效益原则

成本效益原则，是指因实施某项成本控制措施而付出的代价，不应超过其增加的效益。效益不仅是系统追求的目标，而且是评价系统有效性的重要标准。成本控制遵循效益原则，要求成本控制指标的确定、成本控制方法的选择、成本控制组织体系的建立，都要以提高经济效益为着眼点。

（二）例外管理原则

例外管理原则，是指企业管理人员对于控制标准以内的问题，不必事无巨细，逐项控制，而应将注意力集中在成本实际值脱离成本目标值差异的例外事项上。所谓例外事项，一般有以下几种情况：

（1）成本差异额较大的事项；

（2）经常出现差异额的事项；

（3）可避免原因引起的性质严重的事项；

（4）影响企业决策的事项。

对于这些例外事项，成本控制人员必须实行重点控制。成本控制遵循例外管理原则有利于将管理人员从烦琐的日常事务中解脱出来，集中力量抓住主要矛盾，从而提高控制效率。

（三）目标管理及责任落实原则

进行成本控制必须与目标管理经济责任制的建立与健全配套衔接，事先将成本管理目标层层分解，明确规定有关方面或个人应承担的成本控制责任义务，并赋予其相应的权利，使成本控制的目标和相应的管理措施能够落到实处，成为考核的依据。

（四）管理层推动原则

成本控制涉及全体员工和企业生产经营的全部过程，因此必须由管理层来推动。这一原则对管理层的要求如下：

（1）重视并全力支持成本控制；

（2）具有完成成本控制目标的决心和信心；

（3）有实事求是的精神；

（4）以身作则，严格控制自身的责任成本。

（五）持续改进原则

持续改进原则要运用到任何成本管理与控制的行为中。公司持续改进的思想和文化，应贯彻到成本节约中，每年都有一个节约的百分比目标。持续改进机制必须制度化和问责化，而不能口头化。市场化竞争异常激烈，企业逆水行舟，不进则退。企业持续改进做得好，就可能处于领先地位；做得不好，就可能被淘汰。

思政园地

成本控制实际上就是通过一定的方法对企业在生产和销售过程中的物料节约、人工节约和能源动力节约。勤俭节约思想作为我国优秀的传统美德，绵延至今，已经成为中国人具有标志性的美德。老子在《道德经》第67章提出自己的"三宝"："一曰慈，二曰俭，三曰不敢为天下先。"道家强调无为而治、知足不争，认为"甚爱必大费，多藏必厚亡"，对物质的过度欲望必然成为生存的负担，唯有"去甚，去奢，去泰"，才能保证自己立于不败之地。以孔子为代表的儒家思想则从正面提出"俭近仁"的伦理要求，将节俭视为重要的美德，极力推崇适度的简朴，将勤俭节约作为主体性道德的提升路径。在《论语·雍也》中，孔子直接赞誉颜回的俭朴美德："一箪食，一瓢饮，在陋巷。人不堪其忧，回也不改其乐。"儒家将俭作为道德修养的核心，强调通过克制对物质的欲望，完成个体人格的自我提升。三国名臣诸葛亮在其名篇《诫子书》中写道："夫君子之行，静以修身，俭以养德。"流传甚广。

思政点：对于成本控制而言，不光要控大头还要关注小头，要大头与细节并重。相对来讲，企业的成本大头一般是原材料、固定资产、研发费用等。在重视成本大头的同时必须注重日常成本节约细节（如购买打折机票、采用网上办公以减少使用纸张、中午休息时关灯、利用纸张背面等）。这些细节上的节约行为往往能增强大家成本节约与控制的责任感、企业的归属感和自豪感，并持续改进，运用到任何成本管理与控制的行为中。

三、成本管理的方法

在之前的项目中，将成本分为直接成本和间接成本，为了更好地进行成本管理，还需要了解其他几种类型的成本。

（一）变动成本和固定成本

变动成本是指在特定的业务量范围内，其总额会随业务量的变动而呈正比例变动的成本。如直接材料、直接人工、按销售量支付的推销员佣金、装运费、包装费等都是和单位产品的生产直接联系的，其总额会随着业务量的增减呈正比例增减。

固定成本是指在特定的业务量范围内不受业务量变动影响，一定期间的总额能保持相对稳定的成本。例如，固定折旧费用、房屋租金、行政管理人员工资、财产保险费、广告费、职工培训费、科研开发费等。固定成本通常又称为与产能相关的成本。例如，在某家具公司，固定的制造成本为工厂设备的折旧和支付给生产主管的工资。这些成本与可用的机器工时和监督时间的长短无关，它们仅取决于获得的生产能力。

（二）质量成本

质量成本是指企业为保持或提高产品质量所发生的各种费用和因产品质量不达标所产生的损失的总称。经验显示，预防缺陷比实际发生缺陷以后再检验和维修产品所花费的成本要低得多。质量成本分为四大类：预防成本、评估成本、内部缺陷成本和外部缺陷成本。其中预防成本是指为了保证企业产品符合质量标准而发生的成本，包括质量培训、供应商认证等活动的成本；评估成本是检验过程中发生的成本，包括检测设备的保养、产品质量监督等活动成本；内部缺陷成本是指缺陷产品被销售出库前，在生产过程中被检测出来所发生的成本，包括缺陷产品导致的停工、废料、返工成本等；外部缺陷成本是指产品被客户发现有缺陷，用于更正问题的成本，包括维修成本、退货成本和产品召回成本等。

（三）环境成本

环境成本是指企业发生的，与破坏环境和环境保护有关的全部成本，包括外部成本和内部成本。国际会计师联合会将环境成本划分为六大类：产品输出包含的资源成本、非产品输出包含的资源成本、废弃物和排放物控制成本、预防性环境管理成本、研发成本和不确定性成本。例如，在碳达峰和碳中和的背景下，电力企业的碳排放成本就属于环境成本。环境成本是管理层在做出正确决策时所必须考虑的相关成本。例如，在碳达峰和碳中和的背景下，火力发电厂就需要将排碳成本计入其相关成本中。

（四）相关成本和无关成本

相关成本是指对企业经营管理有影响或在经营管理决策分析时必须加以考虑的各种形式的成本。相关成本的表现形式包括边际成本、机会成本、重置成本、付现成本、可避免成本、可延缓成本、专属成本和差量成本。

无关成本是相关成本的对立概念，是指与决策无关的成本。包括沉没成本、共同成本等。

除了以上几种成本外，还有作业成本、目标成本、责任成本等，相对应的成本管理方法就是作业成本法、目标成本法和责任成本法等，这几种方法将在后面详细介绍。

引导案例解答

（1）名创优品的案例带给我们的启示有：建立企业自身的成本优势是非常重要的，成本优势可以来自成本控制系统的先进性、自有物流系统的便捷性和生产系统的柔性等；也可以来自保证产品生产的经济性。名创优品通过"根据市场需求先制定产品价格再进行研究开发工作"的方式进行选品活动，不仅保证了产品的受欢迎程度，还能够从设计源头保证产品生产的经济性。

（2）名创优品的核心竞争力可以总结为质优价廉。首先，名创优品基于市场、跟随市场的选品策略保证了其产品是符合目标客户需求的；其次，名创优品通过不断优化供应商组合，利用其大量的销售数据对供应商给予生产改造支持，同时在全球范围内甄选原材料，保证产品在质优的基础上还能够价廉；最后，名创优品通过自建基于大数据平台的分销体系，保证物流的畅通与及时，为顾客创造较好的服务体验。

（3）名创优品通过优化商品供应链，减少其中附加的交易成本；跳过传统供应链关系中的各级参与者，例如各级代理商，尽可能减少环节和原物料成本；通过对供应商的系统的改造，实现供应商与名创优品的利益捆绑，掌握更多的定价权。

任务二　运用作业成本法

一、作业成本法的特点和适用范围

作业成本计算与作业成本管理合称为作业成本法。随着工业4.0的到来，企业的自动化程度逐渐提高，顾客的需求也变得多样化、个性化，商品的生产方式逐渐向自动化、小批量的方式转变。随着机器设备价值的越来越高，维护费和折旧费等间接费用不断增加，产品的成本结构发生重大变化。70年前，间接费用仅仅为直接人工的50%~60%，而今天大部分企业的间接费用为直接人工的4~5倍，直接人工占比大幅下降。因此，成本会计需要将重点从人工费用和材料费用的核算逐渐转移到间接费用（特别是间接制造费用）的准确核算上来。

在传统的成本计算方法下，往往用单一的分配标准来分配间接制造费用，如实际工时、标准工时、工人工资等。但是，在现代制造过程中，许多制造费用并不单一地与生产数量或生产工时相关。举例来说，工厂需要频繁地调整生产线和机器去适应小批量的生产方式，会发生较高的机器调整准备费用，但这部分费用与工时并不存在强烈的相关关系。因此，用单一基础分配间接费用的方法会造成成本扭曲（成本被高估或低估），应改为按多种基础（多成本动因）来分配间接费用。

相较于传统的成本计算方法较为单一的成本动因，作业成本法的成本动因数量多（含资源动因和作业动因）。基于生产经营全过程分析的资源耗费首先被分配到各个作业中心（成本库）中，再被分配给产品或服务。作业成本法能够提供更加准确的成本信息，有助于企业提高产品定价、作业与流程改进、客户服务等决策的准确性；同时能够作为作业管理的基础，帮助企业消除非增值行为，强化成本控制，促进绩效管理的改进和完善；最后通过推进作业基础预算，可以提高作业、流程、作业链管理的能力。

作业成本法适用于具有以下几个特点的企业：

（1）企业有大量的间接费用和辅助资源耗费；

（2）产品、客户和生产流程多样化；

（3）极易发生成本扭曲，比如既采用大批量生产也采用客户定制生产的企业，既有成熟产品也有新产品的企业，以及既有定制分销渠道也有标准分销渠道的企业。

二、作业成本法的相关概念

（一）作业、作业成本计算和作业成本管理

1. 作业

作业（activity），是指企业生产经营过程中各项独立并相互联系的活动。一项作业既可以是一项非常具体的任务或活动，也可以泛指一类任务或活动。作业贯穿产品生产经营的全过程，从产品设计开始，经过物料供应、生产工艺的各个环节，直至产品的发运销售。在这一过程中，每个环节、每道工序都可以视为一项作业，如产品设计、订单处理、采购、存储等。按消耗对象不同，作业可分为主要作业和次要作业。主要作业是被产品、服务或客户等最终成本对象消耗的作业。次要作业是被原材料、主要作业等介于中间地位的成本对象消耗的作业。

2. 作业成本计算

作业成本计算（activity-based costing，ABC）以"作业消耗资源、产出消耗作业"为原则，按照资源动因将资源费用追溯或分配至各项作业，计算出作业成本，然后再根据作业动因，将作业成本追溯或分配至各成本对象，最终完成成本计算的过程。作业成本法是基于资源消耗的因果关系进行成本分配的。

3. 作业成本管理

作业成本管理（activity-based management，ABM）是将经营程序细分成统一成本属性的多个作业或活动。然后确定哪些作业或活动是不增值的、哪些是增值

的，不增值的要去除，增值的要看如何能持续评估和改进，从而减少成本，提高运营效率。

（二）资源费用

资源费用是指企业在一定期间内开展经济活动所发生的各项资源耗费。资源费用既包括各种房屋及建筑物、设备、材料、商品等各种有形资源的耗费，也包括信息、知识产权、土地使用权等各种无形资源的耗费，还包括人力资源耗费以及其他各种税费支出等。

（三）成本对象

成本对象是指企业追溯或分配资源费用、计算成本的对象物。成本对象可以是工艺、流程、零部件、产品、服务、分销渠道、客户、作业、作业链等需要计量和分配成本的项目。

（四）成本动因

成本动因也称成本驱动因素，是指导致成本发生的事项或活动。它决定着成本的发生，并可作为分配成本的标准。成本动因可分为资源动因和作业动因。

1. 资源动因

资源动因是引起作业成本变动的驱动因素，反映作业量与耗费之间的因果关系，根据资源动因将资源成本分配给各有关作业。按照作业成本计算法，作业量的多少决定着资源耗用量的高低，但资源耗用量的高低与最终的产品数量没有直接关系。比如，需要对运输部门分配所消耗的燃油费（作为资源费用）时，企业可将标准油耗的运输车辆运输一百公里里程定义为一个作业，以此作为分配燃油费的依据，而产品数量和燃油费之间并不存在直接关系。

2. 作业动因

作业动因是引起产品成本变动的驱动因素，反映产品产量与作业成本之间的因果关系。作业动因计量各种产品对作业耗用的情况，并被用来作为作业成本的分配基础，是沟通资源消耗与最终产出的中介。例如，材料搬运作业的衡量标准是搬运的零件数量，生产调度作业的衡量标准是生产订单数量，加工作业的衡量标准是直接人工工时，自动化设备作业的衡量标准是机器作业小时数等。

（五）作业中心设计

作业中心设计，又称为作业成本库设计，是指企业将认定的所有作业按照一定的标准（即统一的作业动因）进行分类，形成不同的作业中心，作为资源费用追溯或分配对象的过程。作业中心可以是某一项具体的作业，也可以是由若干个相互联系的能够实现某种特定功能的作业的集合。企业可按照受益对象、层次和重要性，将作业分为以下五类，并分别设计相应的作业中心。

（1）产量级作业。

（2）批别级作业。

（3）品种级作业。

（4）客户级作业。

（5）设施级作业。

三、计算作业成本的一般程序

（一）确定作业，定义资源

这是计算作业成本的第一步，需要建立在对企业生产经营过程进行全面分析的基础上。在实际工作中，一个企业的作业成百上千，按照重要性原则，只能选择主要作业作为资源分配的基础，以这些主要作业归集的成本就形成了一系列作业中心。如【同步思考与练习6.2.1】中的恒光公司，根据其灯具制造过程，可以确定六类作业：设计、安装制模机、机器运转、装运、分销和管理。

（二）将资源分配至作业

如【同步思考与练习6.2.1】，在确定了作业中心（设计、安装制模机、机器运转、装运、分销和管理）之后，根据资源动因将资源的价值耗费向作业中心进行分配。按照作业成本计算的规则，作业量的多少决定着资源耗用量的高低，但资源耗用量的高低与最终产品的产出量多少没有直接关系。

确立资源动因的原则如下：

（1）某项资源耗费若能直观地确定其是为某一特定产品消耗的，则直接计入该特定产品成本，材料费用往往适用于该原则；

（2）如果某项资源耗费可以从发生领域上区分，则可以直接计入各作业中心，此时资源动因可以是"作业专属耗费"，各作业各自发生的办公费一般适用该原则，各作业按实付工资额核定应负担的工资费时，也适用这一原则；

（3）如果某项资源耗费从最初消耗上呈混合耗费形态，则需要选择合适的量化依据将资源分解，分配到各作业，这个量化依据就是资源动因。

【同步思考与练习6.2.1】

恒光公司主要生产一种新材料发光产品及下游应用产品，发光产品主要是白光和全彩两款产品。2022年，恒光公司主要生产并销售了白光产品1 600 000件，全彩产品640 000件，其成本数据如表6-1所示。

表6-1　恒光公司简单成本系统计算下的成本数据

产品	白光（1 600 000件）		全彩（640 000件）	
	总计/元	单位产品成本/元	总计/元	单位产品成本/元
直接材料	8 000 000	5	5 120 000	8
直接人工	4 800 000	3	3 200 000	5
分配的间接成本	9 000 000	5.625	15 000 000	23.437 5
总成本	21 800 000	13.625	23 320 000	36.437 5

恒光公司的成本系统把直接材料和直接人工以外的所有成本归为间接成本。间接成本主要包括支付给制造人员和维修人员的工资、设备折旧、动力费用和场地租金等项目。恒光公司把直接人工的工时定额数作为唯一的分配标准，从而把

学习笔记

所有生产和非生产间接成本分配到两款产品上。根据测算，白光产品的单位产品定额工时为0.1小时，全彩产品的单位产品定额工时为0.166 7小时。

恒光公司的定价如下：白光产品16元/件，全彩产品50元/件，根据成本信息，可得毛利率如表6-2所示。

表6-2　恒光公司简单成本计算系统下的毛利率

产品	白光	全彩
收入/元	25 600 000	32 000 000
成本/元	21 800 000	23 320 000
营业利润/元	3 800 000	8 680 000
毛利率/%	15	27

数据显示，全彩产品的毛利率要远高于白光产品，白光产品的毛利率15%也能够为公司管理层接受，公司决定继续生产白光产品，同时积极拓展全彩产品的客源。白光产品作为恒光公司的低利润产品，销量大，客源稳定；而全彩产品作为毛利率较高的高端产品，公司管理层希望能占有更多的市场份额，从而为公司带来更多的利润。2022年年初，恒光公司销售部得到消息称，竞争伙伴欧普公司愿意以36元/件的价格大量供货给经销商。恒光公司管理层大为震惊，因为欧普公司的生产规模和工艺水平都与恒光公司在同一水平上，成本水平应该与恒光公司不相上下。管理层意识到可能自身的简单成本计算系统并不能真实地体现成本情况，为了解决这一问题，公司决定引入作业成本法，精确计算产品成本。

近年来，随着科学技术的进步和人工成本的上升，越来越多的工业制造企业开始尝试用机器人代替工人；通过智能化和数字化的改造，工厂变得更先进、更安全。随之而来的变化是产品成本结构中的间接制造费用比例大幅上升，直接人工比例大幅下降，传统的制造费用分配方法的局限性开始凸显。在这种背景下，作业成本核算和作业成本管理越来越多地被重视并运用在成本核算和控制中。

恒光公司会计基于对企业生产经营过程的全面观察分析，确定了各个作业中心的资源动因，实施作业成本法后获得的成本核算资料如表6-3所示。

表6-3　恒光公司作业成本核算资料

作业	间接成本总额/元	成本分配计算				间接费用分配率
		资源动因	数量	其中：白光	其中：全彩	
设计	4 800 000	零件平方分米	320	96	224	15 000
安装制模机	3 840 000	安装小时	6 400	1 600	4 800	600
机器运转	6 720 000	制模机器小时	32 000	22 857.14	9 142.86	210
装运	1 280 000	装运次数	640	320	320	2 000
分销	5 400 000	立方分米	270 000	135 000	135 000	20
管理	1 960 000	直接制造人工小时	98 000	70 000	28 000	20

（三）将作业成本分配至产品

该步骤中，要根据作业动因将各个作业中心的成本分配给各成本对象。之前已经介绍过，作业中心中的所有作业都只具有单一的作业动因，因此作业动因在第二步中已经确定。根据恒光公司的生产情况，生产量的多少决定着作业的耗用量，因此将生产量作为作业动因，将作业中心的成本分配给白光产品和全彩产品。具体计算如表6-4所示。

表6-4　采用作业成本计算的恒光公司产品成本　　　　　　　　　　　　元

产品	白光（1 600 000件）		全彩（640 000件）	
	总价	单价	总价	单价
直接材料	8 000 000	5	5 120 000	8
直接人工	4 800 000	3	3 200 000	5
间接成本：				
设计	1 440 000	0.9	3 360 000	5.35
安装制模机	960 000	0.6	2 880 000	4.5
机器运转	4 800 000	3	1 920 000	3
装运	640 000	0.4	640 000	1
分销	2 700 000	1.687 5	2 700 000	4.218 8
管理	1 400 000	0.875	560 000	0.875
合计	24 740 000	15.462 5	20 380 000	31.843 8

恒光公司通过作业成本法获得了白光产品和全彩产品更为细致的成本数据，发现全彩产品的成本不应该是36.44元，而是31.84元，这也正好解释了竞争对手欧普公司的行为，36元/件的价格并不亏本，欧普公司这种行为可以在保证不亏损的情况下迅速占领市场。另外，恒光公司会计重新计算了毛利率，发现白光产品的毛利率已经非常低，仅有3%，如表6-5所示，这更加坚定了管理层将产品升级，替换掉白光产品，更多更快占领全彩产品市场的信念。

表6-5　恒光公司采用作业成本法计算的毛利率

产品	白光	全彩
收入/元	25 600 000	32 000 000
成本/元	24 740 000	20 380 000
营业利润/元	860 000	11 620 000
毛利率/%	3	36

任务三　运用目标成本控制法

一、目标成本控制法的概念

目标成本是指企业在一定时期内为保证目标实现，并作为合成中心全体员工的奋斗目标而设定的一种预计成本，它是成本预测与目标管理方法相结合的产物。

目标成本控制的基本思想目标成本控制又叫成本企划，它首先被日本丰田汽车公司所采用，后发展到电机、制造、精密仪器、化工等行业，现已成为日本最富潜力的竞争武器之一。

目标成本控制法（简称目标成本法）是指针对目标成本进行策划并将其延伸至设计、制造阶段，运用价值工程法进行功能成本分析，达到不断降低成本、增加竞争能力的一种成本管理方法。其基本思想是作为经营者，在产品的策划、构想与设计阶段，就必须关注将要制造的产品成本的上限，这一上限即目标成本。通过市场需求决定的目标售价（预期售价）和期望目标利润这两个因素来求得目标成本。其计算公式为：

$$目标成本 = 目标售价 - 目标利润$$
$$目标成本 = 目标售价 \times (1 - 目标利润率)$$

这意味着，目标成本控制要求确保制造过程实际消耗的成本乃至用户的使用成本都不允许超越这一范围，这就必须把成本管理的立足点从制造阶段转向制造前阶段。在制造前阶段（产品的策划、构想与设计阶段）摆脱单纯会计思想方法的束缚，使以价值工程法为主的多样化工程法与会计计量法有效地结合起来，从而达到大幅度降低成本的目的。

二、运用目标成本控制法的具体步骤

（1）公司研发符合市场需求的新产品，通过市场调研、问询等活动估计客户愿意接受的价格。

（2）根据公司要求的目标利润计算出目标成本，即价格减目标利润。此目标成本包括企业所有的成本，即包括生产成本和非生产成本。

（3）依据此目标成本，公司制造出相应的符合市场需求的产品。若目标成本较低，公司可通过价值工程法、并行工程法等减少成本，可能会涉及改进产品设计、改变原材料规格或修改工艺流程等。

价值工程是指通过集体智慧和有组织的活动对产品或服务进行功能分析，使目标以最低的总成本，可靠地实现产品或服务的必要功能，从而提高产品或服务价值的一种方法。价值工程的基本思想是通过对标的产品的功能与成本比值，即常说的产品性价比进行分析，判断产品功能是否合适。在价值工程中，功能与成本的比值称为价值，也称为价值比率。

$$价值比率 = 功能 / 成本$$

价值工程就是设法使产品的价值比率不断提高，即从低价值比率到高价值比率的改善过程。

并行工程法是指在进行产品研发和设计时要考虑对下游部门（如生产、营销、分销、售后服务等）的影响一种方法。这是因为很多时候产品研发和设计直接影响到下游部门的成本，很多成本的发生在产品设计时已锁定，后期无法更改。因此，企业控制和降低成本应重视源头控制。

（4）目标成本的实施经常会结合持续改进的思想以及跨部门团队合作，比如产品设计、售后、生产、成本会计等。成本节约和控制要重视价值链的上游，如产品设计阶段，而不是只在下游（生产、售后等环节）控制成本。

三、目标成本控制法的运用

【同步思考与练习6.3.1】

常远公司是一家生产专业音响的高科技企业，根据市场调查，公司准备推出一种最新的蓝牙音响。公司确定采用目标成本控制法，为此，需要确定竞争性价格，从而确定生产蓝牙音响的目标成本。已知，生产新型蓝牙音响可以利用现有的生产设备，现有的生产设备生产能力利用率为60%，生产新型蓝牙音响后，生产设备生产能力利用率可以提高到85%，现有生产设备的年固定成本为1 000万元。经调查，竞争性价格确定为100元。

已知必要利润率为25.13%，公司对于蓝牙音响项目在加权平均资本成本的基础上要求的额外利润率为15%。

要求：不考虑其他因素，确定蓝牙音响的目标成本。

解答：

$$目标成本 = 100 - 100 \times 25.13\% = 74.87（元）$$

由于现有的生产设备生产能力利用率为60%，生产新型蓝牙音响后，生产设备生产能力利用率可以提高到85%，在生产能力范围以内，因此，决策时不用考虑固定成本。

任务四 运用责任成本管理法

目标成本法
（微课）

一、责任成本管理法的概念

责任成本管理法（简称责任成本法），是指将企业内部划分成不同的责任中心，明确责任成本，并根据各责任中心的权、责、利关系来考核其工作业绩的一种成本管理方法。

进行责任成本管理，首先，要划分责任层次，建立责任中心，明确各责任中心的成本责任和权限。其次，要根据可控性原则将责任成本目标分解到各成本责任中心，作为考核和评价各成本中心业绩的标准。最后，建立一套完整的计量、记录和报告责任成本的核算体系，通过责任成本实际发生数和控制标准的对比和报告，检查和考核各责任层次和责任中心的业绩。

学习笔记

需要注意的是，责任成本的计算与产品成本的计算是完全不同的。产品成本以产品品种为归集对象，将各种产品生产过程中所发生的料工费加总起来，就是各产品的生产成本。而责任成本则以各责任中心为归集对象，将各责任中心在经营过程中所耗费的资源相加，构成责任成本。

二、责任中心的类型

责任中心，是指企业内部独立提供产品（或服务）、资金等的责任主体。责任中心一般可以划分为成本中心、利润中心和投资中心三类，这三类责任中心的比较如表6-6所示。

表6-6　成本中心、利润中心和投资中心的比较

中心类别	决策权	业绩指标	通常运用的情况
成本中心	选择投入资源（人力、材料及设备）	最低的单位产品成本	成本中心的经理能够衡量产品产出情况、了解成本属性，同时能够确定理想的产量及适当的奖惩
利润中心	选择投入资源组合；选择产品组合；选定售价（或产出数量）	真实利润（往往用边际贡献或可控边际贡献衡量）	利润中心的经理拥有选定适当的价格和产量的知识和信息；拥有选择最优产品组合的知识和信息
投资中心	选择投入资源的组合；选择产品组合；选定售价（或产出数量）；选择投入该中心的资本金的运用	剩余收益、投资报酬率、经济增加值	投资中心的经理拥有选定适当的价格、产量的知识和信息；拥有选择最优产品组合的知识和信息；拥有关于投资机会的知识和信息

（一）成本中心

成本中心是指有权发生并控制成本的单位。成本中心一般不会产生收入，通常只计量考核发生的成本。负责生产产品的车间、工段、班组等生产部门都是典型的成本中心。需要注意的是，成本中心只考核成本并且只对可控成本负责。

（二）利润中心

利润中心是指既能控制成本，又能控制收入和利润的责任单位。它不但有成本发生，而且有收入发生。因此，它要同时对成本、收入以及收入成本的差额即利润负责。

（三）投资中心

投资中心是指既能控制成本、收入和利润，又能对投入的资金进行控制的责任中心，如事业部、子公司等。投资中心经理所拥有的自主权不仅包括制定价格、确定产品和生产方法等短期经营决策权，而且包括投资规模和投资类型等投资决策权。投资中心是最高层次的责任中心，它拥有最大的决策权，也承担最大的责任。利润中心和投资中心的区别在于：利润中心没有投资决策权，而且在考核利

润时也不考虑所占用的资产。

三、责任成本的计算

【同步思考与练习6.4.1】

新城公司生产 A、B、C 三种产品，每种产品都需经过甲、乙、丙三个生产部门（成本中心）生产加工。今年 5 月，整个企业在生产过程中共发生直接材料费用 1 500 000 元，直接人工费用 800 000 元，制造费用 1 100 000 元，根据料、工、费耗用的原始凭证及有关分配表，各责任中心和各产品 5 月成本的计算如表 6 - 7 所示。

表 6 - 7　责任成本及产品成本计算

元

成本项目	合计	成本中心的责任成本			产品成本		
		甲	乙	丙	A	B	C
直接材料	1 500 000	900 000	300 000	300 000	400 000	500 000	600 000
直接人工	800 000	200 000	200 000	400 000	200 000	250 000	350 000
制造费用	1 100 000	400 000	400 000	300 000	250 000	400 000	450 000
总成本	3 400 000	1 500 000	900 000	1 000 000	850 000	1 150 000	1 400 000

从表 6 - 7 中我们可以看到，成本中心的责任成本和产品成本是两个完全不同的概念，甲、乙、丙三个生产部门的经理应该以往年各成本中心的责任成本或预算体系中的责任成本作为对标，考核本月责任成本的情况。

四、责任成本的评价和考核

为了保证经济责任制的贯彻和成本降低目标的实现，责任成本控制除了以责任目标为基础，经常对目标的执行情况进行系统的计量、记录之外，还必须通过定期编制业绩报告（或称责任报告）的方式对各责任中心的业绩和成果进行评价和考核。责任成本业绩报告如表 6 - 8 所示。

表 6 - 8　责任成本业绩报告

元

责任中心	计划数	实际数	差异数	原因分析
甲班组业绩报告：				
直接材料	2 200	2 000	-200	单耗下降
直接人工	580	545	-35	人数减少
制造费用	450	498	48	辅助材料费用超支
经济责任转账		100	100	零件质量差使乙班组成本升高

续表

责任中心	计划数	实际数	差异数	原因分析
甲班组责任成本合计	3 230	3 143	-87	
A车间业绩报告：				
甲班组责任成本	3 230	3 143	-87	单耗下降
乙班组责任成本	2 560	2 400	-160	劳动效率提高
A车间的可控成本	1 800	2 000	200	辅助材料费用超支
经济责任转账		-200	-200	材料质量差，转出责任成本
A车间责任成本合计	7 590	7 343	-247	
制造部业绩报告：				
A车间责任成本	7 590	7 343	-247	主要是劳动效率提高
B车间责任成本	5 510	6 137	627	主要是单耗上升
制造部的可控成本	3 000	2 500	-500	主要是费用降低
制造部责任成本合计	16 100	15 980	-120	
W公司业绩报告：				
制造部责任成本	16 100	15 980	-120	主要是费用降低
销售部责任成本	2 450	3 180	730	费用超支
财务部责任成本	1 500	1 200	-300	费用节约
总公司的可控成本	1 950	1 140	-810	费用节约
公司责任成本合计	22 000	21 500	-500	主要是费用节约

　　比如说，由于成本中心只对成本负责，因此，对其考核和评价的重点应放在责任成本上，即以业绩报告为依据来衡量责任成本的实际数与计划数之间的差异，分析产生差异的原因。成本中心编制的业绩报告一般只需按该中心可控成本的各明细项目列示其计划数、实际数和差异数；而对于不可控成本，可采取两种处理方式：一种是全部省略，不予列示；另一种是作为业绩报告的参考资料，供管理者参考。

　　由于各成本中心是逐级设置的，因而业绩报告也应自下而上，从最基层的成本中心逐级向上汇编，直到最高管理层。每一级的业绩报告除了最基层只有本身的可控成本外，都应包括下属单位转来的责任成本、本身的可控成本以及有关经济责任的转账，从而形成一条责任锁链。

五、内部转移价格的制定

　　内部转移定价，是企业制定和应用内部转移价格的方法。内部转移价格，是指企业内部分公司、分厂、车间、分部等责任中心之间相互提供产品（或服务）、资金等内部交易时所采用的计价标准。例如，浙江吉利拥有一个独立的汽车轮胎生产部门，作为一个利润中心，轮胎部门向汽车装配部门提供轮胎时会收取价格，这个价格就是内部转移定价。汽车轮胎生产部门希望轮胎的价格越高越好，因为这可以提高其报表上的收入；汽车装配部门则希望轮胎价值越低越好，因为这可以降低其报表上的成本。

因此，内部转移价格直接关系到不同责任中心的获利水平，其制定可以有效地防止成本转移引起的责任中心之间的责任转嫁，使每个责任中心都能够作为单独的组织单位进行业绩评价，并且可以作为一种价格信号引导下级采取正确决策，保证局部利益与整体利益的一致。

企业绩效管理委员会或类似机构应根据各责任中心的性质和业务特点，分别确定适当的内部转移定价形式。内部转移定价通常分为价格型、成本型和协商型三种。

（一）价格型

价格型内部转移定价，是将产品或劳务的现行市场价格作为计价的基础。在这种情况下，企业生产部门生产的产品或提供的劳务，无论是供应给企业内部还是外部，或者使用部门使用企业内部提供或外部购买而来的产品或劳务，在价格上都是相同的，都采用市场价格。由于市场价格比较客观，对生产部门和使用部门没有偏袒，因而被认为是一种比较合理的内部转移价格。但是，有些半成品或劳务是专门为企业内部生产和提供的，在没有市场价格可参考的情况下，可以在生产成本基础上加一定比例毛利作为内部转移价格。

（二）成本型

成本型内部转移定价，是指以标准成本等相对稳定的成本数据为基础，制定内部转移价格的方法，一般适用于内部成本中心。采用以成本为基础的转移定价是指所有的内部交易均以某种形式的成本价格进行结算，它适用于内部转移的产品或劳务没有市场价格的情况，包括完全成本、完全成本加成、变动成本以及变动成本加固定制造费用四种形式。

（三）协商型

协商型内部转移定价，是指可以通过供需双方协商确定价格的一种方法。这种通过供需双方协商确定的价格叫作协商价格。协商价格适用于某种产品或劳务没有现成的市场价格，或有不止一种市场价格的情况。协商价格不仅要使供需双方乐于接受，而且不能损害企业的整体利益。一般来说，应把市场价格作为协商价格的上限，把单位变动成本作为协商价格的下限，通过协商，确定一个双方都能接受的公允价格作为计价基础，当具体情况发生变化时，双方可以重新协商，确定价格。

【同步思考与练习6.4.2】

假设普友家电生产企业有两个分厂，其中甲分厂生产电路板，电路板的成本情况为：变动制造成本为 10 元，变动销售费用为 2 元，每年的固定制造费用为 1 000 000 元。乙分厂生产游戏机，相关信息为：游戏机市价为 32 元，变动销售费用为 3 元，固定制造费用为 500 000 元。甲、乙分厂的销售及成本情况如表 6 - 9 所示。

学习笔记

表6-9 甲、乙分厂的销售及成本情况

项目	甲分厂（电路板）	乙分厂（游戏机）
销售量：		
每日	1 000	350
每年（每年按260个工作日计算）	260 000	91 000
单位数据：		
市场售价	20	45
变动制造费用	10	32（其中电路板成本为20）
变动销售费用	2	3
每年的固定制造费用	1 000 000	500 000

由于乙分厂是最近才合并进入公司的，所以从未与甲分厂发生中间产品的内部转移。双方就内部转移价格进行协商讨论。甲分厂提出：每个游戏机需要一个电路板，每天的产量是350台，愿意按市场价格（20元）销售给乙分厂。乙分厂提出：希望价格更优惠些，因为产品在内部转移，甲分厂可以省去销售、运输和包装等方面的支出，这些费用，通过咨询公司总部，大约是2元，因此希望能以低于市场价格2元的价格，也就是18元的价格购买，这样的话，并不影响甲分厂的利润，同时能为公司增加利润364 000元（4×91 000，其中每件节省运费2元，节省销售费用2元）。最后双方达成协议，按19元的价格进行内部转移。协商前后的比较损益表如表6-10所示。

表6-10 比较损益表
元

项目	协商前：与外部进行交易		
	甲分厂（电路板）	乙分厂（游戏机）	合计
销售收入	5 200 000	4 095 000	9 815 000
减：变动制造费用	2 600 000	2 912 000	5 512 000
变动销售费用	520 000	273 000	793 000
贡献毛利	2 080 000	910 000	2 990 000
减：固定制造费用	1 000 000	500 000	1 500 000
净利润	1 080 000	410 000	1 490 000

项目	协商后：以19元进行内部交易		
	甲分厂（电路板）	乙分厂（游戏机）	合计
销售收入	5 109 000	4 095 000	9 204 000
减：变动制造费用	2 600 000	2 821 000	5 421 000
变动销售费用	338 000	273 000	611 000
贡献毛利	2 171 000	1 001 000	3 172 000

续表

项目	协商后：以19元进行内部交易		
	甲分厂（电路板）	乙分厂（游戏机）	合计
减：固定制造费用	1 000 000	500 000	1 500 000
净利润	1 171 000	501 000	1 672 000
利润差额	91 000	91 000	182 000

由表6-10可以看出，内部交易使得企业整体利润提高了182 000元，这部分新增的利润在企业的两个分厂之间进行分配：甲分厂91 000元、乙分厂91 000元。这个内部交易使企业整体利益与责任中心个体利益都得到了实现。

责任成本法（微课）

项目总结

成本控制是现代成本管理的核心内容，是降低成本、提高经济效益的重要手段，是加强整个宏观经济控制的重要基础。

为了更好地进行成本控制，成本除了前面几个项目中所提到的分类外，还可以分为变动成本、固定成本、质量成本、环境成本、相关成本和无关成本等种类。成本控制方法主要包括作业成本法、目标成本法和责任成本法等，其中作业成本法适用于具有以下特点的企业：一是企业有大量的间接费用和辅助资源耗费；二是产品、客户和生产流程多样化；三是极易发生成本扭曲，比如既采用大批量生产也采用客户定制生产的企业，既有成熟产品也有新产品的企业，以及既有定制分销渠道也有标准分销渠道的企业。

目标成本控制法（简称目标成本法）是指针对目标成本进行策划并将其延伸至设计、制造阶段，运用价值工程法进行功能成本分析，达到不断降低成本、增加竞争能力的一种成本管理方法。

责任成本管理法（简称责任成本法），是指将企业内部划分成不同的责任中心，明确责任成本，并根据各责任中心的权、责、利关系来考核其工作业绩的一种成本管理模式。责任中心一般可以划分为成本中心、利润中心和投资中心三类。

内部转移价格直接关系到不同责任中心的获利水平，内部转移定价通常分为价格型、成本型和协商型三种。

思考与练习

一、简答题

1. 本项目引导案例《名创优品的低成本管理》体现了成本控制的哪些作用？

2. 成本控制的原则中例外管理原则告诉人们通过集中力量抓住主要矛盾，可以提高控制效率。请试着从日常生活中举例，对例外管理原则的应用进行说明。

学习笔记

3. 质量成本是指企业为保持或提高产品质量所发生的各种费用和因产品质量不达标所产生的损失的总称。质量成本分为四大类：预防成本、评估成本、内部缺陷成本和外部缺陷成本。请结合之前我们所学的知识，回答以下问题：

（1）哪些成本属于质量成本？

（2）试着结合目标成本控制法中的内容，说说质量成本的理念是否在其中有所体现？

4. 作业成本法（ABC）的原则和优势。

5. 基于责任成本的部门业绩报告和传统的部门成本业绩报告有什么不同？

6. 尝试了解"ESG〔Environment（环境）、Social（社会）和 Governance（治理）〕"理念，并说说这一章中哪些概念体现了 ESG 的理念。

二、业务题

亚华公司同时生产 N1、N2 两种产品。2022 年 10 月，该公司发生的制造费用总计 600 000 元，过去该公司制造费用按直接人工工时进行分配，有关资料如表 6 - 11 和表 6 - 12 所示。

表 6 - 11　产品相关资料

项目	N1 产品	N2 产品
产量/件	1 000	2 000
直接材料成本/(元·件$^{-1}$)	60	80
材料用量/千克	3 000	2 000
直接人工工时/(小时·件$^{-1}$)	2	2
机器调控次数/次	15	5
产品抽检比例/%	50	25
小时工资率/(元·小时$^{-1}$)	30	30

表 6 - 12　制造费用资料　　　　　　　　　　　　　　　　　　元

作业	成本动因	成本库	制造费用
质量控制	抽检件数	质量控制	300 000
机器调控	调控次数	机器调控	200 000
材料整理	整理数量	材料整理	100 000
制造费用合计			600 000

要求：采用作业成本法和目标成本法两种方法计算产品成本。

项目评价表

项目评价表

知识巩固与技能提高（55 分）		得分：	
计分标准： 得分 = 5×简答题每一问正确个数 +20×业务题			
学生自评（14 分）		得分：	
计分标准：得分 = 2×A 的个数 +1×B 的个数 +0×C 的个数			
专业能力	评价指标	自测结果	要求 （A 掌握；B 基本掌握； C 未掌握）
成本控制 的内涵	1. 成本控制的作用 2. 成本控制的原则	A□　B□　C□ A□　B□　C□	能够掌握成本控制的作用
作业 成本法	作业成本法的运用	A□　B□　C□	能够掌握作业成本法的运用
目标 成本法	目标成本法的运用	A□　B□　C□	能够掌握目标成本法的运用
责任 成本法	1. 责任成本法的运用 2. 内部转移价格的制定	A□　B□　C□ A□　B□　C□	能够掌握责任成本法和内部 转移价格的运用
职业道德 思想意识	认真敬业，遵守职业道德	A□　B□　C□	专业素质、思想意识得以提 升，德才兼备
小组评价（16 分）		得分：	
计分标准：得分 = 8×A 的个数 +3×B 的个数 +2×C 的个数			
团队合作	A□　B□　C□	沟通能力	A□　B□　C□
教师评价（15 分）		得分：	
教师评语			
总成绩	教师签字		

项目七

Excel 在成本中的应用

学习目标

知识目标

- 理解 Excel 环境下成本核算的流程。
- 掌握利用 Excel 编制成本表格的原理。

能力目标

- 能够熟练使用 Excel 函数和公式编制表格。
- 能够熟练使用图表功能对表格进行分析。
- 能够将表格的使用与实际工作相结合。

素质目标

- 培养学生自主学习的能力。
- 培养学生创新和团结协作的能力。

引导案例

　　浙江乐得转轴承有限公司是一家生产十字轴、轴承和油嘴的制造企业，其中十字轴是主要产品，整个生产工艺流程也相对比较复杂，属于连续多步骤生产，成本计算方法采用逐步结转分步法。十字轴生产需要在四个生产车间进行，具体的生产过程为：购买指定的钢材后，投入锻造车间切断后锻造，锻造后形成的半成品转入切削车间，通过切削工程形成轴承的端面和外径，将切削好的半成品转入热处理车间进行浸炭热处理，最后再转入研磨车间，经研磨工序制造出十字轴。公司还设置了品质部、采购运输部、生产管理部和技术部四个生产管理部门。除了以上与生产有关的部门之外，公司还设有管理部门和销售部门。

　　由于公司三种产品的型号众多，生产工艺类似，因此本项目主要讲解十字轴生产成本核算的全部流程，其他两种产品就不再累述。通过前面工艺流程的描述，可以确定十字轴生产成本核算的全部流程为：

　　（1）各种要素费用的分配，转入生产车间及其他部门；

　　（2）锻造车间的成本计算及成品库汇总；

（3）切削车间的成本计算及成品库汇总；

（4）热处理车间的成本计算及成品库汇总；

（5）研磨车间的成本计算及成品库汇总。

【项目任务】

根据前面对浙江乐得转轴承有限公司生产情境的基本描述，可以分析该公司在生产成本方法的选择上应该选择逐步结转分步法。因此根据该公司 2022 年 11 月的成本资料，计算该月末十字轴产品的成本，具体分成以下几项工作任务：

1. 编制各种要素费用分配表［用 Excel 建立辅料消耗表、工资分配表（含计件工资）、折旧费用和电费分配表等工作表］。

2. 编制锻造车间相关表格（建立锻造用钢材计算表、锻造车间生产成本计算表、锻造成品库）。

3. 编制切削车间相关表格（建立切削车间生产成本计算表、切削成品库）。

4. 编制热处理车间相关表格（建立热处理车间生产成本计算表、热处理成品库）。

5. 编制研磨车间相关表格（建立研磨车间生产成本计算表、研磨成品库）。

6. 编制各车间生产成本汇总表和成品库汇总表。

任务一 编制各种要素费用分配表

首先用 Excel 建立一个工作簿，命名为"成本核算"，并建立若干张工作表，分别用于核算材料、人工、折旧电费的分配等。具体做法为：新建一个工作簿，将其重命名为"成本核算"，保存在 D 盘里。打开该工作簿，双击工作表 Sheet1 标签，更名为"自制品月初库存表"；将 Sheet2 命名为"辅料领用汇总分配表"；将 Sheet3 命名为"工资分配表"。增加工作表 Sheet4、Sheet5，分别命名为"折旧电费计提表"和"折旧电费分配表"。

一、编制自制品月初库存表

打开"自制品月初库存表"，将 A1 和 A2 单元格合并后，输入"型号"两个字，将 B1：D1 单元格合并后输入"锻造车间"，将 E1：G1 合并后输入"切削车间"，将 H1：J1 合并后输入"热处理车间"，将 K1：M1 合并后输入"研磨车间"，将 N1：O1 合并后输入"合计"。在 B2：D2、E2：G2、H2：J2、K2：M2、N2：O2 单元格依次重复输入"数量""单价""金额"。然后按照图 7 - 1 所示，将不同型号的十字轴的期初数量和金额填入相应单元格。

一般来说，到了期末，产品的数量和金额都是可以确定的，而单价期初和期末却可能不一致，因此"自制品月初库存表"中的期初数量和金额在这里作为已知条件给出，而单价通过计算得来，在 C3 单元格输入公式"= D3/B3"，然后往下拖曳公式至 C13 单元格，就可以得出锻造车间各型号的期初库存单价。同理，F3、I3 和 L3 单元格都是用同样的方式完成不同车间各型号十字轴的期初库存单价的计算。并分别拖曳至 F13、I13 和 L13 单元格。N 和 O 列的数据是对前面各个车间期初库存的

编制自制品
月初库存表

学习笔记

汇总，因此这两列的相关数据用求和函数进行计算。得到结果如图7-2所示。

型号	锻造车间			切削车间			热处理车间			研磨车间			合计	
	数量	单价	金额	数量	单价	金额	数量	单价	金额	数量	单价	金额	数量	金额
17NIF	1 000		2 176	500		1 305.6	1 000		2 800	1 000		3 916.8		
190000F	3 000		7 296	1 500		4 377.6	4 000		16 401.6	3 000		13 132.8		
5-178XL	4 500		37 665	2 250		22 599				4 500		67 797		
5-2500X	5 600		46 872	2 250		22 599				6 500		97 929		
5-280XCS	10 000		102 300	5 000		61 380				10 000		184 140		
BTB-20	10 000		84 800	500		5 088	5 000		56 000	1 000		15 264		
BTB-20X	5 000		45 600	2 500		27 360				5 000		82 080		
DSL-45	5 000		58 400	2 500		35 040				5 000		105 120		
GU-1000	5 000		7 408	2 500		4 444.8				5 000		13 334.4		
GU-1015-01	15 000		145 359	7 500		87 215.4				15 000		261 646.2		
合计	64 100		537 876	27 000		271 409.4	10 000		75 201.6	56 000		844 360.2		

图7-1　十字轴期初库存情况表

型号	锻造车间			切削车间			热处理车间			研磨车间			合计	
	数量	单价	金额	数量	单价	金额	数量	单价	金额	数量	单价	金额	数量	金额
17NIF	1 000	2.176	2 176	500	2.611 2	1 305.6	1 000	2.8	2 800	1 000	3.916 8	3 916.8	3 500	10 198.4
190000F	3 000	2.432	7 296	1 500	2.918 4	4 377.6	4 000	4.100 4	16 401.6	3 000	4.377 6	13 132.8	11 500	41 208
5-178XL	4 500	8.37	37 665	2 250	10.044	22 599				4 500	15.066	67 797	11 250	128 061
5-2500X	5 600	8.37	46 872	2 250	10.044	22 599				6 500	15.066	97 929	14 350	167 400
5-280XCS	10 000	10.23	102 300	5 000	12.276	61 380				10 000	18.414	184 140	25 000	347 820
BTB-20	10 000	8.48	84 800	500	10.176	5 088	5 000	11.2	56 000	1 000	15.264	15 264	16 500	161 152
BTB-20X	5 000	9.12	45 600	2 500	10.944	27 360				5 000	16.416	82 080	12 500	155 040
DSL-45	5 000	11.68	58 400	2 500	14.016	35 040				5 000	21.024	105 120	12 500	198 560
GU-1000	5 000	1.481 6	7 408	2 500	1.777 92	4 444.8				5 000	2.666 88	13 334.4	12 500	25 187.2
GU-1015-01	15 000	9.690 6	145 359	7 500	11.628 7	87 215.4				15 000	17.443 08	261 646.2	37 500	494 220.6
合计	64 100	8.391 201	537 876	27 000	10.052 2	271 409.4	10 000	7.520 16	75 201.6	56 000	15.077 86	844 360.2	157 100	1 728 847.2

图7-2　月初库存情况表

初步完成之后，还需要做一下小的改动。

首先是数量的格式，用 Ctrl 键选择 B3：B13、E3：E13、H3：H13、K3：K13、N3：N13 的区域，找到功能区中的开始选项卡中的下拉按钮，找到最后一个"其他数字格式"，单击后出现对话框，选择自定义格式，然后找到如图7-3所示的选项，单击"确定"后就可以将数字的千分符号显示出来。

图7-3　单元格格式对话框（一）

其次是单价的格式，用 Ctrl 键选择 C3：C13、F3：F13、I3：I13、L3：L13 的区域，利用相同的方法找到"会计专用"，在跳出的如图7-4所示的对话框中，在"货币符号"这个选项选择"无"，这样一来，所有的单价就会显示出只保留小数点后两位，但是并不会影响真正的金额计算。

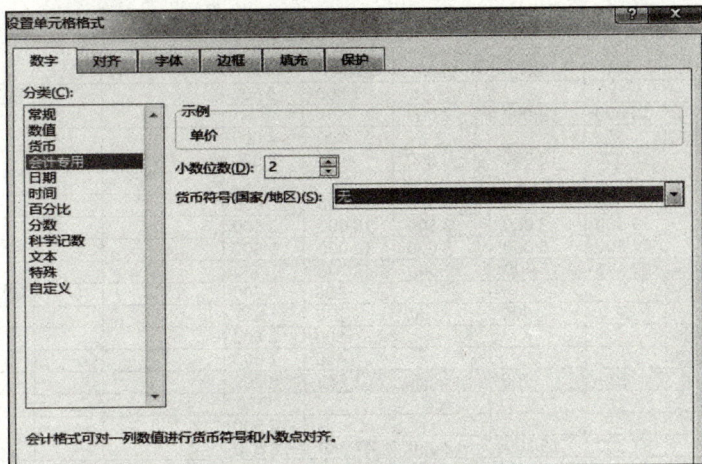

图7-4　单元格格式对话框（二）

上述操作完成后，可以呈现出"最终的自制品月初库存表"，如图7-5所示。

型号	锻造车间			切削车间			热处理车间			研磨车间			合计
	数量	单价	金额	数量	单价	金额	数量	单价	金额	数量	单价	金额	数量
17NIF	1 000	2.18	2 176	500	2.61	1 306	1 000	2.80	2 800	1 000	3.92	3 917	3 500
190000F	3 000	2.43	7 296	1 500	2.92	4 378	4 000	4.10	16 402	3 000	4.38	13 133	11 500
5-178XL	4 500	8.37	37 665	2 250	10.04	22 599				4 500	15.07	67 797	11 250
5-2500X	5 600	8.37	46 872	2 250	10.04	22 599				6 500	15.07	97 929	14 350
5-280XCS	10 000	10.23	102 300	5 000	12.28	61 380				10 000	18.41	184 140	25 000
BTB-20	10 000	8.48	84 800	500	10.18	5 088	5 000	11.20	56 000	1 000	15.26	15 264	16 500
BTB-20X	5 000	9.12	45 600	2 500	10.94	27 360				5 000	16.42	82 080	12 500
DSL-45	5 000	11.68	58 400	2 500	14.02	35 040				5 000	21.02	105 120	12 500
GU-1000	5 000	1.48	7 408	2 500	1.78	4 445				5 000	2.67	13 334	12 500
GU-1015-01	15 000	9.69	145 359	7 500	11.63	87 215				15 000	17.44	261 646	37 500
合计	64 100	8.39	537 876	27 000	10.05	271 409	10 000	7.52	75 202	56 000	15.08	844 360	157 100

图7-5　最终的自制品月初库存表

注意：

利用 Excel 表格完成整个成本核算，需要注意的是不要将不同内容的表格放在一张工作表里，而要建立多个基础表用于创建不同的内容。

二、编制辅料领用汇总分配表

由于该公司是连续式生产，直接材料只有锻造车间才会领用，因此将直接材料的领用放到锻造用钢材的工作表中计算，而辅料却要用于各个部门，对于辅料的领用需要编制"辅料领用汇总分配表"。

打开"辅料领用汇总分配表"工作表后，按照图7-6输入相应的内容（注：数字格式设置请参照前面的操作），小计的相关数据可以用求和公式计算。H列是用于分配生产管理部门本月归集的费用的，也就是将生产管理部门本月发生的10 930 元分配到各个产品中，相当于是分配制造费用。在实际工作中，为了简化计算，间接材料费用可以按直接材料费用的比例分配到产品中，不需要单独设置制造费用分配表。当然做会计分录时还要计入制造费用科目。

选中 H2 单元格，输入公式" = SUM($C$15:$G$15)/SUM($C$10:$G$10) ∗ SUM(C2:G2)"，往下拖曳到 H10 单元格。H11 单元格一直到 H14 单元格都是分配

	分类	刀具	丝锥	钻头	燃油料	其他	共用费用分配	合计	备注
	锻造				1 800	3 600			直接领用,计入产品
	切削	15 000	4 000	2 000					
十字轴	热处理				17 000	4 000			
	研磨	18 000	3 000	3 500		5 000			
	共用								
	小计	33 000	7 000	5 500	18 800	12 600			
	轴承	29 500	3 000	3 500	15 000	2 600			
	油嘴	24 600	5 000	3 000	12 000	1 800			
车间小计		87 100	15 000	12 000	45 800	17 000			
	品质				100	4 500			间接领用,分配计入
生产管	技术	200	300	50	230	100			
理部门	生产管理				800	2 600			
	采购运输				450	1 600			
生产管理部门小计		200	300	50	1 580	8 800			
非生产管理部门						570			管理费用
销售部门						2 500			销售费用
合计		87 300	15 300	12 050	47 380	28 870			

图7-6　辅料领用汇总分配表

掉的费用,因此用负数表示。最后I列,用SUM函数将金额进行汇总。得到的最终结果如图7-7所示。

	分类	刀具	丝锥	钻头	燃油料	其他	共用费用分配	合计	备注
	锻造				1 800	3 600	334	5 734	直接领用,计入产品
	切削	15 000	4 000	2 000			1 298	22 298	
十字轴	热处理				17 000	4 000	1,298	22 298	
	研磨	18 000	3 000	3 500		5 000	1 823	31 323	
	共用						-		
	小计	33 000	7 000	5 500	18 800	12 600	4 751	81 651	
	轴承	29 500	3 000	3 500	15 000	2 600	3 312	56 912	
	油嘴	24 600	5 000	3 000	12 000	1 800	2 867	49 267	
车间小计		87 100	15 000	12 000	45 800	17 000	10 930	187 830	
	品质				100	4 500	-4 600		间接领用,分配计入
生产管	技术	200	300	50	230	100	-880		
理部门	生产管理				800	2 600	-3 400		
	采购运输				450	1 600	-2 050		
生产管理部门小计		200	300	50	1 580	8 800	-10 930		
非生产管理部门						570		570	管理费用
销售部门						2 500		2 500	销售费用
合计		87 300	15 300	12 050	47 380	28 870	-	190 900	

图7-7　辅料领用汇总分配表完整表

三、工资分配表

该公司的工资分为计件工资和计时工资,计件工资表如图7-8所示。

其中,锻造车间的计件工资是以产量乘以0.1,切削车间的计件工资是以产量乘以0.5,热处理车间的计件工资是以产量乘以0.2,研磨车间的计件工资是以产量乘以0.5。产量分别来自"生产及完工产品出入库数量"工作表中各车间完工的半成品数量。计时工资具体的计算在前面章节中已经详细说明,这里不再累述,直接给出具体的金额。生产管理部门发生的工资,要作为制造费用分配到相应的产品中,这里按照基本工资标准分配,也就是说在E3单元格输入公式" = ($C$16 + $D$16)/($C$11 + $D$11) * (C3 + D3)",一直拖曳到E11单元格,将生产管理部门发生的工资85 400元分配到了产品中。最终结果如图7-9所示。

编制工资
分配表

学习笔记

	锻造		切削		热处理		研磨		合计	
型号	产量（个）	计件工资（元）	产量（个）	计件工资（元）	产量（个）	计件工资（元）	产量（个）	计件工资（元）	产量（个）	计件工资（元）
17NIF	10 000	1 000	1 045	523	990	198	891	446	12 926	2 166
190000F	20 000	2 000	3 135	1 568	2 970	594	2 673	1 337	28 778	5 498
5-178XL	5 000	500	4 703	2 351	450	90	300	150	10 453	3 091
5-2500X	6 000	600	5 700	2 850	6 000	1 200	4 000	2 000	21 700	6 650
5-280XCS	7 000	700	7 600	3 800	10 000	2 000	-	-	24 600	6 500
BTB-20	2 000	200	11 400	5 700	4 950	990	4 455	2 228	22 805	9 118
BTB-20X	10 000	1 000	11 400	5 700	5 940	1 188	5 346	2 673	32 686	10 561
DSL-45	4 000	400	4 750	2 375	4 950	990	4 455	2 228	18 155	5 993
GU-1000	5 000	500	5 700	2 850	7 000	1 400	-	-	17 700	4 750
GU-1015-01	6 000	600	5 225	2 613	4 950	990	4 455	2 228	20 630	6 430
合计	75 000	7 500	60 658	30 329	48 200	9 640	26 575	13 288	210 433	60 756

图 7－8　计件工资表

部门及产品		计件工资	计时工资	按直接工资标准分配生产管理共用工资	工资小计
十字轴	锻造	7 500.00	6 000.00	5 222.50	18 722.50
	切削	30 328.75	11 000.00	15 988.11	57 316.86
	热处理	9 640.00	3 000.00	4 889.81	17 529.81
	研磨	13 287.50	13 000.00	10 169.37	36 456.87
	共用			-	-
	小计	60 756.25	33 000.00	36 269.79	130 026.04
	轴承	38 000.00	31 000.00	26 692.79	95 692.79
	油嘴	30 000.00	28 000.00	22 437.42	80 437.42
车间小计		128 756.25	92 000.00	85 400.00	306 156.25
生产管理部门	品质		21 000.00	-21 000.00	-
	技术		30 800.00	-30 800.00	-
	生产管理		25 200.00	-25 200.00	-
	采购运输		8 400.00	-8 400.00	-
生产管理部门小计		-	85 400.00	-85 400.00	-
非生产管理部门			36 000.00		36 000.00
销售部门			15 000.00		15 000.00
合计		128 756.25	228 400.00		357 156.25

图 7－9　工资分配表

四、折旧电费计提和分配

（一）折旧电费计提

该公司的固定资产折旧和电费虽然是两个不同费用，但是因为该公司的折旧费和电费编制的表格格式一致，因此为了简化起见，可以将两个费用放在一起编制。由于这两个费用都涉及先计提后分配的过程，因此需要设置两张工作表：一张叫作折旧电费计提表，另一张叫作折旧电费分配表。以生产十字轴的车间为例，先来说明折旧电费计提表的设置，其他车间和部门的折旧费就不再累述。

1. 折旧计提

为了方便大家理解，先介绍折旧计提的部分。打开"折旧电费计提"工作表，先将该公司固定资产的基本信息填入这张工作表中，如图 7－10 所示。

	A	B	C	D	E	F	G	H	I	J	K
1	资产编码	资产名称	类别	单位	使用部门	使用日期	使用寿命（月）	到期日期	原值本币	预计净残值	折旧方法
2	B0201018	工厂事务所	房产类	间	锻造	2006-7-28	240		90 236	4 512	平均年限法
3	A4201011	空气锤(2.0TON)	机器设备	台	锻造	2011-8-31	168		3 883 335	194 167	平均年限法
4	A4201047	2T加热炉	机器设备	套	锻造	2010-3-30	120		32 821	1 641	平均年限法
5	A4201048	2T加热炉	机器设备	套	锻造	2011-3-30	120		32 821	1 641	平均年限法
6	A5112044	数控车床	机器设备	台	切削	2010-6-30	120		2 015 216	100 761	平均年限法
7	A5112045	数控车床	机器设备	台	切削	2012-6-30	120		1 339 140	66 957	平均年限法
8	A5113029	清洗机	机器设备	台	热处理	2010-7-1	120		1 901 785	95 089	平均年限法
9	A5113047	井式气体渗碳炉	机器设备	台	热处理	2010-7-2	120		410 256	20 513	平均年限法
10	A5114022	双端面磨床	机器设备	台	切削	2010-7-3	120		775 002	38 750	平均年限法
11	A5114023	双端面磨床	机器设备	台	研磨	2011-6-28	120		675 589	33 779	平均年限法
12	A5114048	探伤自立线	机器设备	套	研磨	2014-6-30	120		1 406 562	70 328	平均年限法
13	A5114052	无心磨床	机器设备	台	研磨	2014-8-21	120		598 291	29 915	平均年限法

图 7 – 10   固定资产基本信息

在 H2 单元格输入公式 " = EDATE(F2,G2)"，可以得到各资产的到期日期。在 L1：O1 单元格中依次输入"已计提月份""本期折旧额""累计折旧"和"净值"，在 L2 中输入公式 " = IF(AND(MONTH(2018 – 11 – 30) = MONTH(F2)，YEAR(2018 – 11 – 30) = YEAR(H2))，0，IF(2018 – 11 – 30 < F2，DATEDIF(EOMONTH(F2,0) + 1,EOMONTH("2018 – 11 – 30",0)，"M")，G2))"，意思是，如果 2018 年 11 月和使用日期一致，那么已计提月份为 0，如果 2018 年 11 月小于到期日期，那么就算出 2018 年 11 月与使用日期加 1 个月之间的月份之差，这就是已计提月份，如果 2018 年 11 月大于等于到期日期，那么已计提月份就等于 G2 单元格所显示的使用寿命。将该公式拖曳到 L13 单元格，就可以得出固定资产的已计提月份。

知识技能一：EDATE 函数

EDATE 函数是指返回在开始日期之前或之后指示的月数的日期。使用 EDATE 可以计算与发行日属于月中同一天的到期日期。

其语法格式为 EDATE(start_date,months)，其中，start_date 表示起始日的日期；months 表示 start_date 之前或之后的月份数的整数。

知识技能二：EOMONTH 函数

EOMONTH 函数可以计算某一特定月份中最后一天的日期。

其语法格式为 EOMONTH(start_date,months)，其中，start_date 表示起始日的日期；months 正数表示 start_date 之后月份的最后一天，负数则表示 start_date 之前月份的最后一天，0 表示 start_date 的最后一天。所以，若执行 " = EOMONTH("2018 – 11 – 11"，– 1)"，返回结果是 "2018 – 10 – 31"；若执行 " = EOMONTH("2018 – 11 – 11",0)"，返回结果是 "2018 – 11 – 30"；若执行 " = EOMONTH("2018 – 11 – 11",1)"，返回结果是 "2018 – 12 – 31"。

知识技能三：DATEDIF 函数

DATEDIF 函数是 Excel 隐藏函数，在帮助和插入公式里面没有。它是用于返回两个日期之间的年\月\日间隔数。常使用 DATEDIF 函数计算两个日期之差。DATEDIF 函数的语法格式为 DATEDIF(start_date,end_date,unit)。start_date 表示时间段内的第一个日期或年数；end_date 表示时间段内的最后一个日期或结束日期。unit 表示所需信息的返回类型，通常有六种类型，类型及代表的返回结果如表 7 – 1 所示。在使用函数时需要注意的是，其中 end_date 必须大于 start_date。

表 7 – 1　unit 的返回类型及结果

类型	返回结果
"Y"	时间段中的整年数
"M"	时间段中的整月数
"D"	时间段中的天数
"MD"	start_date 与 end_date 日期中天数的差。忽略日期中的月和年
"YM"	start_date 与 end_date 日期中月数的差。忽略日期中的月和年
"YD"	start_date 与 end_date 日期中天数的差。忽略日期中的年

知识技能四：IF 函数

IF 函数是根据指定的条件来判断其"真"（TRUE）或"假"（FALSE），它的语法格式为 IF(logical_test, value_if_true, value_if_false)。logical_test 表示计算结果为 TRUE 或 FALSE 的任意值或表达式；value_if_true 表示 logical_test 为 TRUE 时返回的值；value_if_false 表示 logical_test 为 FALSE 时返回的值。根据逻辑计算的真假值，从而返回相应的内容。

M 列计算的是本期折旧额，因为该公司的固定资产都是采用平均年限法计算的，所以可以采用财务函数 SLN 来计算。选中 M2 单元格，输入公式 " = SLN(I2, J2, G2)"，就可以计算出本期折旧额。

知识技能五：SLN 函数

SLN 函数，用于返回一个期间内的资产的直线折旧，常用于平均年限法。其语法格式为 SLN(cost, salvage, life)，各参数的意义如下：cost 表示固定资产原值；salvage 表示固定资产残值；life 表示固定资产预期可使用年限。

N 列累计折旧是将本期折旧额乘以已计提月份得到的，因此 N2 单元格的计算公式为 " = M2 * L2"，将公式拖曳到 N13 单元格。O 列净值是原值减去累计折旧后的余额，因此 O2 单元格的计算公式为 " = I2 – N2"。将公式拖曳到 O13 单元格。最终的固定资产折旧计提表如图 7 – 11 所示。

	单位	使用部门	使用日期	使用寿命（月）	到期日期	原值本币	预计净残值	折旧方法	已计提月份	本期折旧额	累计折旧	净值
1												
2	间	锻造	2006-7-28	240	2026-7-28	90 236	4 512	平均年限法	147	357.18	52 506.10	37 729.94
3	台	锻造	2011-8-31	168	2025-8-31	3 883 335	194 167	平均年限法	86	21 959.34	1 888 502.85	1 994 832.27
4	套	锻造	2010-3-30	120	2020-3-30	32 821	1 641	平均年限法	103	259.83	26 762.39	6 058.12
5	套	锻造	2011-3-30	120	2021-3-30	32 821	1 641	平均年限法	91	259.83	23 644.44	9 176.07
6	台	切削	2010-6-30	120	2020-6-30	2 015 216	100 761	平均年限法	100	15 953.79	1 595 379.00	419 836.60
7	台	切削	2012-6-30	120	2022-6-30	1 339 140	66 957	平均年限法	76	10 601.52	805 715.66	533 423.94
8	台	热处理	2010-7-1	120	2020-7-1	1 901 785	95 089	平均年限法	99	15 055.80	1 490 523.76	411 260.95
9	台	热处理	2010-7-2	120	2020-7-2	410 256	20 513	平均年限法	99	3 247.86	321 538.47	88 717.95
10	台	切削	2010-7-3	120	2020-7-3	775 002	38 750	平均年限法	99	6 135.43	607 407.45	167 594.09
11	台	研磨	2011-6-28	120	2021-6-28	675 589	33 779	平均年限法	88	5 348.41	470 660.23	204 928.61
12	套	研磨	2014-5-30	120	2024-5-30	1 406 562	70 328	平均年限法	53	11 135.29	590 170.12	816 392.24
13	台	研磨	2014-8-21	120	2024-8-21	598 291	29 915	平均年限法	50	4 736.47	236 823.38	361 467.26

图 7 – 11　固定资产折旧计提表

2. 电费计提

在 P1:U1 单元格分别输入"功率（kW）""月开机天数""月理论耗电量（度）""实际用电量""电费分配"和"单位电价"等字样，然后在 R2 单元格输入公式

"＝P2＊Q2＊8＊0.8"，按每天 8 小时 80% 的有效功率计算出各个产品所需月理论耗电量，实际用电总量以电表上的金额 63 000 度为准，在 S2 单元格中输入公式"＝$S$14/$R$14＊R2"，意思是将实际用电量按理论用电量分配到各个产品中，在 T2 单元格输入公式"＝S3＊$U$2"，计算出每个产品分配到的电费。参照图 7 – 12 得出各个产品电费计提的金额。

P 功率（kW）	Q 月开机天数	R 月理论耗电量（度）	S 实际用电量	T 电费分配	U 单位电价
		—	—	—	1.1
50	22	7 040	6 855	7 540.06	
40	22	5 632	5 484	6 032.05	
20	22	2 816	2 742	3 016.02	
10	22	1 408	1 371	1 508.01	
15	22	2 112	2 056	2 262.02	
15	30	2 880	2 804	3 084.57	
40	30	7 680	7 478	8 225.52	
50	22	7 040	6 855	7 540.06	
10	19	1 216	1 184	1 302.37	
120	22	16 896	16 451	18 096.14	
60	26	9 984	9 721	10 693.18	
		64 704	63 000	69 300.00	

图 7 – 12　电费计提表

（二）折旧电费分配

了解了如何编制折旧电费计提工作表之后，接下来就要编制折旧电费分配表。同样分成两部分来介绍。

1. 折旧分配

首先按照图 7 – 13 将表格中的已知数据直接输入，当然这是因为折旧计提只计提了十字轴生产车间的固定资产折旧费，实际工作中，其他车间和部门也应该在折旧计提表中一起体现出来。那样就不需要直接输入，而是可以和后面的介绍一样用公式和函数来完成数据的采集。

A	B	C 房屋	D 机器设备	E 折旧小计	F 按直接设备折旧额分配共用	G 折旧合计
	分类		折旧			
	锻造					
	切削					
十字轴	热处理					
	研磨					
	共用					
	小计					
	轴承	600	56 700	57 300		
	油嘴	400	43 000	43 400		
	车间小计					
生产管理部门	品质	200	2 000	2 200		
	技术	100	4 000	4 100		
	生产管理	50	1 000	1 050		
	采购	150	1 500	1 650		
生产管理部门小计		500	8 500	9 000		
非生产管理部门		600	50	650		
销售部门		800	1 000	1 800		
合计						

图 7 – 13　其他车间和部门的本月折旧费用数据

十字轴相关车间的折旧费用采用公式和函数的方式从折旧计提工作表中提取，从折旧计提工作表中可以看出，除了锻造车间有一处是房屋之外，剩下的全部都是机器设备，具体做法如下：

在 C3 单元格输入等号后，就打开折旧计提工作表，单击 M2 单元格，这样就可以将折旧计提工作表中的 M2 单元格的数据直接提取过来。具体表现出来的公式为："=折旧电费计提！M2"。开始提取各车间机器设备的折旧费用。

单击 D3 单元格，输入函数"=SUMIF（折旧电费计提！\$E\$3:\$E\$13，折旧电费分配！B3，折旧电费计提！\$M\$3:\$M\$13）"，得到结果后，将 D3 的公式往下拖曳到 D7 单元格。因为锻造车间有好几个机器设备的折旧费，所以需要将这些折旧费进行有条件的汇总，这时就用到了 SUMIF 函数。

知识技能六：SUMIF 函数

SUMIF 函数是根据指定条件对若干单元格、区域或引用求和。它的语法格式为 SUMIF(range,criteria,sum_range)。第一个参数 range 为条件区域，用于条件判断的单元格区域。第二个参数 criteria 是求和条件，是由数字、逻辑表达式等组成的判定条件。第三个参数 sum_range 为实际求和区域，需要求和的单元格、区域或引用。当省略第三个参数时，则条件区域就是实际求和区域。

以前面那个函数为例，各参数综合起来的意思是：在折旧计提工作表的 \$E\$3:\$E\$13 范围中找到符合折旧分配工作表 B3 单元格条件的对象，然后将这个对象在折旧计提工作表的 \$M\$3:\$M\$13 范围内的数据相加。结合到该公司，就是将属于锻造车间的机器设备折旧费相加起来。

单击 E3 单元格，输入公式"=C3+D3"，拖曳到 E7 单元格。

单击 F3 单元格，输入公式"=\$E\$16/\$E\$11*E3"，拖曳到 F11 单元格。意思是将生产管理部门发生的费用按直接设备计提的折旧比例分配到各产品中，也就是分配制造费用。

单击 F12 单元格，输入公式"=-E12"，拖曳到 F16 单元格，意思是全部分配了相应的制造费用。

最后将各种合计用 SUM 函数进行汇总即可，完整的折旧费用分配表如图 7-14 所示。

	分类	房屋	折旧机器设备	折旧小计	按直接设备折旧额分配共用	折旧合计
十字轴	锻造	357	22 479	22 836	1 049.94	23 886
	切削		32 691	32 691	1 503.02	34 194
	热处理		18 304	18 304	841.54	19 145
	研磨		21 220	21 220	975.64	22 196
	共用	–	–	–	–	–
	小计	357	94 694	95 051	4 370.13	99 421
	轴承	600	56 700	57 300	2 634.47	59 934
	油嘴	400	43 000	43 400	1 995.39	45 395
车间小计		1 357	194 394	195 751	9 000.00	204 751
生产管理部门	品质	200	2 000	2 200	-2 200	–
	技术	100	4 000	4 100	-4 100	–
	生产管理	50	1 000	1 050	-1 050	–
	采购	150	1 500	1 650	-1 650	–
生产管理部门小计		500	8 500	9 000	-9 000	–
非生产管理部门		600	50	650		650
销售部门		800	1 000	1 800		1 800
合计		3 257	203 944	207 201		207 201

图 7-14　折旧费用分配表

2. 电费分配表

将 H1：H2 合并单元格后，输入"电费"两个字，单击 H3 单元格，输入公式" = SUMIF（折旧电费计提！E2：E13,B3,折旧电费计提！T2：T14）"，原理和前面一样，是将属于锻造车间的电费进行汇总。然后往下拖曳到 H6 单元格，将生产十字轴的各车间电费分配完毕。该公司其他产品发生的电费在这里不做赘述，直接输入即可。另外，该公司所有的电费都是由产品承担，而没有计入非生产部门，因此最终的折旧电费分配表如图 7 - 15 所示。

分类		折旧			按直接设备折旧额分配共用	折旧合计	电费
		房屋	机器设备	折旧小计			
十字轴	锻造	357	22 478.99	22 836.18	1 049.94	23 886.11	16 588.13
	切削		32 690.74	32 690.74	1 503.02	34 193.76	11 310.09
	热处理		18 303.66	18 303.66	841.54	19 145.20	11 310.09
	研磨		21 220.16	21 220.16	975.64	22 195.80	30 091.69
	共用			-	-	-	
	小计	357	94 693.56	95 050.74	4 370.13	99 420.88	69 300.00
	轴承	600	56 700.00	57 300.00	2 634.47	59 934.47	50 000.00
	油嘴	400	43 000.00	43 400.00	1 995.39	45 395.39	38 000.00
车间小计		1 357	194 393.56	195 750.74	9 000.00	204 750.74	157 300.00
生产管理部门	品质	200	2 000.00	2 200.00	-2 200.00	-	
	技术	100	4 000.00	4 100.00	-4 100.00	-	
	生产管理	50	1 000.00	1 050.00	-1 050.00	-	
	采购	150	1 500.00	1 650.00	-1 650.00	-	
生产管理部门小计		500	8 500.00	9 000.00	-9 000.00	-	
非生产管理部门		600	50.00	650.00		650.00	
销售部门		800	1 000.00	1 800.00		1 800.00	
合计		3 257	203 943.56	207 200.74		207 200.74	157 300.00

图 7 - 15　折旧电费分配表

任务二　锻造车间成本计算

各种要素费用分配之后，接下来就要进行十字轴生产车间的成本核算。由于十字轴的生产工艺流程属于连续式多步骤生产，因此成本计算方法采用逐步结转分步法，在编制成本报表时要按照车间顺序逐项编制。

一、编制生产及完工产品出入库数量工作表

在折旧电费分配表后面新增一张工作表，命名为"生产及完工产品出入库数量"，将本月各车间的出入库数量进行统计。按照表 7 - 2 将相关数据填写到工作表中。然后利用表格之间的勾稽关系编制表 7 - 3，表 7 - 2 和表 7 - 3 之间的关系表现为：表 7 - 3 中各车间"完工转出入库"项的数据等于表 7 - 2 中各车间"入库"项的数据；表 7 - 2 中各车间"出库"项的数据就是表 7 - 3 中下一步骤车间的"生产领用半成品"项目的数据，比如表 7 - 2 中锻造车间"出库"项的数据等于表 7 - 3 中切削车间"生产领用半成品"项目的数据，依次类推。

表7-2　生产各工序领用转出及在库

型号	锻造				切削				热处理				研磨			
	期初在库	入库	出库	期末在库	期初在库	入库	出库	期末在库	期初在库	入库	出库	期末在库	期初在库	入库	出库	期末在库
17NIF	1 000	10 000	1 100	9 900	500	1 045	1 045	500	1 000	990	990	1 000	1 000	891	891	1 000
190000F	3 000	20 000	3 300	19 700	1 500	3 135	3 300	1 335	4 000	2 970	2 970	4 000	3 000	2 673	4 673	1 000
5-178XL	4 500	5 000	4 950	4 550	2 250	4 703	500	6 453	—	450	400	50	4 500	300	4 600	200
5-2500X	5 600	6 000	6 000	5 600	2 250	5 700	7 000	950	—	6 000	5 000	1 000	6 500	4 000	10 000	500
5-280XCS	10 000	7 000	8 000	9 000	5 000	7 600	12 000	600	—	10 000	6 000	4 000	10 000	—	10 000	—
BTB-20	10 000	2 000	12 000	—	500	11 400	5 500	6 400	5 000	4 950	4 950	5 000	1 000	4 455	4 455	1 000
BTB-20X	5 000	10 000	12 000	3 000	2 500	11 400	6 600	7 300	—	5 940	5 940	—	5 000	5 346	10 346	—
DSL-45	5 000	4 000	5 000	4 000	2 500	4 750	5 500	1 750	—	4 950	4 950	—	5 000	4 455	9 455	—
GU-1000	5 000	5 000	6 000	4 000	2 500	5 700	8 000	200	—	7 000	4 000	3 000	5 000	—		5 000
GU-1015	15 000	6 000	5 500	15 500	7 500	5 225	5 500	7 225	—	4 950	4 950	—	15 000	4 455	19 455	—
合计	64 100	75 000	63 850	75 250	27 000	60 658	54 945	32 713	10 000	48 200	40 150	18 050	56 000	26 575	73 875	8 700

学习笔记

表7-3　自制半成品库存收发表

型号	锻造				切削				热处理				研磨			
	期初在产品	锻造生产	完工转出入库	期末在产品	期初在产品	生产领用半成品	完工转出入库	期末在产品	期初在产品	生产领用半成品	完工转出入库	期末在产品	期初在产品	生产领用半成品	完工转出入库	期末在产品
17NIF		10 000	10 000	—		1 100	1 045	55		1 045	990	55		990	891	99
190000F		20 000	20 000	—		3 300	3 135	165		3 300	2 970	330		2 970	2 673	297
5－178XL		5 000	5 000	—		4 950	4 703	248		500	450	50		400	300	100
5－2500X		6 000	6 000	—		6 000	5 700	300		7 000	6 000	1 000		4 000	4 000	—
5－280XCS		7 000	7 000	—		8 000	7 600	400		12 000	10 000	2 000		5 000	—	5 000
BTB－20		2 000	2 000	—		12 000	11 400	600		5 500	4 950	550		4 950	4 455	495
BTB－20X		10 000	10 000	—		12 000	11 400	600		6 600	5 940	660		5 940	5 346	594
DSL－45		4 000	4 000	—		5 000	4 750	250		5 500	4 950	550		4 950	4 455	495
GU－1000		5 000	5 000	—		6 000	5 700	300		8 000	7 000	1 000		4 000	—	4 000
GU－1015		6 000	6 000	—		5 500	5 225	275		5 500	4 950	550		4 950	4 455	495
合计	—	75 000	75 000	—		63 850	60 658	3 193		54 945	48 200	6 745		38 150	26 575	11 575

二、编制锻造用钢材消耗计算表

首先按照图 7 – 16 将该公司本月领用的钢材型号、单价和重量等已知数据输入。

	A	B	C	D	E	F	月理论用材料		误差用材料分配		实际用材料	
1	产品型号	所用钢材型号	钢材单价(元/千克)	单位产品重量(千克/个)	材料单耗金额(元/个)	生产量(个)	数量	金额	数量	金额	数量	金额
2												
3	17NIF	φ12	3.2	0.680 0								
4	190000F	φ12	3.2	0.760 0								
5	5-178XL	φ14	5.4	1.550 0								
6	5-2500X	φ14	5.4	1.550 0								
7	5-280XCS	φ16	6.2	1.650 0								
8	BTB-20	φ10	3.2	2.650 0								
9	BTB-20X	φ10	3.2	2.850 0								
10	DSL-45	φ12	3.2	3.650 0								
11	GU-1000	φ12	3.2	0.463 0								
12	GU-1015-01	φ16	6.2	1.563 0								
13	合计											

图 7 – 16　领用钢材的已知数据

然后根据材料单价乘以单位产品重量等于材料单耗金额的公式计算出 E 列的数据，即 E3 = C3 * D3，往下拖曳到 E12 单元格。F 列中的生产量来自前面那张"生产及完工产品出入库数量"工作表中"锻造生产"那一列的数据，可以用 VLOOKUP 函数来完成取数。具体做法为：单击 F3 单元格，输入函数"= VLOOK-UP(A3,生产及完工产品出入库数量! A3:Q15,3,0)"，意思是查找型号为 17NIF 的产品在"生产及完工产品出入库数量"工作表 A3:Q15 区域中第 3 列对应的值。将公式往下拖曳到 F12 单元格。

知识技能七：VLOOKUP 函数

VLOOKUP 函数是查找函数中最基础的一个函数。按列查找得到所要查找的值，其语法格式为 VLOOKUP(lookup_value,table_array,col_index_num,range_look-up)。

参数说明如下：lookup_value 表示要查找的值，可以是数值、引用或字符串；table_array 表示要查找的区域，可以是对区域或区域名称的引用；col_index_num 表示满足条件的单元格在数组区域 table_array 中的序列号，用数字表示；range_look-up 有两个选项，如果选 FALSE 或者输入 0，代表精确匹配；如果选择 TURE 或不填，代表模糊匹配。

G 列表示月理论用材料的数量，利用单位产品重量乘以生产量等于生产产品数量的公式，可以计算出 G 列数据，在 G3 单元格输入公式"= F3 * D3"，然后拖曳到 G12 单元格。H 列表示月理论用材料的金额，利用材料单耗金额乘以生产量等于金额的公式，计算出 H 列数据，在 H3 单元格输入公式"= ROUND(E3 * F3, 2)"，然后拖曳到 H12 单元格。

由于钢材实际领用存在用量差 500 千克，因此，需要将多领用的 500 千克也分配给各产品，具体做法为先求出用量差占实际用量的比例，然后再分别乘以各产品的实际产量，从而将 500 千克分配给各产品。单击 I3 单元格，输入公式"= ROUND(500/$G$13 * G3,2)"。J 列数据是根据 I 列数据和 C 列数据相乘所得，

K 列数据根据理论用材料的数量和误差用材料的数量相加得到，即等于 G 列和 I 列相加之和；L 列数据根据理论用材料金额和误差用材料金额相加得到，即等于 H 列和 J 列相加之和。

最后得到的结果如图 7 – 17 所示。

A	B	C	D	E	F	月理论用材料		误差用材料分配		实际用材料	
产品型号	所用钢材型号	钢材单价(元/千克)	单位产品重量(千克/个)	材料单耗金额(元/个)	生产量(个)	数量	金额	数量	金额	数量	金额
17NIF	φ12	3.2	0.680 0	2.176 0	10 000	6 800.00	21 760.00	30.72	98.30	6 831	21 858.30
190000F	φ12	3.2	0.760 0	2.432 0	20 000	15 200.00	48 640.00	68.66	219.71	15 269	48 859.71
5-178XL	φ14	5.4	1.550 0	8.370 0	5 000	7 750.00	41 850.00	35.01	189.05	7 785	42 039.05
5-2500X	φ14	5.4	1.550 0	8.370 0	6 000	9 300.00	50 220.00	42.01	226.85	9 342	50 446.85
5-280XCS	φ16	6.2	1.650 0	10.230 0	7 000	11 550.00	71 610.00	52.17	323.45	11 602	71 933.45
BTB-20	φ10	3.2	2.650 0	8.480 0	2 000	5 300.00	16 960.00	23.94	76.61	5 324	17 036.61
BTB-20X	φ10	3.2	2.850 0	9.120 0	10 000	28 500.00	91 200.00	128.73	411.94	28 629	91 611.94
DSL-45	φ12	3.2	3.650 0	11.680 0	4 000	14 600.00	46 720.00	65.95	211.04	14 666	46 931.04
GU-1000	φ12	3.2	0.463 0	1.481 6	5 000	2 315.00	7 408.00	10.46	33.47	2 325	7 441.47
GU-1015-01	φ16	6.2	1.563 0	9.690 6	6 000	9 378.00	58 143.60	42.36	262.63	9 420	58 406.23
合计					75 000	110 693.00	454 511.60	500.01	2 053.05	111 193	456 564.65

图 7 – 17　锻造用钢材消耗计算表

图 7 – 17 完成了各产品钢材消耗的计算，还需要将不同型号的钢材进行数量和金额的汇总，从而更好地了解各型号材料的领用情况。前面已经多次用到 SUMIF 函数，这里不再累述此函数的用法，钢材汇总数据如图 7 – 18 所示（请大家自行用 SUMIF 函数完成数量和金额的计算。如遇到困难，可以观看二维码视频）。

		数量	金额
钢材汇总	φ10	33 952.67	108 648.55
	φ12	39 090.79	125 090.52
	φ14	17 127.02	92 485.90
	φ16	21 022.53	130 339.68
	合计	111 193.01	456 564.65

图 7 – 18　钢材汇总数据

三、编制锻造车间生产成本计算表

锻造车间生产成本计算表是一张将该车间发生的所有费用进行汇总计算的表格，因此表格容量比较大，整张工作表的内容主要分成 10 个部分：

一是期初在库，二是本期增加的直接材料或半成品，三是本期生产投入材料，四是人工费用，五是制造费用，六是本期加工费用合计，七是生产成本，八是完工转出产品，九是期末在库，十是盘点情况。该工作表的内容也适用于其他生产车间，因此只需要将该工作表公式和函数设置完整，后面的工作表使用起来就比较方便了。

由于表格比较大，因此按照表头、表体的顺序将表格进行分解，逐步完成表格的制作。

（一）制作表格的表头部分

按照如图 7 – 19 ~ 图 7 – 21 所示制作表头。

编制锻造
生产成本
计算表（1）

型号	1. 期初在库			2. 本期增加的直接材料或半成品						3. 本期生产投入材料		4. 人工费用			
	数量	材料成本	加工费	直接材料-钢材		自制半成品		小计		数量	材料金额	直接人工费		间接人工费	小计
				数量	金额	数量	金额	数量	金额			计件工资	计时工资	工资	
	1	2	3	4	5	6	7	8=4+6	9=5+7	10=33	11=(2+9)/(1+8)*10	12	13	14	15

图 7 – 19　表头部分（一）

	Q	R	S	T	U	V	W	X	Y	Z	AA	AB	AC
	5.制造费用										6.本期加工费用合计	7.生产成本	
	折旧费	电费	外协加工费	辅料					共用费用	小计		本期实际平均单价	实际生产成本
				刀具	丝锥	钻头	燃油料	其他					
	16	17	18	19	20	21	22	23	24	25=19+20+21+22+23+24	26=15+16+17+18+25	27=28/10	28=11+(3+26-42)

图 7 – 20　表头部分（二）

	AD	AE	AF	AG	AH	AI	AJ	AK	AL	AM	AN	AO	AP	AQ	AR	AS
	8.完工转出产品						9.期末在库			10.盘点情况						
	良品入库		不良品报废		转出合计		数量	材料成本	加工费	实际在库	盘盈盘亏			调整后帐面金额		
	数量	金额	数量	金额	数量	金额				数量	数量	材料成本	费用	材料成本	费用	金额合计
	29	30=27*29	31	32=27*31	33=29+31	34=30+32	35	36	37=(3+31)/((1+8-35)*35)	38	39=38-35	40=39*36/35	41=39*37/35	42=36+40	43=37+41	44=42+43

图 7 – 21　表头部分（三）

注：第 4 行标注的数字是为了便于查找所需数据是在第几列，比字母要容易辨别。一般在表格内容较多时会标注数字。

（二）材料的数据填列

1. 期初在库

由于期初在库指的是不同型号产品的期初在产品情况，可以用 VLOOKUP 函数从"生产及完工产品出入库数量"工作表中查找相应的期初数量。首先将十字轴十种型号的产品名称复制粘贴到 A5：A14 单元格，然后在 B5 单元格输入公式" = VLOOKUP（A5，生产及完工产品出入库数量！$A$3:$Q$15,2,0）"，将公式往下拖曳到 B14 单元格，就可以看到十字轴产品的期初在产品数量均为 0。

2. 本期增加的直接材料或半成品

本期增加的直接材料或半成品是将"锻造用钢材消耗计算表"工作表中不同型号产品本期领用的材料数量及金额进行汇总计算。具体做法为：在 E5 单元格输入公式" = SUMIF（锻造用钢材消耗计算表！$A$3:$A$12，A5，锻造用钢材消耗计算表！$F$3:$F$12）"；在 F5 单元格输入公式" = SUMIF（锻造用钢材消耗计算表！$A$3:$A$12，A5，锻造用钢材消耗计算表！$L$3:$L$12）"。

小思考

请问这里为什么要用 SUMIF 函数，而不是采用 VLOOKUP 函数直接从"锻造用钢材消耗计算表"工作表中查找引用？

3. 本期生产投入材料

本期生产投入材料的数量主要是指本期完工产品所需的材料或半成品数量，因此 K5 单元格的公式为 K5 = AH5，或者可以从"生产及完工产品出入库数量"工作表中取数，K5 单元格和 AH5 中一定会有一个要从"生产及完工产品出入库数量"工作表中取数，看习惯而定。并将公式复制拖曳到 K14 单元格。本期投入材料的金额应该采用加权平均单价乘以数量的计算方法，即 L5 单元格的公式等于" = IF（I5 + B5 = 0,0,（C5 + J5）/（B5 + I5）* K5）"，意思是如果期初和本期增加的数量都是零，则直接输入 0，不然的话，就用期初加本期增加的材料的金额之和除以期初加本期增加的材料的数量之和。

完成了前面三部分内容之后，锻造车间本期材料费用的相关数据如图 7 – 22 所示。

	1. 期初在库			2. 本期增加的直接材料或半成品						3. 本期生产投入材料	
型号	数量	材料成本	加工费	直接材料-钢材		自制半成品		小计		数量	材料金额
				数量	金额	数量	金额	数量	金额		
	1	2	3	4	5	6	7	8=4+6	9=5+7	10=1+8	11=(2+9)/(1+8)*10
17NIF	–			10 000	21 858.30			10 000	21 858.30	10 000	21 858.30
190000F	–			20 000	48 859.71			20 000	48 859.71	20 000	48 859.71
5-178XL	–			5 000	42 039.05			5 000	42 039.05	5 000	42 039.05
5-2500X	–			6 000	50 446.85			6 000	50 446.85	6 000	50 446.85
5-280XCS	–			7 000	71 933.45			7 000	71 933.45	7 000	71 933.45
BTB-20	–			2 000	17 036.61			2 000	17 036.61	2 000	17 036.61
BTB-20X	–			10 000	91 611.94			10 000	91 611.94	10 000	91 611.94
DSL-45	–			4 000	46 931.04			4 000	46 931.04	4 000	46 931.04
GU-1000	–			5 000	7 441.47			5 000	7 441.47	5 000	7 441.47
GU-1015-01	–			6 000	58 406.23			6 000	58 406.23	6 000	58 406.23
合计				75 000	456 564.65	–	–	75 000	456 564.65	75 000	456 564.65

图 7 – 22　锻造车间本期材料费用的相关数据

（三）人工费用的数据填列

1. 直接人工费

直接人工费分为计件工资和计时工资，其中计件工资可以从"本月计件工资"工作表中提取，也是采用 SUMIF 函数提取，原因与前面的小思考题是一样的。在 M5 单元格中输入公式" = SUMIF（本月计件工资！\$A\$3 :\$A\$12，A5，本月计件工资！\$C\$3 :\$C\$12）"。

计时工资的做法分两步，首先是将锻造车间的计时工资总额从"工资分配表"工作表中引用过来，然后再按照各型号产品的计件工资比例来分配计时工资。具体的做法也分成两步，这样比较明了。先选中 N16 单元格，输入公式" = 工资分配表！D3"，然后再选中 N5 单元格，输入公式" = ROUND（\$N\$16/\$M\$15 * M5，2）"，并将公式复制拖曳到 N14 单元格。N15 单元格是一个求和公式，将 N5 至 N14 的数据进行求和后与 N16 进行比较，两者相等就说明计算无误。

2. 间接人工费

O 列是反映间接人工的数据，做法与计时工资一致，也是先将"工资分配表"中的间接人工费引用过来，然后按照各型号产品的计件工资的比例进行分配。具体做法参照计时工资的做法完成，不再累述。P 列是将 M 列、N 列和 O 列的数据相加，得到工资小计。

锻造车间人工费用的相关数据如图 7 – 23 所示。

（四）制造费用

这里的制造费用指的是除了材料、人工之外的其他费用，不包括间接材料和间接人工，主要指要素费用中出现过的折旧费、电费、辅料，等等。要将这些费用引用过来，采用的方法也与计时工资和间接人工的做法类似，先从"折旧电费

型号	4. 人工费用			
	直接人工费		间接人工费	
	计件工资	计时工资	工资	小计
	12	13	14	15
17NIF	1 000.00	800.00	696.33	2 496.33
190000F	2 000.00	1 600.00	1 392.67	4 992.67
5-178XL	500.00	400.00	348.17	1 248.17
5-2500X	600.00	480.00	417.80	1 497.80
5-280XCS	700.00	560.00	487.43	1 747.43
BTB-20	200.00	160.00	139.27	499.27
BTB-20X	1 000.00	800.00	696.33	2 496.33
DSL-45	400.00	320.00	278.53	998.53
GU-1000	500.00	400.00	348.17	1 248.17
GU-1015-01	600.00	480.00	417.80	1 497.80
合计	7 500.00	6 000.00	5 222.50	18 722.50
		6 000.00	5 222.50	

图 7-23　锻造车间人工费用的相关数据

分配"和"辅料领用汇总分配表"两张工作表中将锻造车间本月计提的折旧费、电费和辅料引用过来，然后再按照一定比例分配给各个产品。这里需要注意的是，在实际工作中，不同的企业实际情况不同，折旧费、电费和辅料可以用不同的分配标准分配给产品，在本例中，由于该公司认为费用金额不大，即使使用了同样的标准去分配，误差也不会很大，所以就一律按照各型号产品的人工费用小计数的比例分配。比如以折旧费为例说明锻造车间各型号产品的数据来源。在 Q16 单元格中，输入公式"＝折旧电费分配! G3"，然后在 Q5 单元格中输入公式"＝ROUND(P5 * $Q$16/$P$15,2)"，复制到 Q14 单元格。电费和辅料的做法与此类似，不再累述，具体如图 7-24 所示。

型号	5. 制造费用									
	折旧费	电费	外协加工费	辅料						
				刀具	丝锥	钻头	燃油料	其他	共用费用	小计
	16	17	18	19	20	21	22	23	24	25=19+20+21+22+23+24
17NIF	3 184.81	2 211.75		–	–	–	240.00	480.00	44.49	764.49
190000F	6 369.63	4 423.50		–	–	–	480.00	960.00	88.97	1 528.97
5-178XL	1 592.41	1 105.88		–	–	–	120.00	240.00	22.24	382.24
5-2500X	1 910.89	1 327.05		–	–	–	144.00	288.00	26.69	458.69
5-280XCS	2 229.37	1 548.22		–	–	–	168.00	336.00	31.14	535.14
BTB-20	636.97	442.35		–	–	–	48.00	96.00	8.90	152.90
BTB-20X	3 184.81	2 211.75		–	–	–	240.00	480.00	44.49	764.49
DSL-45	1 273.92	884.70		–	–	–	96.00	192.00	17.79	305.79
GU-1000	1 592.41	1 105.88		–	–	–	120.00	240.00	22.24	382.24
GU-1015-01	1 910.89	1 327.05		–	–	–	144.00	288.00	26.69	458.69
合计	23 886.11	16 588.13	–	–	–	–	1 800.00	3 600.00	333.65	5 733.65
	23 886.11	16 588.13					1 800.00	3 600.00	333.65	

图 7-24　锻造车间制造费用的相关数据

（五）成本汇总及完工转出

前面已经将锻造车间的材料费用、人工费用和制造费用归集完毕，接下来就要核算完工转出产品成本，这里主要分成三部分计算。

1. 本期加工费用合计

主要是汇总除了直接材料外的其他费用，在 AA5 单元格输入公式 " = P5 + Q5 + R5 + S5 + Z5"

2. 生产成本

实际生产成本等于期初成本加上本期材料和加工费的合计数，在 AC5 单元格输入公式 " = IF(K5 = 0,0,D5 + L5 + AA5)"，然后再计算单位生产成本，用 AC5 单元格所代表的生产成本总额除以本期投入生产的数量，即在 AB5 单元格输入公式 " = IF(K5 = 0,0,AC5/K5)"。

3. 完工转出产品

完工转出产品分成合格品和不合格品两种，如果存在不合格品，则需要将不合格品的废品净损失一并计入，最终由合格品承担，因此在设置表格时要将这两部分都考虑进去。

完工转出的合格品数量来自"生产及完工产品出入库数量"工作表，可以用 VLOOKUP 函数查找到不同型号产品所对应的完工入库的数量，并引用过来。具体做法为：在 AD5 单元格输入公式 " = VLOOKUP（A5，生产及完工产品出入库数量！$A$2:$Q$15,4,0）"，并将鼠标往下拖曳到 AD14 单元格。然后用取得的数量乘以单位生产成本，就可以得到完工入库产品的成本金额。

不合格品数量根据锻造车间该月发生的实际检验的不合格品数量直接填列，由于该公司的不合格品一律作为不可修复合格品来处理，也不考虑废料回收的情况，因此直接将不合格品数量乘以单位生产成本，就是不合格品的净损失。

最后将合格品和不合格品的数量和金额各自相加，就是完工转出产品的总数量和总金额。

前面三部分内容核算结果如图 7 - 25 所示。

A	AA	AB	AC	AD	AE	AF	AG	AH	AI
	6. 本期加工费用合计	7. 生产成本		8. 完工转出产品					
型号		本期实际平均单价	实际生产成本	良品入库		不良品报废		转出合计	
				数量	金额	数量	金额	数量	金额
	26=15+16+17+18+25	27=28/10	28=11+(3+26-42)	29	30=27*29	31	32=27*31	33=29+31	34=30+32
17N1F	8 657.38	3.0516	30 515.68	10 000	30 515.68		–	10 000	30 515.68
190000F	17 314.77	3.3087	66 174.48	20 000	66 174.48		–	20 000	66 174.48
5-178XL	4 328.70	9.2736	46 367.75	5 000	46 367.75		–	5 000	46 367.75
5-2500X	5 194.43	9.2735	55 641.28	6 000	55 641.28		–	6 000	55 641.28
5-280XCS	6 060.16	11.1419	77 993.61	7 000	77 993.61		–	7 000	77 993.61
BTB-20	1 731.49	9.3840	18 768.10	2 000	18 768.10		–	2 000	18 768.10
BTB-20X	8 657.38	10.0269	100 269.32	10 000	100 269.32		–	10 000	100 269.32
DSL-45	3 462.94	12.5985	50 393.98	4 000	50 393.98		–	4 000	50 393.98
GU-1000	4 328.70	2.3540	11 770.17	5 000	11 770.17		–	5 000	11 770.17
GU-1015-01	5 194.43	10.6001	63 600.66	6 000	63 600.66		–	6 000	63 600.66
合计	64 930.39	6.9533	521 495.04	75 000	521 495.04			75 000	521 495.04

图 7 - 25 完工转出产品成本核算结果

（六）盘存情况分析

这里的盘存指的是对于每个生产车间期末在产品进行的盘存。首先是确认期末在库的情况，主要是从数量、材料成本、加工费成本三方面进行统计。锻造车间期末在库的在产品数量等于期初在产品数量加上本期增加的生产数量减去完工转出产品的差额，在 AJ5 单元格应该输入公式"= B5 + I5 − AH5"。期末材料库存情况等于期初材料成本加上本期增加的材料成本减去生产投入的材料，即 AK5 单元格应该输入公式"= C5 + J5 − L5"。期末加工费和前面有所不同，只能根据转出数量乘以单位加工费求得，在 AL5 单元格应该输入公式"= IF(AH5 = 0,D5 + AA5,(D5 + AA5)/(B5 + I5 − AJ5) ∗ AJ5)"。

其次确定实际库存的数量，并根据实际确认的库存数量与期末在库数量比较后，得出盘盈盘亏情况。实际库存数量要根据盘点的情况填入，材料和加工费的盘存金额分别用盘盈或盘亏数量乘以单位成本求得。

最后通过期末在库成本与盘盈盘亏成本相加后求出调账后的账面金额。

四、编制锻造半成品库工作表

通过前面的锻造生产成本计算表，可以较全面地了解锻造车间期初、期中和期末的生产数量及生产费用情况，为了便于将锻造车间的成本转入切削车间，还需要编制锻造半成品库工作表。

编制锻造
半成品库
工作表

（一）表头设置

对于锻造半成品库工作表的设置，主要分成期初在库、本期入库、加权平均单位成本、本期出库等几个方面，具体的设置如图 7 − 26 所示。

	A	B	C	D	E	F	G	H	I	J
1, 2	型号	期初在库			本期入库			加权平均单位成本	转下道工序	
3		数量	单价	金额	数量	单价	金额	金额	数量	金额
4		1	2	3	4	5	6	7= (3+6) / (1+4)	8	9=8*7

I	J	K	L	M	N	O	P
本期出库						转出合计	
转下道工序		销售转出		不良品			
数量	金额	数量	金额	数量	金额	数量	金额
8	9=8*7	10	11=10*7	12	13=12*7	14	15

图 7 − 26　锻造车间半成品库工作表表头

（二）表体数据填列

1. 期初在库

不同型号的数量和金额分别从"自制品月初库存表"工作表中提取，在 B5 单元格输入公式"= VLOOKUP（A5，自制品月初库存表！$A$3:$O$13,2,0）"，在 D5 单元格输入公式"= VLOOKUP（A5，自制品月初库存表！$A$3:$O$13,4,0）"，然后分别往下拖曳到 B14 和 D14 单元格，从而取得锻造车间的期初库存数量和金额，C5 单元格为 D5 除以 B5 的商，即为期初半成品单位成本。

2. 本期入库

不同型号的数量和金额分别从"锻造生产成本计算表"工作表中提取，在 E5 单元格输入公式"= VLOOKUP（A5，锻造生产成本计算表！$A$5:$AI$15,34,0）"，在 G5 单元格输入公式"= VLOOKUP（A5，锻造生产成本计算表！$A$5:

学习笔记

$AI\$15,35,0)$”，然后分别往下拖曳到 E14 和 G14 单元格，从而取得锻造车间本期入库的半成品数量和金额，F5 单元格为 G5 除以 E5 的商，即为本期单位生产成本。

3. 加权平均单位成本

根据下面公式求得加权平均单位成本。

加权平均单位成本 =（期初半成品金额加上本期增加的半成品金额）÷
（期初半成品数量加上本期增加的半成品数量）

4. 转下道工序

锻造车间转入切削车间的数量来自"生产及完工产品出入库数量"工作表，在 I5 单元格输入公式"= VLOOKUP（A5，生产及完工产品出入库数量！$A\$21:$Q\$31,4,0)"，往下拖曳到 I14 单元格。转入下道工序的金额为数量乘以加权平均单位成本，因此在 J5 单元格输入的公式为"= H5 * I5"。

5. 销售转出和不良品

如果车间生产的产品除了转入下一道工序外，还有销售转出以及不良品转出的情况，则需要将这些数据都计算出来。其中销售转出数量按照实际销售情况填列，锻造车间生产的半成品转入下一车间继续生产，不对外销售，因此数据均为 0，可以不用填列。销售转出金额为销售转出数量乘以加权平均单位成本。不良品的数量可以从"锻造生产成本计算表"的不良品所在列的数据中提取过来，因此在 M5 单元格输入公式"= VLOOKUP（A5，锻造生产成本计算表！$A\$5:$AI\$15,32,0)"，往下拖曳到 M14 单元格。不良品的金额为不良品数量乘以加权平均单位成本。

6. 转出合计

转出数据为转下道工序、销售转出和不良品数据相加的结果。

根据上述计算最终得到的结果如图 7 - 27 所示。

型号	期初在库			本期入库			加权平均单位成本	本期出库						转出合计	
								转下道工序		销售转出		不良品			
	数量	单价	金额	数量	单价	金额		数量	金额	数量	金额	数量	金额	数量	金额
	1	2	3	4	5	6	7=(3+6)/(1+4)	8	9=8*7	10	11=10*7	12	13=12*7	14	15
17N1F	1 000	2.18	2 176.00	10 000	3.05	30 515.68	2.9720	1 100	3 269.17	-	-	-	-	1 100	3 269.17
190000F	2 000	2.43	7 296.00	20 000	3.31	66 174.48	3.1944	3 300	10 541.42	-	-	-	-	3 300	10 541.42
5-178XL	4 500	8.37	37 665.00	5 000	9.27	46 367.75	8.8456	4 950	43 785.49	-	-	-	-	4 950	43 785.49
5-2500X	5 600	8.37	46 872.00	6 000	9.27	55 641.28	8.8374	6 000	53 024.11	-	-	-	-	6 000	53 024.11
5-2800XCS	10 000	10.23	102 300.00	7 000	11.14	77 993.61	10.6055	8 000	84 844.05	-	-	-	-	8 000	84 844.05
8TB-20	10 000	8.48	84 800.00	2 000	9.38	18 768.10	8.6307	12 000	103 568.10	-	-	-	-	12 000	103 568.10
8TB-20X	5 000	9.12	45 600.00	10 000	10.03	100 269.32	9.7246	12 000	116 695.45	-	-	-	-	12 000	116 695.45
DSL-45	5 000	11.68	58 400.00	4 000	12.60	50 393.98	12.0882	5 000	60 441.10	-	-	-	-	5 000	60 441.10
GU-1000	5 000	1.48	7 408.00	5 000	2.35	11 770.17	1.9178	6 000	11 506.90	-	-	-	-	6 000	11 506.90
GU-1015-01	15 000	9.69	145 359.00	6 000	10.60	63 600.66	9.9505	5 500	54 727.53	-	-	-	-	5 500	54 727.53
合计	64 100	8.3912	537 876.00	75 000		521 495.04		63 850	542 403.32					63 850	542 403.32

图 7 - 27　锻造成品库完整数据

任务三　其他车间成本计算及库存表编制

一、编制其他车间的生产成本计算表

前面已经详细讲解了锻造生产成本计算表的编制方法，切削车间、热处理车间、研磨车间也都是类似的编制方法，不再累述。稍有不同之处在于后面步骤的车间本期增加的不再是直接材料而是半成品，因此需要从上一步骤的半成品库的工作表中取数。

在实际操作时，可以大致分以下几步完成，以切削车间为例加以说明。

（一）复制工作表

将前期做好的"锻造生产成本计算表"工作表移动或复制到相应位置，在"建立副本"前面的方框打上钩，如图 7 – 28 所示。然后将复制好的工作表改名为"切削生产成本计算表"。

（二）修改相关公式或函数

虽然计算的原理是一样的，但是每个表格涉及的公式或函数必须检查，尤其是函数部分，一般都是需要修改的。具体需要修改的单元格及相应函数如表 7 – 4 所示。

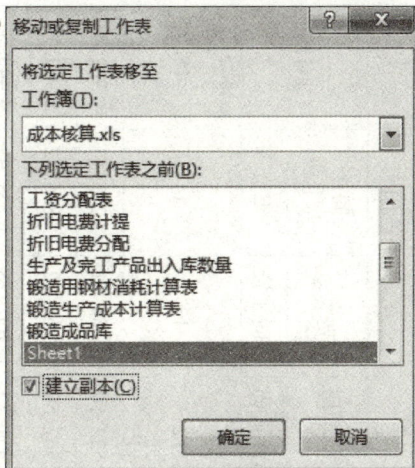

图 7 – 28　移动或复制工作表

表 7 – 4　切削车间需要修改的单元格及相应函数

单元格	修改后的函数	和原函数的区别（意义）
B5	VLOOKUP（A5，生产及完工产品出入库数量！$A$5:$Q$15,6,0）	第三个参数改成 6，意思是从相应的区域范围中的第 6 列找到相应的值
E5、F5		删除原函数，切削车间没有直接材料
G5	VLOOKUP（A5，锻造成品库！$A$5:$J$15,9,0）	新增函数，从锻造车间半成品库中提取转入切削车间的半成品数量
H5	VLOOKUP（A5，锻造成品库！$A$5:$J$15,10,0）	新增函数，从锻造车间半成品库中提取转入切削车间的半成品金额
M5	=SUMIF（本月计件工资！$A$3:$A$12,A5，本月计件工资！$E$3:$E$12）	第三个参数改成 $E$3:$E$12，意思是将本月计件工资表中的 E 列相加
N16	=工资分配表！D4	从工资分配表的 D4 单元格取数
O16	=工资分配表！E4	从工资分配表的 E4 单元格取数
Q16	=折旧电费分配！G4	从折旧电费分配表的 G4 单元格取数
R16	=折旧电费分配！H4	从折旧电费分配表的 H4 单元格取数
T16 – Y16	=辅料领用汇总分配表！C3 – H3	从辅料领用汇总分配表的第 3 行取数
AD5	= VLOOKUP（A5，生产及完工产品出入库数量！$A$5:$H$14,8,0）	第三个参数改成 8，意思是从相应的区域范围中的第 8 列找到相应的值

小提示

ROUND 函数在使用时有时会出现相加后与实际数不符的情况，这是因为四舍五入后会产生误差，较为方便合适的处理方法为：不要使用 ROUND 函数，同时将表示金额的区域格式都设置为会计专用格式，具体格式设置如前面的图 7–4 所示。这种方法既简单，又能避免产生误差。

编制热处理车间生产成本表和研磨车间生产成本表与上述类似，请大家自行修改相应函数。具体的车间相关数据如表 7 –5～表 7 –13 所示。

学习笔记

表 7 – 5 切削生产成本计算表（一）

型号	1. 期初在库 数量	材料成本	加工费	直接材料 – 钢材 数量	直接材料 – 钢材 金额	自制半成品 数量	自制半成品 金额	小计 数量	小计 金额	产品生产投入材料 数量	产品生产投入材料 材料金额	直接人工费 计件工资	直接人工费 计时工资	间接人工费 工资	小计
	1	2	3	4	5	6	7	8=4+6	9=5+7	10=1+8	11=(2+9)/(1+8)*10	12	13	14	15
17NIF	—					1 100	3 269.17	1 100	3 269.17	1 045	3 105.71	522.50	189.51	275.44	987.45
190000F	—					3 300	10 541.42	3 300	10 541.42	3 135	10 014.35	1 567.50	568.52	826.32	2 962.34
5 – 178XL	—					4 950	43 785.48	4 950	43 785.48	4 703	41 596.21	2 351.25	852.78	1 239.49	4 443.52
5 – 2500X	—					6 000	53 024.11	6 000	53 024.11	5 700	50 372.90	2 850.00	1 033.67	1 502.41	5 386.08
5 – 280XCS	—					8 000	84 844.06	8 000	84 844.06	7 600	80 601.85	3 800.00	1 378.23	2 003.21	7 181.44
BTB – 20	—					12 000	103 568.10	12 000	103 568.10	11 400	98 389.69	5 700.00	2 067.35	3 004.81	10 772.16
BTB – 20X	—					12 000	116 695.46	12 000	116 695.46	11 400	110 860.69	5 700.00	2 067.35	3 004.81	10 772.16
DSL – 45	—					5 000	60 441.10	5 000	60 441.10	4 750	57 419.04	2 375.00	861.39	1 252.01	4 488.40
GU – 1000	—					6 000	11 506.90	6 000	11 506.90	5 700	10 931.55	2 850.00	1 033.67	1 502.41	5 386.08
GU – 1015 – 01	—					5 500	54 727.53	5 500	54 727.53	5 225	51 991.15	2 612.50	947.53	1 377.21	4 937.24
合计	—	—	—	—	—	63 850	542 403.31	63 850	542 403.31	60 658	515 283.15	30 328.75	11 000.00	15 988.11	57 316.86

表 7-6　切削生产成本计算表（二）

型号	5. 制造费用 折旧费 16	电费 17	外协加工费 18	辅料 刀具 19	丝锥 20	钻头 21	燃油料 22	其他 23	共用费用 24	小计 25 = 19 + 20 + 21 + 22 + 23 + 24	6. 本期加工费用合计 26 = 15 + 16 + 17 + 18 + 25	7. 生产成本 本期实际单价	本期实际平均单价
17NIF	589.09	194.85		253.42	68.91	34.46	—	—	22.35	384.14	2 155.53		
190000F	1 767.26	584.55		775.25	206.73	103.37	—	—	67.06	1 152.42	6 466.56	27 =28/10	27 =28/10
5 -178XL	2 650.89	876.82		1 162.88	310.10	155.05	—	—	100.59	1 728.62	9 699.85	5.034 7	5.034 7
5 -2500X	3 213.19	1 062.81		1 409.55	375.88	187.94	—	—	121.93	2 095.30	11 757.38	5.257 1	5.257 1
5 -280XCS	4 284.26	1 417.08		1 879.40	501.17	250.59	—	—	162.57	2 793.74	15 676.52	10.908 3	10.908 3
BTB -20	6 426.39	2 125.62		2 819.11	751.76	375.88	—	—	243.86	4 190.61	23 514.79	10.900 0	10.900 0
BTB -20X	6 426.39	2 125.62		2 819.11	751.76	375.88	—	—	243.86	4 190.61	23 514.79	12.668 2	12.668 2
DSL -45	2 677.66	885.68		1 174.63	313.23	156.62	—	—	101.61	1 746.08	9 797.82	10.693 4	10.693 4
GU -1000	3 213.19	1 062.81		1 409.55	375.88	187.94	—	—	121.93	2 095.30	11 757.38	11.787 3	11.787 3
GU -1015 -01	2 945.43	974.24		1 292.09	344.56	172.28	—	—	111.77	1 920.69	10 777.60	14.150 9	14.150 9
合计	34 193.76	11 310.09	—	15 000	4 000	2 000	—	—	1 297.51	22 297.51	125 118.22	3.980 5	3.980 5

学习笔记

学习笔记

表7-7　切削生产成本计算表（三）

型号	8. 完工转出						9. 期末在库			10. 盘点情况						
	良品入库		不良品报废		转出合计					实际在库	盘盈盘亏			调整后账面金额		
	数量	金额	数量	金额	数量	金额	数量	材料成本	加工费	数量	数量	材料	加工费	材料	加工费	合计
	29	30 = 27 * 29	31	32 = 27 * 31	33 = 29 + 31	34 = 30 + 32	35	36	37 = (3 + 26)/(18 - 35) * 35)	38	39 = 38 - 35	40 = 39 * 36/35	41 = 39 * 37/35	42 = 36 + 40	43 = 37 + 41	44 = 42 + 43
17NIF	1 045	5 261.24	—	—	1 045	5 261.24	55	163.46	113.45							
190000F	3 135	16 480.91	—	—	3 135	16 480.91	165	527.07	340.35							
5－178XL	4 703	51 296.05	—	—	4 703	51 296.05	248	2 189.27	510.52							
5－2500X	5 700	62 130.28	—	—	5 700	62 130.28	300	2 651.21	618.81							
5－280XCS	7 600	96 278.37	—	—	7 600	96 278.37	400	4 242.20	825.08							
BTB－20	11 400	121 904.48	—	—	11 400	121 904.48	600	5 178.40	1 237.62							
BTB－20X	11 400	134 375.48	—	—	11 400	134 375.48	600	5 834.77	1 237.62							
DSL－45	4 750	67 216.86	—	—	4 750	67 216.86	250	3 022.05	515.67							
GU－1000	5 700	22 688.94	—	—	5 700	22 688.94	300	575.34	618.81							
GU－1015－01	5 225	62 768.75	—	—	5 225	62 768.75	275	2 736.38	567.24							
合计	60 658	640 401.37	—	—	60 658	640 401.37	3 193	27 120.17	6 585.17	—	—	—	—	—	—	—

学习笔记

表 7－8　热处理生产成本计算表（一）

型号	1. 期初在库 数量	材料成本	加工费	直接材料－钢材 数量	金额	2. 本期增加的直接材料或半成品 自制半成品 数量	金额	小计 数量	金额	3. 产品生产投入材料 数量	材料金额	4. 人工费用 直接人工费 计件工资	计时工资	间接人工费 工资	小计
	1	2	3	4	5	6	7	8＝4＋6	9＝5＋7	10＝1＋8	11＝(2＋9)/(1＋8)*10	12	13	14	15
17NIF	—					1 045	4 441.65	1 045	4 441.65	990	4 207.88	198.00	61.62	100.43	360.05
190000F	—					3 300	14 850.72	3 300	14 850.72	2 970	13 365.65	594.00	184.85	301.30	1 080.15
5－178XL	—					500	5 314.28	500	5 314.28	450	4 782.85	90.00	28.01	45.65	163.66
5－2500X	—					7 000	74 604.40	7 000	74 604.40	6 000	63 946.63	1 200.00	373.44	608.69	2 182.13
5－280XCS	—					12 000	150 150.83	12 000	150 150.83	10 000	125 125.69	2 000.00	622.41	1 014.48	3 636.89
BTB－20	—					5 500	58 694.00	5 500	58 694.00	4 950	52 824.60	990.00	308.09	502.17	1 800.26
BTB－20X	—					6 600	76 795.26	6 600	76 795.26	5 940	69 115.74	1 188.00	369.71	602.60	2 160.31
DSL－45	—					5 500	77 574.17	5 500	77 574.17	4 950	69 816.75	990.00	308.09	502.17	1 800.26
GU－1000	—					8 000	26 471.94	8 000	26 471.94	7 000	23 162.95	1 400.00	435.68	710.14	2 545.82
GU－1015 －01	—					5 500	64 826.16	5 500	64 826.16	4 950	58 343.54	990.00	308.09	502.17	1 800.26
合计	—	—			—	54 945	553 723.41	54 945	553 723.41	48 200	484 692.28	9 640.00	2 999.99	4 889.81	17 529.80

学习笔记

表 7-9 热处理生产成本计算表（二）

型号	5. 制造费用										6. 本期加工费用合计	7. 生产成本	
	折旧费	电费	外协加工费	刀具	丝锥	钻头	辅料		共用费用	小计		本期实际平均单价	本期实际平均单价
							燃油料	其他					
	16	17	18	19	20	21	22	23	24	25 = 19 + 20 + 21 + 22 + 23 + 24	26 = 15 + 16 + 17 + 18 + 25		
17NIF	393.23	232.30		—	—	—	349.17	82.16	26.65	457.98	1 443.57	5.708 5	5 651.45
190000F	1 179.69	696.91		—	—	—	1 047.51	246.47	79.95	1 373.93	4 330.68	5.958 4	17 696.32
5 - 178XL	178.74	105.59		—	—	—	158.72	37.34	12.11	208.17	656.17	12.086 7	5 439.02
5 - 2500X	2 383.22	1 407.89		—	—	—	2 116.18	497.92	161.52	2 775.62	8 748.86	12.115 9	72 695.49
5 - 280XCS	3 972.04	2 346.50		—	—	—	3 526.98	829.88	269.19	4 626.05	14 581.48	13.970 7	139 707.17
BTB - 20	1 966.16	1 161.51		—	—	—	1 745.85	410.79	133.25	2 289.89	7 217.82	12.129 8	60 042.42
BTB - 20X	2 359.39	1 393.82		—	—	—	2 095.02	492.95	159.90	2 747.87	8 661.39	13.093 8	77 777.13
DSL - 45	1 966.16	1 161.51		—	—	—	1 745.85	410.79	133.25	2 289.89	7 217.82	15.562 5	77 034.57
GU - 1000	2 780.42	1 642.54		—	—	—	2 468.88	580.91	188.44	3 238.23	10 207.01	4.767 1	33 369.95
GU - 1015 - 01	1 966.16	1 161.51		—	—	—	1 745.85	410.79	133.25	2 289.89	7 217.82	13.244 7	65 561.36
合计	19 145.20	11 310.09	—	—	—	—	17 000.01	4 000.00	1 297.51	22 297.52	70 282.61	11.514 0	554 974.89

表 7-10　热处理生产成本计算表 (三)

型号	8. 完工转出						9. 期末在库			10. 盘点情况						
	良品入库		不良品报废		转出合计					实际在库	盘盈盘亏			调整后账面金额		
	数量	金额	数量	金额	数量	金额	数量	材料成本	加工费	数量	数量	材料	加工费	材料	加工费	合计
	29	30 = 27 * 29	31	32 = 27 * 31	33 = 29 + 31	34 = 30 + 32	35	36	37 = (3 + 26)/(1 + 8 − 35) * 35	38	39 = 38 − 35	40 = 39 * 36/35	41 = 39 * 37/35	42 = 36 + 40	43 = 37 + 41	44 = 42 + 43
17NIF	990	5 651.45	—	—	990	5 651.45	55	233.77	80.20							
190000F	2 970	17 696.32	—	—	2 970	17 696.32	330	1 485.07	481.19							
5 − 178XL	450	5 439.02	—	—	450	5 439.02	50	531.43	72.91							
5 − 2500X	6 000	72 695.49	—	—	6 000	72 695.49	1 000	10 657.77	1 458.14							
5 − 280XCS	10 000	139 707.17	—	—	10 000	139 707.17	2 000	25 025.14	2 916.30							
BTB − 20	4 950	60 042.42	—	—	4 950	60 042.42	550	5 869.40	801.98							
BTB − 20X	5 940	77 777.13	—	—	5 940	77 777.13	660	7 679.53	962.38							
DSL − 45	4 950	77 034.57	—	—	4 950	77 034.57	550	7 757.42	801.98							
GU − 1000	7 000	33 369.95	—	—	7 000	33 369.95	1 000	3 308.99	1 458.14							
GU − 1015 − 01	4 950	65 561.36	—	—	4 950	65 561.36	550	6 482.62	801.98							
合计	48 200	554 974.89	—	—	48 200	554 974.89	6 745	69 031.13	9 835.19	—	—	—	—	—	—	—

学习笔记

学习笔记

表 7－11　研磨生产成本计算表（一）

型号	1. 期初在库 数量	材料成本	加工费	直接材料－钢材 数量	金额	2. 本期增加的直接材料或材料半成品 自制半成品 数量	金额	小计 数量	金额	3. 产品生产投入材料 数量	材料金额	4. 人工费用 直接人工费 计件工资	计时工资	间接人工费 工资	小计
	1	2	3	4	5	6	7	8＝4＋6	9＝5＋7	10＝1＋8	11＝(2＋9)/(1＋8)*10	12	13	14	15
17NIF	—					990	4 204	990	4 204.49	891	3 784.04	445.50	435.86	340.96	1 222.32
190000F						2 970	14 530	2 970	14 529.53	2 673	13 076.58	1 336.50	1 307.58	1 022.87	3 666.95
5－178XL	—					400	4 835	400	4 834.69	300	3 626.02	150.00	146.75	114.80	411.55
5－2500X	—					5 000	60 580	5 000	60 579.57	4 000	48 463.66	2 000.00	1 956.73	1 530.67	5 487.39
5－280XCS	—					6 000	83 824	6 000	83 824.30	—	—	—	—	—	—
BTB－20	—					4 950	57 730	4 950	57 729.65	4 455	51 956.68	2 227.50	2 179.30	1 704.78	6 111.58
BTB－20X	—					5 940	77 777	5 940	77 777.13	5 346	69 999.41	2 673.00	2 615.16	2 045.74	7 333.90
DSL－45	—					4 950	77 035	4 950	77 034.57	4 455	69 331.11	2 227.50	2 179.30	1 704.78	6 111.58
GU－1000	—					4 000	19 069	4 000	19 068.54	—	—	—	—	—	—
GU－1015 －01	—					4 950	65 561	4 950	65 561.36	4 455	59 005.22	2 227.50	2 179.30	1 704.78	6 111.58
合计	—			—	—	40 150	465 143.84	40 150	465 143.84	26 575	319 242.73	13 287.50	13 000.00	10 169.37	36 456.87

表7-12　研磨生产成本计算表（二）

型号	5. 制造费用										6. 本期加工费用合计	7. 生产成本	
	折旧费	电费	外协加工费	辅料					共用费用	小计		本期实际平均单价	本期实际平均单价
				刀具	丝锥	钻头	燃油料	其他					
	16	17	18	19	20	21	22	23	24	25=19+20+21+22+23+24	26=15+16+17+18+25		
17NIF	744.18	1 008.91	—	603.50	100.58	117.35	—	167.64	61.11	1 050.18	4 025.58	8.765 0	7 809.62
190000F	2 232.53	3 026.72	—	1 810.50	301.75	352.04	—	502.92	183.33	3 150.54	12 076.74	9.410 1	25 153.32
5-178XL	250.56	339.70	—	203.20	33.87	39.51	—	56.44	20.58	353.59	1 355.41	16.604 8	4 981.43
5-2500X	3 340.85	4 529.32	—	2 709.31	451.55	526.81	—	752.59	274.35	4 714.61	18 072.19	16.634 0	66 535.84
5-280XCS	—	—	—	—	—	—	—	—	—	—	—	—	—
BTB-20	3 720.88	5 044.53	—	3 017.50	502.92	586.74	—	838.19	305.55	5 250.89	20 127.89	16.180 6	72 084.57
BTB-20X	4 465.05	6 053.44	—	3 621.00	603.50	704.08	—	1 005.83	366.67	6 301.07	24 153.47	17.611 8	94 152.88
DSL-45	3 720.88	5 044.53	—	3 017.50	502.92	586.74	—	838.19	305.55	5 250.89	20 127.89	20.080 6	89 459.00
GU-1000	—	—	—	—	—	—	—	—	—	—	—	—	—
GU-1015-01	3 720.88	5 044.53	—	3 017.50	502.92	586.74	—	838.19	305.55	5 250.89	20 127.89	17.762 8	79 133.11
合计	22 195.80	30 091.69	—	18 000.00	3 000.00	3 500.00	—	4 999.99	1 822.70	31 322.69	120 067.05	16.530 9	439 309.78

学习笔记

学习笔记

表7-13　研磨生产成本计算表（三）

型号	8. 完工转出 良品入库 数量	良品入库 金额	不良品报废 数量	不良品报废 金额	转出合计 数量	转出合计 金额	9. 期末在库 数量	材料成本	加工费	10. 盘点情况 实际在库 数量	盘盈盘亏 数量	盘盈盘亏 材料	盘盈盘亏 加工费	调整后账面金额 材料	加工费	合计
	29	30 = 27 * 29	31	32 = 27 * 31	33 = 29 + 31	34 = 30 + 32	35	36	37 = (3 + 26)/(1 + 8 − 35) * 35	38	39 = 38 − 35	40 = 39 * 36/35	41 = 39 * 37/35	42 = 36 + 40	43 = 37 + 41	44 = 42 + 43
17NIF	891	7 809.62	—	—	891	7 809.62	99	420.45	447.29							
190000F	2 673	25 153.32	—	—	2 673	25 153.32	297	1 452.95	1 341.86							
5 − 178XL	300	4 981.43	—	—	300	4 981.43	100	1 208.67	451.80							
5 − 2500X	4 000	66 535.84	—	—	4 000	66 535.84	1 000	12 115.91	4 518.05							
5 − 280XCS	—	—	—	—	—	—	6 000	83 824.30	—							
BTB − 20	4 455	72 084.57	—	—	4 455	72 084.57	495	5 772.96	2 236.43							
BTB − 20X	5 346	94 152.88	—	—	5 346	94 152.88	594	7 777.71	2 683.72							
DSL − 45	4 455	89 459.00	—	—	4 455	89 459.00	495	7 703.46	2 236.43							
GU − 1000	—	—	—	—	—	—	4 000	19 068.54	—							
GU − 1015 − 01	4 455	79 133.11	—	—	4 455	79 133.11	495	6 556.14	2 236.43							
合计	26 575	439 309.78	—	—	26 575	439 309.78	13 575	145 901.11	16 152.01			—	—	—	—	—

二、编制其他车间成品库工作表

编制其他车间成品库工作表与编制锻造车间成品库工作表基本一样，所以只需要把锻造车间成品库工作表复制过去，稍加修改即可。这个操作比较简单，就不再赘述。

任务四　成品库和生产成本表汇总表

对于企业来说，需要将各个车间的生产成本以及库存情况汇总起来，这部分内容从数据关系来看是比较简单的，包括提取数据以及汇总数据两步。最终结果如图 7-29 和图 7-30 所示。

编制各车间成本及库存汇总表

A	B	C	D	E	F	G	H
	期初在库			本期入库			加权平均单位成本
车间	数量	单价	金额	数量	单价	金额	金额
	1	2	3	4	5	6	7=(3+6)/(1+4)
锻造	64 100	8.39	537 876.00	75 000	6.95	521 495.01	7.62
切削	27 000	10.05	271 409.40	60 658	10.56	640 401.37	10.40
热处理	10 000	7.52	75 201.60	48 200	11.51	554 974.89	10.83
研磨	56 000	15.08	844 360.20	26 575	16.53	439 309.78	15.55
合计	157 100	41.04	1 728 847.20	210 433	45.56	2 156 181.04	44.39

A	I	J	K	L	M	N	O	P	Q	R
	本期出库						转出合计		期末在库	
车间	转下道工序		销售转出		不良品		数量	金额	数量	金额
	数量	金额	数量	金额	数量	金额				
	8	9=8*7	10	11=10*7	12	13=12*7	14	15	16=1+4-14	17=3+6-15
锻造	63 850	542 403.31	–	–	–	–	63 850	542 403.31	75 250	516 967.69
切削	54 945	553 723.41	–	–	–	–	54 945	553 723.41	32 713	358 087.36
热处理	40 150	465 143.84	–	–	–	–	40 150	465 143.84	18 050	165 032.66
研磨	73 875	1 230 508.91	–	–	–	–	73 875	1 230 508.91	8 700	53 161.07
合计	232 820	2 791 779.46					232 820	2 791 779.46	134 713	1 093 248.78

图 7-29　各车间库存品汇总表

A	B	C	D	E	F	G	H	I	J	K	L
	1. 期初在库			2. 本期增加的直接材料或半成品						3. 本期生产投入材料	
型号	数量	材料成本	加工费	直接材料-钢材		自制半成品		小计		数量	材料金额
				数量	金额	数量	金额	数量	金额		
	1	2	3	4	5	6	7	8=4+6	9=5+7	10=33	11=(2+9)/(1+8)*10
锻造	–	–	–	75 000	456 564.62	–	–	75 000	456 564.62	75 000	456 564.62
切削	–	–	–	–	–	63 850	542 403.31	63 850	542 403.31	60 658	515 283.15
热处理	–	–	–	–	–	54 945	553 723.41	54 945	553 723.41	48 200	484 692.28
研磨	–	–	–	–	–	40 150	465 143.84	40 150	465 143.84	26 575	319 242.73
合计	–	–	–	75 000	456 564.62	158 945	1 561 270.56	233 945.00	2 017 835.18	210 432.50	1 775 782.77

图 7-30　各车间生产汇总表

学习笔记

	4. 人工费用						5. 制造费用						
直接人工费		间接人工费	小计	折旧费	电费	外协加工费	辅料						小计
计件工资	计时工资	工资					刀具	丝锥	钻头	燃油料	其他	共用费用	
12	13	14	15	16	17	18	19	20	21	22	23	24	25=19+20+21+22+23+24
7 500.00	6 000.00	5 222.50	18 722.50	23 886.11	16 588.13	—	—	—	—	1 800.00	3 600.00	333.65	5 733.65
30 328.75	11 000.00	15 988.11	57 316.86	34 193.76	11 310.09	—	15 000.00	4 000.00	2 000.00	—	—	1 297.51	22 297.51
9 640.00	2 999.99	4 889.81	17 529.80	19 145.20	11 310.09	—	—	—	—	17 000.01	—	1 297.51	22 297.51
13 287.50	13 000.00	10 169.37	36 456.87	22 195.80	30 091.69	—	18 000.00	3 000.00	3 500.00	—	4 999.99	1 822.70	31 322.69
60 756.25	32 999.99	36 269.79	130 026.03	99 420.87	69 300.00	—	33 000.00	7 000.00	6 500.00	18 800.01	12 599.99	4 751.37	81 651.37

6. 本期加工费用合计	7. 生产成本		8. 完工转出						9. 期末在库		
	本期实际平均单价	实际生产成本	良品入库		不良品报废		转出合计		数量	材料成本	加工费
			数量	金额	数量	金额	数量	金额			
26=15+16+17+18+25	27=28/10	28=11+(3+26−42)	29	30=27*29	31	32=27*31	33=29+31	34=30+32	35	36	37=(3+26)/(1+8−36)×35)
64 930.39	6.95	521 495.01	75 000	521 495.01	—	—	75 000	521 495.01	—	—	—
125 118.22	10.56	640 401.37	60 658	640 401.37	—	—	60 658	640 401.37	—	—	—
70 282.61	11.51	554 974.89	48 200	554 974.89	—	—	48 200	554 974.89	3 193	27 120.17	6 585.17
120 067.05	16.53	439 309.78	26 575	439 309.78	—	—	26 575	439 309.78	6 745	69 031.13	9 835.19
380 398.27	45.56	2 156 181.04	210 432.50	2 156 181.04	—	—	210 432.50	2 156 181	23 512.50	242 052.41	32 572.37

图 7 – 30　各车间生产汇总表（续）

项目总结

本项目主要介绍了 Excel 在成本核算中的运用，以浙江乐得转轴承有限公司的生产为例，采用逐步结转分步法，根据成本核算程序所经过的各个步骤：各种要素费用的分配；锻造车间的成本计算及成品库汇总；切削车间的成本计算及成品库汇总；热处理车间的成本计算及成品库汇总；研磨车间的成本计算及成品库汇总等步骤，利用 Excel 进行了全过程的操作。

本项目讲解了多个常用函数：EDATE、EOMOUTH、VLOOKUP、SUMIF、SLN、IF、DATEDIF，等等，编制了以下表格：

1. 编制各种要素费用分配表［用 Excel 建立辅料消耗表、工资分配表（含计件工资）、折旧费用和电费分配表等工作表］。

2. 编制锻造车间相关表格（建立锻造用钢材计算表、锻造车间生产成本计算表、锻造成品库）。

3. 编制切削车间相关表格（建立切削车间生产成本计算表、切削成品库）。

4. 编制热处理车间相关表格（建立热处理车间生产成本计算表、热处理成品库）。

5. 编制研磨车间相关表格（建立研磨车间生产成本计算表、研磨成品库）。

6. 编制各车间生产成本汇总表和成品库汇总表。

思考与练习

根据下面给出的材料，利用平均年限法编制固定资产折旧计提表，如表 7 – 14 所示。

表 7 – 14　固定资产折旧计提表

资产编号	资产名称	计量单位	资产类别	使用部门	购置日期	到期日期	资产原值	残值
FW0101	办公楼	栋	房屋建筑物	行政部	2013/5/1	2033/5/1	3 600 000.00	180 000.00
FW0201	厂房	栋	房屋建筑物	生产车间	2013/6/18	2033/6/18	1 150 000.00	57 500.00
FW0202	仓库	栋	房屋建筑物	生产车间	2014/3/26	2034/3/26	800 000.00	40 000.00
YS0601	货车	辆	运输设备	采购部	2015/10/8	2019/10/8	300 000.00	12 000.00
YS0102	公务车	辆	运输设备	行政部	2016/3/1	2020/3/1	160 000.00	6 400.00
SC0203	压铸机	台	生产设备	生产车间	2015/10/8	2025/10/8	400 000.00	20 000.00
SC0204	机床	台	生产设备	生产车间	2013/9/27	2023/9/27	650 000.00	32 500.00
SC0205	机床	台	生产设备	生产车间	2014/3/6	2024/3/6	456 000.00	22 800.00
SC0206	机床	台	生产设备	生产车间	2014/9/27	2024/9/27	660 000.00	33 000.00
SC0207	数控液压机	台	生产设备	生产车间	2015/10/8	2025/10/8	400 000.00	20 000.00
GL0401	复印机	台	电子设备	销售部	2015/6/15	2018/6/15	3 000.00	90.00
GL0103	传真机	台	电子设备	行政部	2015/9/19	2018/9/19	6 000.00	180.00
GL0301	打印机	台	电子设备	财务部	2015/3/21	2018/3/21	6 000.00	180.00
GL0104	空调	台	电子设备	行政部	2014/7/1	2017/7/1	6 000.00	180.00
GL0402	笔记本电脑	台	电子设备	销售部	2016/3/21	2019/3/21	7 800.00	234.00
GL0602	笔记本电脑	台	电子设备	采购部	2016/3/21	2019/3/21	7 800.00	234.00
GL0302	笔记本电脑	台	电子设备	财务部	2015/3/21	2018/3/21	5 600.00	168.00
GL0303	笔记本电脑	台	电子设备	财务部	2015/3/21	2018/3/21	5 600.00	168.00

学习笔记

学习笔记

项目评价表

项目评价表

知识巩固与技能提高（70分）		得分：
计分标准： 得分＝本项目完成情况（55分）＋课后思考与练习（15分）		
教师评价（30分）		得分：
教师评语		
总成绩	教师签字	